훈육 불변의 법칙

아이의 마음속 진짜 원인을 찾아
문제 행동을 바로잡아주는

훈육 불변의 법칙

기획 **김민태** | 글 **고희정**

EBS BOOKS

차 례

1장 감정 조절 능력을 키워주는 훈육의 법칙

2장

기질과 발달을 고려하는 훈육의 법칙

3장

애착과 자존감을 높여주는 훈육의 법칙

5장
나쁜 습관을 고쳐주는 훈육의 법칙

부모라면 누구나 사랑하는 자녀를 올바른 인성과 태도를 가진 아이로 키우고 싶어 한다. 하지만 아이를 나보다 더 사랑하고, 내 모든 시간과 정성을 바쳐도 아이는 부모가 원하는 대로 자라주지 않는다. 왜 부모의 사랑과 헌신만으로는 아이를 올바르게 키울 수 없는 것일까?

아이들은 시기마다 원하는 바가 다르다. 24시간 엄마의 살뜰한 돌봄을 받는 신생아들도 자신의 욕구가 제대로 채워지지 않으면 울음을 터뜨린다. 조금 더 커서 자아가 생기고 원하는 욕구가 다양해지면 아이는 자기 마음대로 하고 싶어 한다. 그래서 자신의 욕구대로 되지 않으면 다양한 감정과 행동으로 불만을 드러내게 된다. 그런 부분이 부모를 힘들게 만들지만 이 모든 것들이 아이가 잘 크고 있다는 성장의 증거이기도 하다. 자기 뜻대로 하고자 하는 욕구는 자립심의 기반이 되기 때문이다. 그렇다고 부모가 아이의 욕구를 다 들어줄 수는 없다. 그래서 적절한 훈육이 필요하다.

하지만 본격적인 훈육이 시작되면 부모는 하루에도 열두 번씩 천당과 지옥을 오가게 된다. 눈에 넣어도 아프지 않을 정도로 예쁜 아이가 한없이 미워지기도 하고, 버릇을 고친다고 혼쭐을 내준 다음에는 너무 심했나 싶어 울다 지쳐 잠든 아이를 보며 후회하고 자책하기도 한다. 그러면 또 내가 지금 아이를 제대로 키우지 못하고 있나 하는 생각에 자신감이 떨어진다.

하지만 몇 가지 기본적인 법칙만 알아도 훈육이 수월해진다. 먼저 훈육이 무엇인지 생각해보자. 훈육이란, 아이의 마음을 이해하고 공감하면서 아이가 규칙에 따라 행동할 수 있도록 도와주는 것을 말한다. 이 말 안에 훈육의 기본 법칙들이 다 들어 있다.

훈육의 기본 법칙 첫 번째는 아이의 마음을 이해하고 공감하는 것이다. 아이가 떼를 쓰기 시작하면 엄마는 화가 먼저 난다. 그래서 아이가 왜 그런 행동을 하는지 이해하거나 공감할 수 있는 여유가 생기지 않는다. 하지만 훈육은 아이의 마음속을 들여다보는 것에서부터 시작돼야 한다. 마음속을 들여다봐야 아이가 왜 그런 행동을 하는지 알아낼 수 있다.

두 번째는 규칙에 따라 행동할 수 있도록 도와줘야 한다. 훈육이 실패하는 가장 큰 이유는 감정에 휘둘려 혼을 내고 잘못된 행동을 못 하게 하는 것에서 끝나기 때문이다. 아이가 지나친 행동을 하는 것은 아직 올바른 방식으로 자신의 욕구를 조절하고 표현하는 방법을 모르는 탓이다. 그러므로 훈육은 아이가 이해할 수 있도록 적절한 대안을 알려주는 것으로 마무리돼야 한다. 그래야 비슷한 상황이 닥치면 아이가 자신이 어떻게 행동해야 할지 판단할 수 있다.

마지막 세 번째는 일관성 있고 지속적이어야 한다. 아이의 잘못된 행동이 어떤 때는 받아들여지고 어떤 때는 받아들여지지 않으면, 아이들은 결코 그 행동을 멈추지 않는다. 오히려 잘못된 행동의 강도가 더 세지기도 하고, 제지를 받을 때는 억울해하기도 한다. 그러므로 허용할 것과 그렇지 않은 것에 대한 명확한 기준을 세우고 일관성을 유지해야 한다. 또한 아이들은 한 번의 훈육으로 절대 변하지 않기 때문에 아이가 스스로 잘못된 행동을 깨닫고 변화하려면 충분한 시간과 반복된 경험이 필요하다.

그럼 훈육은 언제부터 시작해야 할까? 전문가들마다 의견이 다르긴 하지만 훈육의 본 의미를 고려한다면 제대로 걷기 시작할 때부터, 그러니까 약 15개월 때부터 시작하는 것이 좋다고 추천하고 싶다. 그때부터 아이들은 세상에 대한 호기심을 폭발적으로 드러내며 일상의 모험을 즐긴다. 하지만 아직 해도 되는 일과 하면 안 되는 일을 구분하지 못한다. 그래서 훈육이 필요해진다.

이는 아이들의 뇌 발달과도 연관이 있다. 훈육의 목표는 자기 조절 능력을 키워주기 위함인데, 자기 조절 능력은 태어나서 3세까지 기초가 만들어지고 6세경까지 발달한다. 그런데 3세까지 기초를 다지는 데는 전두엽 안와전두피질의 발달이 중요하다. 이 부분은 감각기관에서 들어온 정보를 분석하고 통합해서 적절한 사고와 행동을 할 수 있게 해준다. 안와전두피질의 발달을 위해서는 적당한 외부 자극, 애착과 신뢰에서 오는 촉진 자극, 그리고 통제와 제한에 의한 억제 자극이 적절히 조화돼야 한다. 이런 이유로 적절한 훈육이 반드시 필요하다.

3세까지 안와전두피질이 잘 발달해 자기 조절 능력의 기초가 만들어지면, 3세 이후에는 양심의 근간이 되는 초자아가 생기면서 하면 안 되는 행동을 스스로 알 수 있다. 이 시기 아이들을 보면 자기 조절 능력의 차이가 확연하게 드러난다. 만약 이 시기에 하지 말라는 것만 골라 하거나 잠시도 가만히 있지 못하는 아이들은 3세 이전에 자기 조절 능력의 기초가 제대로 만들어지지 않았다는 증거다. 그러므로 자기 조절 능력의 기초를 잘 만들기 위해서는 15~18개월 정도부터 조금씩 훈육을 시작하는 것이 좋다.

훈육이 필요한 상황은 아주 다양하다. 아이의 발달단계마다 나타나는 행동들이 다르고, 상황과 환경에 따라 아이가 느끼는 감정들이 다 다르기 때문이다. 그래서 그 어떤 훈육의 방법도 정답은 아니다. 아이의 기질과 발달 상황을 먼저 파악하고 부모의 양육 태도를 점검한 뒤, 그에 맞는 훈육 방법을 결정하는 것이 최선이다.

하지만 부모가 어떤 상황에서 어떻게 훈육을 하는 것이 더 좋은 방법인지는 알고 있어야 한다. 자신의 방법을 점검해볼 수도 있고, 아이를 진심으로 위하는 새로운 방법을 찾을 수도 있기 때문이다.

고희정

1장

감정 조절 능력을 키워주는 훈육의 법칙

갓 태어난 아기도 감정을 이해하고 표현할 수 있는 능력을 가지고 있다. 하지만 그걸 조절하고 활용하는 능력은 부족하기 때문에 자라면서 부모나 주변 사람들의 행동과 표현을 보고 배우게 된다. 즉 감정 조절 능력은 경험과 학습으로 터득된다.

아기가 태어나 처음 느끼는 감정들은 괴로움이나 흥분과 같은 불편한 감정들이다. 그리고 그런 불편한 감정들을 표현하는 유일한 방법이 바로 울음이다. 말을 할 수 없으니, 몸이 아프거나 불편하거나 불만이 있거나 하면 무조건 운다. 4개월쯤 되면 아기들은 분노를 표현하기 시작한다. 자신의 마음대로 되지 않으면 갑자기 화를 내거나 울어버린다. 분노의 강도는 커갈수록 점점 더 세어진다.

돌이 지난 아이들은 엄마, 아빠라는 말을 하고 걷기 시작하면서 스스로 하고 싶어 하는 것이 많아진다. 스스로 하고 싶어 하는 것이 많아질수록 말은 더 안 듣게 된다. 그래도 돌이 지난 아이들은 나름대로 자신만의 감정 조절 능력을 가지게 된다. 이는 기질과 같은 타고난 특성에 의해 좌우되기도 하지만 부모의 양육 방식에 의해서도 큰 영향을 받는다.

만 2~3세 정도 되면 아이들은 몸을 움직이는 것도 능숙해지고 간단한 의사 표현이 가능해지는 등 스스로 해낼 수 있는 일이 많아진다. 그러면서 자의식이 생겨나고, 스스로 뭔가 해보고 싶다는 욕구를 자주 드러내면서 고집도 잘 부린다. 하지만 그것이 좌절됐을 때 어떻게 극복해야 되는지에 대한 방법은 아직 배우지 못한 상태다. 그래서 화 또는 울음으로 분노를 표출하거나 떼를 쓰곤 한다.

그러므로 훈육을 통해 자신의 감정을 조절하고 제대로 표현하는 방법을 배워야 한다. 아이가 슬픔이나 분노와 같은 감정을 표현했을 때 부모가 화를 내지 않고 감정의 원인을 찾아 도움을 주는 경우, 아이는 자연스럽게 자신의 감정을 조절하고 제대로 표현하는 법을 배운다. 하지만 부모가 화를 먼저 내거나 무조건 혼을 내거나 무시하거나 불안해하면 아이는 부정적인 감정에 사로잡혀 감정을 조절하는 방법을 배우지 못하게 되고, 같은 상황이 닥쳤을 때 늘 같은 방법으로 자신의 감정을 표현하는 모습을 보인다.

이때 배운 감정 조절 능력은 아이의 성장에 지속적인 영향을 미친다. 감정 조절이 잘 되는 아이들은 자신에 대한 신뢰감이 높은데, 이런 면모는 다른 사람과의 관계에도 그대로 적용된다. 이것은 또래 관계나 학교생활뿐만 아니라, 학습에도 좋은 영향을 미친다. 그러므로 다양한 양상으로 나타나는 아이의 감정 표현을 면밀하게 들여다보면서 어떻게 문제를 해결하고 어떻게 제대로 훈육을 할지 파악하는 것은 매우 중요한 일이다.

01

떼쓰는 아이,
적절한 대안을 마련해준다

이제 막 만으로 3세가 된 유진이는 떼쓰기 대장이다. 아침에 안 일어난다고 떼를 쓰고, 밥 안 먹는다고 떼를 쓰고, 어린이집에 안 간다고 떼를 쓴다. 뭐 하나 그냥 하는 법이 없다. 엄마는 아침부터 아이를 혼내는 게 마음에 걸려 오늘은 꾹 참아야지 다짐하며 어르고 달래지만, 결국 유진이는 울고불고 난리를 치고서야 어린이집에 간다. 그래도 집에서 떼를 쓰는 건 봐줄 만한데, 마트에만 가면 이거 사달라 저거 사달라 하며 징징거리다가 안 사주면 바닥에 드러누워 우는 통에 엄마는 늘 인내의 한계를 느낀다.

• • •

정도의 차이는 있겠지만, 유진이와 비슷한 또래의 아이를 둔 집에서는 흔히 볼 수 있는 광경이다. 빠르면 만 2세부터 시작되는 떼쓰기는 방치하면 갈수록 정도가 심해지는 대표적인 반항 행동이다. 그래서 떼쓰기는 부모의 감정 조절 능력의 시험대가 되기도 한다.

그럼 먼저 생각해보자. 아이들은 왜 떼를 쓰는 것일까? 분명 안 된다고 하는데도 끝까지 고집을 피우는 이유가 뭘까? 아이들이 떼를 쓸 때 부모들이 가장 힘들어하는 부분이 바로 이것이다. 도대체 아이가 왜 그러는지 모르겠다는 것이다. 물론 아이들마다 다른 이유가 있겠지만, 아이들이 떼를 쓰는 이유는 크게 세 가지로 나누어 볼 수 있다.

첫 번째는 자신의 유능감을 보여주고 싶어서다. 만 2세부터 아이들은 스스로 해낼 수 있는 것들이 많아지면서 해보고 싶은 것들도 많아진다. 그리고 내가 잘할 수 있다는 것을 보여주고 싶어 한다. 그래서 바쁜 아침에 굳이 제대로 하지도 못하는 숟가락질을 하겠다고 떼쓰는 것이다.

이럴 때는 도전하고 싶어 하는 아이의 마음을 인정해주고 해볼 수 있는 기회를 줘야 한다. 위험한 일이거나 시간이 없어 기회를 줄 수 없을 때는 하고 싶어 하는 마음만이라도 꼭 인정해줘야 한다. "숟가락질 잘하는 것을 엄마한테 보여주고 싶구나. 그런데 지금은 시간이 없으니까 이따 점심 때 보여줘. 지금은 엄마가 도와줄게."라고 말해주면 된다. 위험할까 봐, 혹은 귀찮아서 무조건 아이들의 도전을 막는 것은 떼쓰기를 부추길 뿐 아니라 아이의 유능감을 떨어뜨리고 만다.

두 번째는 자기주장을 내세우는 것이다. 자신의 생각이 많아지면 엄마의 생각과 자신의 생각이 다르다는 것을 알게 되고, 그러면 당연히 자기주장이 생긴다. 자기주장은 스스로 뭔가를 해내는 능력, 즉 자기 주도성의 기반이 된다. 그런데 처음 자기주장을 하는 아이가 어떤 상황에서 어느 정도로 자기주장을 펼쳐야 될지 모르는 것은 당연하다. 또한 그것이 받아들여지지 않을 경우 매우 속상해 할 수밖에 없다. 그런 부분들이 바로 떼쓰기로 표현되는 것이다.

예를 들어 마트에 갔을 때 자신은 아이스크림을 먹고 싶은데 엄마는 참으라고 하면 떼쓰기를 통해 자기주장을 관철시키려고 한다. 떼를 쓰면 마지못해서라도 사주니 그런 방법을 시도하게 된다. 그러므로 떼를 쓴다고 아이가 원하는 것을 들어주면 안 된다. 떼쓰는 것이 자기주장을 관철시키는 방법이라고 생각할 수 있기 때문이다.

이런 상황이라면 무엇보다 기준을 정해두는 것이 중요하다. 들어줄 수 있는 것과 없는 것을 아이에게 명확하게 인식시켜줘야 떼쓰기를 줄일 수 있기 때문이다. 마트에 가기 전에 미리 약속을 하는 것도 좋은 방법이다. 먹고 싶은 것 딱 한 개만 사기, 한 달에 한 번만 장난감 사기처럼 사전에 아이에게 규칙을 알려주고 지킬 수 있게 해야 한다.

이때 주의해야 할 점은 그 약속을 부모 마음대로 결정하면 안 된다는 것이다. 어떻게 하는 것이 좋을지 아이와 타협점을 찾아야만 아이는 자기주장이 인정받았다는 생각이 들어 그 약속을 지키려고 나름 노력하는 모습을 보인다. 만약 아이가 약속을 지켰다면 칭찬을 하는 것도 잊지 말아야 한다.

부모 역시 아이와 한 약속을 꼭 지켜야 하는데, 되도록 아이와 한 약속을 일찍 지키는 것이 효과가 좋다. 마트에 가서 먹고 싶은 것을 한 개 사주기로 약속했다면 마트에 도착했을 때 가장 먼저 아이가 먹고 싶어 하는 것을 한 개 사주는 식이다. 아이들은 먼저 가지면 훨씬 더 만족하는 경향이 있다.

세 번째는 다른 불만을 떼쓰기로 표출하는 것이다. 이런 경우를 흔히 '가면 떼쓰기'라고 말하는데, 아이가 마음속에 있는 불만을 제대로 말할 수 없어서 사사건건 떼쓰기로 자신의 불만을 나타낸다고 보면 된다. 동생이 생기면서 떼쓰기가 급격하게 늘었다면 엄마의 사랑이 동생에게로 떠나간 것 같은 불안감이나, 엄마가 동생을 돌보느라 자신을 덜 돌봐주는 것에 대한 불만의 표시로 떼를 쓰는 것일 수도 있다. 떼를 쓰면 부모가 자신에게 관심을 갖고 돌봐주기 때문에 아이로서는 충분히 시도해볼 만한 일이다.

이런 상황에서는 부모가 민감성을 가지고 떼쓰기 속에 숨어 있는 아이의 진짜 마음이 무엇인지 파악해야 한다. 그리고 아이의 마음을 읽고 이해해줘야 한다. "동생 때문에 엄마가 신경을 못 써줘서 미안해. 엄마가 더 잘해줄게. 엄마가 사랑하는 것 알지?"라고 말하며 속상한 마음을 풀어줘야 한다.

자신의 마음을 정확하게 알지 못하고 표현하지 못해 떼를 써야만 원하는 것을 얻어낼 수 있다면, 아이들도 그 상황이 좋지만은 않을 것이다. 또 떼쓰기는 갈수록 심해지기 때문에 초기에 잡는 것이 중요하다. 그러므로 아이의 떼쓰기가 시작되면 부모는 빨리 그 원인을 알아내야 한다. 겉으로 드러난 아이의 말과 행동만으로 판단하지 말고 아이의 속마음을 읽어줘야 한다.

그렇다면 아이가 떼쓰는 상황이 발생했을 때 부모는 어떻게 훈육해야 할까? 가장 먼저 해야 할 일은 아이의 감정에 공감해주는 것이다. 아이들이 감정을 조절하기 위해서는 먼저 자신이 느끼고 있는 감정의 정체를 알아야 한다. 그것이 슬픔인지 분노인지, 왜 내가 지금 떼를 쓰고 있는지를 알아야 그 감정을 조절할 수가 있다.

그러나 "사고 싶은 것을 못 사서 속상하구나."와 같이 엄마가 아이의 감정을 단정 지어 말해주는 것보다 "사고 싶은 것을 못 사니까 속상하니?"라고 아이가 스스로 자신의 현재 감정을 생각해보도록 하는 것이 좋다. 이렇게 자신의 감정을 인정받고 공감받으면서 아이는 자신의 감정을 이해하고 조절할 수 있는 능력을 키운다.

그다음은 안 되는 이유를 짧게 설명한다. 아이의 감정을 공감해줄 때 가장 하기 쉬운 실수가 아이의 감정을 부모가 너무 크게 증폭시켜 오히려 아이가 그 감정에서 벗어나지 못하게 하는 것이다. 그것을 막기 위해서는 아이의 감정은 인정해주되, 행동이 잘못됐다는 것을 분명하게 알려줘야 한다. "속상한 마음은 알겠는데 떼를 쓰는 건 안 돼."라고 분명하면서도 짧게 말하는 것이 핵심이다. 너무 긴 설명은 아이가 이해할 수 없을 뿐더러 오히려 아이의 화를 부추길 수도 있다. 아이들은 아직 말의 뜻과 상황을 이해하는 능력이 부족하기 때문에 부모는 명확하고 구체적으로, 또 아이의 이해 수준을 고려해 훈육해야 한다.

짧으면서도 명확하게 잘못된 점을 알려줬다면 적절한 대안을 제시하는 단계로 넘어가야 한다. 훈육이 실패하는 원인 중 하나는 혼내는 데서 끝내기 때문이다. 하지 말라는 것만 있고 할 수 있는 것은 없으니, 아이는 떼를 써서라도 원하는 것을 쟁취하려고 드는 것이다. "지금은 저걸 살 수 없지만, 집에 가면 네가 좋아하는 빵을 먹을 수 있어."와 같이 지금 참으면 아이가 좋아하는 다른 것을 할 수 있다는 사실을 알려주면 아이는 스스로 감정을 조절하고 인내해야 하는 이유를 찾을 수 있게 된다.

다행히 만 5세 미만의 아이들은 주의 집중력이 상당히 짧다. 한 번에 한 가지밖에 집중하지 못한다. 그러므로 아이가 원하는 것을 들어줄 수 없다면, 지금 그것을 참아야 한다는 사실을 알려준 다음 재빨리 아이가 좋아하는 또 다른 것으로 관심을 돌리면 된다.

그럼에도 불구하고 아이가 계속해서 떼를 쓴다면 단호하게 제지해야 한다. 떼가 느는 이유는 떼를 부리면 결국은 들어주기 때문이다. 같은 상황인데 어떤 때는 들어주고, 어떤 때는 들어주지 않으면 아이들은 들어달라고 더 떼를 쓸 수밖에 없다. 그러므로 떼쓰는 버릇을 고치려면 부모가 단호해져야 한다. 맞대응을 하지 않고 무시하는 것도 한 가지 방법이 될 수 있다.

앞에서 언급한 공감해주기, 잘못된 점 알려주기, 대안 제시하기와 더불어 단호하게 대처하거나 무시하기는 앞으로 만나게 될 많은 훈육의 상황에서 공통적으로 사용할 수 있는 가장 기본적인 방법이다. 그러므로 꼭 기억해둬야 한다.

만약 앞에서 언급한 방법을 활용하지 못할 정도로 아이의 분노가 지나치게 폭발할 때는 일단 분노가 가라앉을 때까지 기다린 뒤 달랜다. 화가 나 아무것도 들리지 않는 아이에게 왜 그러냐고 묻는 것은 전혀 도움이 안 된다.

미네소타대학교 심리학과 마이클 포티걸Michael Potegal 교수는 아이들의 옷에 마이크를 채우고 다양한 떼쓰기 상황을 수집한 다음 소리를 분석해봤다. 그 결과 아이가 떼를 쓸 때는 슬픔과 분노라는 감정이 동시에 진행된다는 것을 알아냈다. 이 실험 결과를 바탕으로 포티걸 교수는 "아이들이 떼를 쓸 때는 어른들이 생각하는 것보다 훨씬 더 괴로운 상태에 있다는 것을 알아야 한다."고 조언했다.

그러므로 아이가 떼를 쓸 때는 혼을 내는 것보다 분노가 절정을 지나가도록 기다려야 한다. 분노가 지나가면 아이에게 남는 것은 슬픔이다. 그럼 아이는 위안을 찾으려 할 것이다. 바로 그 순간이 부모가 달래줄 때다.

아이가 공공장소에서 떼를 쓴다면 어떻게 대처해야 할까? 그럴 때 부모는 빨리 상황 판단을 해야 한다. 만약 들어줄 수 없는 일이라면 아이를 빨리 제압해 조용한 곳으로 데려가야 한다. 거기서 아이의 흥분을 가라앉히고 훈육을 시작하는 것이 좋다.

그런데 아이를 이길 수 없다면, 또 들어줄 만한 일이라면 아이의 요구를 들어주되 "이거 갖고 싶다고? 엄마도 이거 사주려고 했는데."라는 말을 덧붙일 필요가 있다. 떼를 써서 뭔가를 얻으면 아이는 다음에도 뭔가를 얻기 위해서 떼를 쓸 가능성이 아주 크다. 그러니 떼를 써서 들어주는 게 아니라 부모의 의지였다는 것을 알려줘야 한다.

아이의 떼쓰기가 만성화되고, 또 폭력적인 행동까지 나올 때는 부모의 힘으로 해결하기가 매우 버거울 것이다. 이때는 늦기 전에 전문가를 찾아가는 것이 좋다. 이 시기에 배우는 감정 조절 능력은 아이의 발달에 지대한 영향을 끼칠 뿐 아니라, 아이의 성격을 결정하고 사회성에도 영향을 끼친다. 그러므로 전문가의 도움을 받아서라도 빨리 원인을 찾고 행동을 수정해줘야 아이의 건강한 발달이 가능해지고 부모와 아이의 관계가 악화되는 것도 막을 수 있다.

떼쓰는 아이를 위한 훈육 Tip

① 아이의 감정에 공감해준다.

② 안 되는 이유를 짧게 설명한다.

③ 적절한 대안을 마련해준다.

④ 계속해서 떼를 쓰면 단호하게 제지한다.

⑤ 분노가 지나치게 폭발할 때는 가라앉을 때까지 기다린 뒤 달랜다.

02

자주 화내는 아이, 감정을 다스리는 방법을 가르친다

상욱이는 하루에 열두 번도 더 화를 낸다. 공부하라고 하면 하기 싫다고 화를 내고, 게임 그만하라고 하면 더 하고 싶다고 화를 낸다. 솔직히 그 정도는 하기 싫어서 그런가 보다, 더 하고 싶어서 그런가 보다 하고 넘어갈 수 있다. 그런데 문제는 아무것도 아닌 일에도 욱하고 화를 낸다는 것이다. 책이 없어지면 찾아보지도 않고 화를 내고, 문제 풀다 틀려도 화를 내고, 심지어는 치약이 안 나온다고 화를 내기도 한다. 작은 일에도 시도 때도 없이 화를 내는 상욱이 때문에 엄마도 참다 못해 화를 내게 되니 결국 엄마와 상욱이의 관계까지 나빠질 대로 나빠진 상황이다.

• • •

화를 내는 것이 무조건 나쁜 것은 아니다. 너무 마음속에 쌓아두기만 하는 것보다는 때로는 화로 감정을 표출하는 과정이 필요하기도 하다. 문제는 너무 자주, 너무 크게 화를 내는 것이다. 화를 내는 행동은 상당한 에너지를 소모한다. 또 혈압과 맥박 수가 올라가고 근육과 관절이 수축되며 신경과 심혈관, 호르몬의 균형이 무너진다.

화를 받아줘야 하는 사람도 엄청난 스트레스를 받지만, 화내는 본인도 정신적, 신체적으로 고통스러워진다.

더 큰 문제는 이렇게 화를 자주 크게 내다 보면 분노 조절 장애가 될 수도 있다는 점이다. 분노 조절 장애는 한 가정을 불행하게 만들 뿐만 아니라 수많은 범죄의 원인이 되기도 한다. 그러므로 어린 시절부터 화를 잘 조절할 수 있는 능력을 키워주는 것은 상당히 중요한 일이다.

그럼 아이들이 화를 내는 이유는 무엇일까? 먼저 기질적으로 예민한 아이들은 주변의 자극을 다른 사람보다 더 크게, 자극적으로 느끼기 때문에 당황하기 쉽고 그에 따른 과민 반응을 보일 수 있다. 어떤 아이들은 울거나 무서워하는 것으로 자신의 불안한 감정을 표현하지만, 어떤 아이들은 화를 내는 방법을 쓰기도 한다. 평소에 원하는 욕구가 충족되지 않아 불만이 누적된 아이, 부모로부터 과잉보호를 받아 자기 마음대로 되지 않는 상황을 참아내는 인내력이 부족한 아이도 화를 자주 낼 수 있다.

반대로 지나치게 엄격한 분위기에서 꾸지람을 많이 받고 자란 아이, 특히 부모가 화를 많이 내는 경우는 아이도 부모의 감정 조절 방식을 모방해 자주 화를 낼 수 있다. 미국의 심리학자 제프리 심슨Jeffry Simpson은 "아이가 가장 처음 어떻게 스트레스에 대처하는지 관찰하게 되는 대상은 바로 부모다."라고 말했다. 부모가 스트레스가 쌓일 때 화를 내거나 물건을 던지거나 하는 등의 행동을 보이면 아이도 스트레스는 그렇게 푸는 것으로 생각하고 그대로 따라 한다는 것이다. 실제로 아이들이 화를 낼 때 유심히 살펴보면 "에이, 짜증 나." 혹은 "내가 못 살아."와 같이 부모가 평소에 했던 말과 행동을 그대로 따라 하는 것을 목격할 수 있다. 즉 부모의 감정 조절 방식이 그대로 아이에게 대물림되는 셈이다.

이유야 어떻든 화를 자주 낸다는 것은 이미 자신의 감정을 조절하지 못하고 부정적인 방식으로 표현하는 버릇이 들었다는 뜻이다. 그 버릇을 고치기 위해서는 부모부터 화를 내지 말아야 한다. 아이가 화를 내면 부모도 화가 난다. 그래서 아이가 왜 화가 났는지는 관심이 없고, 화를 내는 행동에만 초점을 둔 채 "어디 버릇없이 화

를 내!", "계속 화내면 맞는다!"라며 아이와 똑같이 소리를 지르고 화를 낸다. 하지만 이러한 말과 행동은 오히려 아이의 감정을 상하게 하고 자극시켜 사태를 악화시킬 뿐이다.

아이가 화가 났다는 것은 이미 감정 조절에 실패한 상황이므로, 스스로 감정을 가라앉힐 때까지 기다려줘야 한다. "지금 화가 많이 났구나. 네가 화가 가라앉을 때까지 기다려줄게."라고 말하고 자리를 피하면 된다. 화를 내는 것은 상당한 에너지가 소모되는 일이므로 결국 아이는 제 풀에 지쳐 화를 멈추게 마련이다. 물론 폭력적인 행동을 하거나 자해를 하는 경우는 당장 멈추도록 해야 하는데, 이는 따로 다룰 예정이다.

아이의 화가 좀 가라앉으면 그때 화가 난 이유를 물어보고 화난 감정을 인정해준다. 아이가 화내는 것이 납득되지 않더라도 그렇게 해줄 필요가 있다. 아이들은 자기가 감정을 표현했을 때 공감이나 이해를 받고 있다는 느낌이 없으면 분노의 감정을 지속적으로 표출한다. 그러면 악순환이 일어나면서 자주 화내는 아이가 될 수 있으므로 부모가 "그래. 화가 날 만도 하네."라고 말해주며 아이의 감정에 공감해주는 것부터 시작해야 한다.

물론 시답잖은 걸로 화를 내는 경우는 제외다. 그렇다고 "뭘 그런 걸 가지고 화내고 그러냐!"라고 비난하는 말은 하지 말자. 부모가 생각하기에는 별것 아닌 일도 아이에게는 큰 문제일 수 있고, 또 아이의 감정을 부정해버리면 아이가 마음을 닫아 문제 해결이 더 힘들어지기 때문이다. 이때는 "엄마 생각에 그건 화가 날 만한 정도는 아니고 짜증이 좀 나는 정도인 것 같은데, 어떻게 생각해?"라고 의견을 물어보는 것이 좋다. 아이도 별것 아닌 것 갖고 화를 냈다는 생각이 들면 엄마의 의견에 수긍할 것이고, 다음에는 짜증 좀 내고 마는 정도로 넘어가게 될 것이다.

더 중요한 것은 감정을 다스리는 방법을 가르쳐주는 일이다. 화가 나면 심호흡을 여러 번 크게 한다든지, 10부터 거꾸로 센다든지 해서 일단 화를 좀 가라앉히는 요령을 스스로 터득하게 해야 한다. 그리고 이 문제가 화를 낼 문제인지 생각해보고, 또 화를 내지 않고 문제를 해결할 수 있는 방법도 찾아보도록 한다. 누군가의 도움이 필요할 때는 도움을 요청하면 된다는 사실도 알려준다.

이러한 자기 조절 방법을 'Stop-Think-Choose' 기법이라고 한다. 물론 이러한 방법을 쓴다고 하루아침에 아이가 화를 내지 않게 되는 것은 아니다. 그러나 시간과 노력을 들여 꾸준히 연습하면 성과가 있을 것이다. 아이는 부모를 롤 모델로 삼는 경향이 있으므로 부모가 먼저 'Stop-Think-Choose' 기법을 활용해 자신의 감정을 잘 조절하는 것을 보여주면 아이도 그대로 보고 배운다.

아이의 화는 평소의 불만을 반영한 행동일 가능성이 크기 때문에 근본적인 불만을 해소해주려는 노력도 필요하다. 엄격한 훈육으로 하고 싶어 하는 것을 너무 못하게 한 것은 아닌지, 지나친 학습 강요로 아이가 지쳐 있는 것은 아닌지, 잔소리가 너무 많아 아이의 자율성을 침해하고 있는 것은 아닌지 아이의 불만을 잘 살펴보고 해결해줘야 한다.

긍정적인 감정을 느낄 수 있는 경험을 많이 하게 해주는 것도 중요하다. 화를 많이 내는 아이들은 일상이 부정적인 감정으로 채워져 있게 마련이다. 그래서 즐거운 일, 웃을 일이 많질 않다. 그러므로 여행을 한다든지, 재미있는 영화를 본다든지, 맛있는 음식을 먹으면서 긍정적인 감정을 느끼고 긍정 에너지를 많이 충전하면 부정적인 생각이 줄어들면서 화를 조절하는 것도 쉬워진다.

아이는 부모의 감정 조절 방식을 따라 하게 되어 있으므로 아이가 화를 자주 내면 혹시 부모가 그랬던 것은 아닌지 반성하고 행동을 수정하는 과정이 필요하다. 부모가 노력하는 모습을 보이면 아이도 달라질 것이다.

자주 화내는 아이를 위한 훈육 Tip

① 아이의 화가 가라앉을 때까지 기다린다.

② 화난 이유를 물어보고, 아이의 감정을 인정해준다.

③ 감정을 다스리는 방법을 가르친다.

④ 근본적인 불만을 해소해준다.

⑤ 긍정적인 감정을 느끼는 경험을 많이 하게 한다.

03

툭하면 우는 아이, 말로 표현하는 방법을 가르친다

5세 수민이의 별명은 울보공주다. 하고 싶은 일이 마음대로 되지 않거나 누가 조금만 뭐라 해도 금방 눈물을 뚝뚝 흘리기 때문이다. 집에서도 그렇고 유치원에서도 그렇다. 하루 종일 수민이의 울음소리를 듣다 보면 엄마는 짜증이 난다. 왜 우는지 모를 때가 많아서다. 달래주기도 하고 혼을 내보기도 하지만 수민이의 울음은 멈추질 않는다. 마음이 너무 약해 그런 것일까? 아니면 무슨 불편함이 있어 그런 것일까? 울보공주를 웃음공주로 바꿔줄 묘안은 없을까?

• • •

다른 사람과 어우러져 살아가려면 의사소통이 꼭 필요하다. 말하는 것, 즉 대화는 의사소통에서 가장 중요하면서도 가장 일반적인 방법이다. 그런데 꼭 말을 하지 않아도 표정이나 몸짓, 목소리로 의사를 전달할 수도 있다. 미국의 심리학자 앨버트 메라비언Albert Mehrabian은 '메라비언의 법칙The Law of Mehrabian'을 통해 우리가 대화를 할 때 말로 상대방의 의도를 알아차리는 정도는 7퍼센트뿐이고, 나머지 93퍼센트는 표정, 몸짓, 목소리 톤과 같은 비언어적 요소가 좌우한다는 사실을 발표하기도 했다.

사실 엄마는 아기의 울음소리만 들어도 배가 고픈지, 기저귀가 축축한지 금방 안다. 울음도 하나의 비언어적 소통 방식이기 때문이다. 그러므로 어린아이들이 우는 것은 지극히 보편적인 의사 표현 방법 중 하나라고 보면 된다.

대부분의 아이들은 자라면서 울음 말고 자신의 의사를 표현할 더 적절한 방법을 깨닫게 되고, 자연스럽게 그 방법을 사용하게 된다. 그러나 수민이 사례처럼 유치원에 다닐 나이가 됐음에도 아직 울음이라는 비언어적 방법을 주로 사용해 자신의 의사를 표현한다면 그 이유를 찾아봐야 한다.

먼저 아이의 기질부터 살펴보는 게 좋다. 예민하고 섬세한 기질을 타고난 아이들은 그렇지 않은 기질의 아이들보다 부정적인 상황을 민감하게 받아들일 수 있다. 자기는 사랑받을 만한 존재라고 생각하는 자기 가치감이 떨어지는 탓이다.

그래서 하는 일이 잘 안 되거나 안 될까 봐 두려울 때, 또 누군가에게 안 좋은 소리를 듣게 되거나 혼날 것 같은 상황이 닥치면 부모나 선생님의 대수롭지 않은 반응에도 크게 위축되거나 자신이 사랑받지 못한다고 생각하기 쉽다. 자신을 몰라주는 것에 대한 서운한 마음, 소외되고 있다는 야속함과 원망스러움이 불같이 일어나 결국 울음을 터뜨리게 된다.

또 다른 이유는 감정 그릇이 너무 작기 때문이다. 사람마다 감정을 담을 수 있는 그릇이 있는데, 이 그릇의 크기는 부정적인 감정을 견뎌내는 능력을 결정한다. 즉 감정 그릇이 크면 자신의 부정적인 감정을 드러내지 않고 잘 견뎌내고, 반대로 그릇이 작으면 금방 흘러넘쳐 부정적인 감정을 드러낼 수밖에 없다.

울다 보니 버릇이 된 경우도 있다. 아이들이 우는 소리는 상당히 자극적이라 계속 듣고 있으면 스트레스를 받게 된다. 그래서 부모는 아이가 울면 빨리 그 시끄러운 소리에서 벗어나고 싶은 마음에 선뜻 아이의 요구를 들어준다. 그런데 이런 식으로 아이의 욕구를 채워주면 아이는 우는 게 제일 빠른 방법이라고 생각하게 된다. 가장 빠른 길이 있는데 굳이 돌아갈 이유가 무엇이 있겠는가. 그래서 일단 울고 보는 것이다.

그렇다고 무턱대고 "뚝 그쳐!", "당장 그만 울어!"라고 우는 행동에만 초점을 맞추면서 혼을 내는 것도 금물이다. 혼을 내면 혼나는 것이 무서워 울음을 그칠 수도 있겠지만 절대로 최선의 방법이 될 수는 없다.

간혹 아이가 울 때 그냥 무시해버리는 방법을 택하는 경우도 있다. 아이가 울다가 지쳐서 그치기를 기다리는 것이다. 하지만 이 또한 좋은 방법은 아니다. 아이는 혼자 울며 부모가 자신에게 관심을 가져주지 않는 것에 대한 서운함을 고스란히 마음에 남긴다. 그래서 감정이 해소되지 않고 더 쌓이고 만다.

아이가 울면 먼저 "맘에 안 드는 게 있구나.", "속상해서 울고 싶어?"라고 아이의 울고 싶은 마음을 받아들여준다. 등을 쓰다듬어준다든지 안아준다든지 하는 것을 곁들이면 금상첨화다. 하지만 말을 자꾸 시키거나 지나치게 달래주는 것은 좋지 않다. 아이가 스스로 울면서 자신의 감정을 해소할 수 있도록 기다려줘야 한다. 아이가 '엄마는 내가 울어도 금방 화내지 않아. 나의 마음을 잘 받아줘.'라는 생각이 들게 하는 게 핵심이다.

그렇게 아이가 감정을 다 쏟아내고 잠잠해지면 그때 운 이유를 물어보고 말로 표현하는 방법을 가르쳐주면 된다. "속상해서 눈물이 나왔구나. 그런데 이럴 때는 '엄마 나 속상해.'라고 말하면 돼."라고 알려준다. 또 "네가 우니까 엄마도 속상해. 다음에는 말로 해줘."라고 말하면서 아이가 우는 것이 엄마에게 어떤 감정을 불러일으키는지 전달하는 것도 좋다.

자주 우는 이유가 감정 그릇이 작은 탓도 있기 때문에 평소에 아이의 감정 그릇을 키워주는 노력까지 기울여야 한다. 사람마다 감정 그릇의 크기는 다 다르고 살다 보면 변하기도 한다. 아이들도 마

찬가지다. 감정 그릇을 키우려면 먼저 다양한 감정을 느끼고 이해하는 것에서부터 시작해야 한다. 상황에 따라 각기 다른 감정들이 존재하고, 그것을 표현하는 다양한 말이 있다는 것을 알려주는 것이다. 과자가 먹고 싶은데 엄마가 안 사주는 상황은 '울고 싶다'뿐 아니라 '속상하다', '기분이 나쁘다', '먹고 싶다' 등 다양한 감정이 존재하는데, 그걸 '울고 싶다'로만 표현하지 않도록 해야 한다.

그러기 위해서는 부모가 일상생활에서 적절한 감정 단어를 자주 표현할 필요가 있다. 그럼 아이도 자신의 감정을 세분화해서 파악하고 표현할 수 있는 능력이 발달하기 때문에 무조건 울어버리는 일이 줄어든다.

감정 그릇이 흘러넘치는 바로 그 상황을 제어하는 방법도 가르쳐줘야 한다. 울고 싶은 상황이 되면 주먹을 꽉 쥔다거나 심호흡을 크게 한다거나 해서 자신을 진정시킬 수 있는 방법이 있다는 것을 알려주고 연습시키면 된다. 이런 방법들을 통해 아이가 울음을 잘 참아냈다면 아낌없이 칭찬해주는 게 좋다.

결과에 대한 부담감이 큰 아이들의 경우 뭔가를 해내야 할 때, 또는 뭔가 잘 안 될 때 울어버리는 경우가 있다. 태생적으로 욕심이 많은 아이들도 있고, 부모가 과정보다 결과를 중요하게 여기는 환경에서 성장한 탓일 수도 있다. 보통 부모들은 "잘했네."라고 말하는 것만 칭찬이라고 생각하지만, 결과가 아닌 과정을 칭찬하는 것이 더 중요하다. 아이에게 "열심히 하고 있네.", "최선을 다하는구나."와 같은 과정을 칭찬하는 말을 해주면 결과에 대한 부담을 내려놓고 자신감을 가질 수 있을 것이다.

울음이 많은 아이들은 자신이 소외당하고 있다거나 부모가 자신을 사랑하지 않는다고 생각하는 경향이 있다. 그래서 울 때면 그 속상한 마음까지 다 담아 큰일이라도 벌어진 것처럼 운다. 그러므로 평소에 사랑한다는 말을 자주 해주는 것도 필수다. 아이들은 아직 어리기 때문에 꼭 사랑한다고 말로 표현해줘야 그에 대한 확신을 가질 수 있다.

툭하면 우는 아이를 위한 훈육 Tip

① 아이의 울고 싶은 마음을 받아들여준다.

② 이유를 물어보고, 말로 표현하는 방법을 가르친다.

③ 아이의 감정 그릇을 키워준다.

④ 결과가 아닌 과정을 칭찬한다.

⑤ 사랑한다고 자주 말해준다.

04

공격적인 아이,
허용과 절제가 조화된 양육을 한다

6세 우현이는 3남매 중 막내다. 우현이 엄마 아빠는 아이가 셋인 데다가 같이 장사를 하기 때문에 늘 바쁘다. 그래도 막내 우현이한테는 사랑을 듬뿍 주고 있다고 생각하는데, 우현이는 자꾸 공격적인 행동을 해서 문제를 일으키곤 한다. 조금만 마음에 안 드는 일이 생기면 말보다 주먹이 먼저 나간다. 두 살 터울인 누나랑 놀 때도 꼭 우현이가 때려서 누나가 우는 것으로 끝이 나고, 유치원에서도 친구들을 할퀴고 때리고 심지어는 물기까지 해서 다른 학부모들의 원성이 자자하다. 야단도 쳐보고 체벌도 해봤지만 오히려 우현이의 공격성이 더 심해질 뿐이다.

• • •

아이들은 주로 갖고 싶은 것을 갖지 못했을 때나 하고 싶은 것을 하지 못했을 때 공격적인 행동을 한다. 상대방을 때리거나 물거나 할퀴는 등의 공격적인 행동을 통해 원하는 것을 얻으려는 심산이다. 말로 하면 될 것을 도대체 왜 공격적인 행동을 해서 미움을 사는 것일까?

여러 가지 이유가 있겠지만, 대표적인 이유는 바로 말로 완전하게 전달할 수 없기 때문이다. 특히 아직 언어 발달이 충분히 이루어지지 않은 3, 4세 정도의 아이들은 원하는 것은 많은데 말로 표현이 잘 안 되니 답답한 마음에 몸이 먼저 반응하는 경우가 많다. 이런 공격적인 행동을 제때 제대로 고쳐주지 않으면 말을 잘하게 되어도 여전히 공격적인 행동을 할 수 있으므로 늦지 않게 고쳐줘야 한다.

기질과 유전도 공격적인 행동의 요인이 될 수 있다. 공격성은 아이가 좌절할 때 많이 표출되는데, 까다로운 기질의 아이들은 좌절을 빨리 느끼기 때문에 공격성이 강해질 수 있다. 또 유전의 영향도 있기 때문에 부모가 어린 시절 공격적인 행동을 자주 했으면 아이도 같은 모습을 보일 수 있다. 아이는 부모의 감정 조절 방식을 그대로 모델링하기 때문에 부모가 화를 낼 때 공격적인 행동을 많이 하거나 신체적인 체벌을 많이 하거나 부부간 싸움을 많이 하는 것도 아이의 공격성을 부추길 수 있다.

부모의 양육 태도 역시 큰 영향을 미친다. 평소 아이에게 별로 관심을 보이지 않다가 공격적인 행동을 할 때 관심을 보이면 아이들은 부모의 관심을 얻기 위해 공격적인 행동을 강화할 수 있다. 또 너무 허용적인 양육 태도도 공격적인 행동을 야기할 수 있는데, 해도 되는 일과 하면 안 되는 일을 제대로 가르쳐주지 않아 아이가 제대로 된 규칙을 배울 수 없기 때문이다.

폭력적인 영상물이나 게임, TV 프로그램에 자주 노출된 경우도

간과할 수 없다. 이런 상황은 주로 초등학생 아이들에게 많이 일어나는데, 폭력적인 장면을 자주 보면 옳고 그름을 판단하는 능력이 떨어지면서 그 행동을 그대로 따라 하게 된다. 또한 어린 시절부터 폭력물에 익숙해지면 성인이 되어서도 폭력적인 행동을 멈추지 못할 수 있다.

이유야 어떻든 아이의 공격적인 행동은 절대 방치하면 안 된다. 사실 공격적인 행동은 예방이 최선이다. 그러므로 아이가 공격적인 행동을 하려고 하면 재빨리 아이를 제지하고 통제해야 한다. 아이의 손목을 잡거나 몸을 꽉 붙들고, 아이의 눈을 정면으로 보면서

낮고 단호한 목소리로 "때리지 마."라고 말한다.

이때 아이는 화가 나 부모를 때리려고 할 수도 있다. 그럼 뒤에서 안아 아이의 팔과 다리를 완전히 제압한다. 울고불고 난리를 쳐도 안 그러겠다고 약속하기 전까지는 놓아주면 안 된다. 무엇보다 중요한 것은 아이가 공격적인 행동을 보일 때마다 이러한 방법을 일관적으로 사용해야 한다는 점이다.

아이가 흥분을 가라앉히면 그때는 다소 완화된 말투로 왜 그런 행동을 했는지 이유를 물어보고 아이의 마음을 어루만져주면서 주의를 준다. "갖고 싶은 마음은 이해하겠는데 때리는 건 안 돼. 나쁜 행동이야."라고 말해주면 된다. 더불어 아이에게 어떻게 행동하는 것이 옳은지에 대해서도 알려준다. "네가 갖고 싶을 때는 '나 그거 갖고 싶어.'라고 말로 해야 하는 거야."라고 가르쳐주면서 아이가 그대로 따라 해보도록 한다.

이 방법이 효과를 거두기 위해서는 아이의 언어 발달 수준을 점검하고 언어 표현 능력을 키워줘야 한다. 특히 분노를 표현하는 다양한 말을 가르쳐주면 좋다. '화났어', '속상해', '기분 나빠'와 같이 아이가 처한 상황에 맞는 적절한 표현을 알려주고 따라 해보게 한다. 이렇게 자신의 감정을 표현하는 다양한 말을 배우면, 아이는 화가 났을 때도 자신이 어떤 감정인지 생각해보고 말로 표현할 수 있게 된다.

부정적인 감정을 분출할 수 있는 놀이를 하게 해주는 것도 좋다. 공격성이 높은 아이들은 스트레스가 많고 몸으로 하는 것에 익숙한 경향이 있다. 그러므로 위험하지 않은 물건을 이용해 몸을 마음껏 움직이게 해주면 스트레스도 풀리고, 부정적인 감정도 분출돼 공격성을 낮출 수 있다. 베개에 권투하기, 벽에 고무공 던지기, 신문 찢기, 축구나 농구하기 등 몸을 마음껏 움직이면서 스트레스를 풀 수 있는 놀이는 다 좋다.

만약 폭력적인 영상물에 노출돼 있다면 바로 끊게 해야 한다. 아이가 어떻게 그런 영상물을 보게 됐는지 이유를 찾고, 컴퓨터나 스마트폰 등을 철저하게 관리해야 한다. 또 아이가 이러한 영상물을 자주 보는 이유는 부모의 방임, 또는 엄격한 통제에 대한 반발심 때문일 수 있으므로 근본적인 원인을 찾아 해결해야 한다.

무엇보다 중요한 것은 허용과 절제가 조화된 양육을 하는 것이다. 너무 허용적인 양육을 하고 있다면, 이제라도 아이에게 해서는 안 되는 행동을 가르쳐줘야 한다. 반대로 아이를 너무 억압하고 있다면 아이가 원하는 것을 어느 정도 허용해줌으로써 욕구불만이 쌓이지 않도록 해야 한다.

또 부모가 폭력적인 행동을 자주 보여줬다면 당장 멈추도록 한다. 그리고 아이와의 상호작용을 늘려 아이가 충분히 사랑받고 있다고 느끼게 해줘야 한다.

이와 같은 과정을 통해 아이의 행동이 개선됐다면 칭찬을 해준다. "때리지 않고 말로 했구나. 아주 잘했어.", "말로 하니까 훨씬 쉽지?"라고 칭찬하면서 말로 하는 것이 훨씬 더 좋은 결과를 가져온다는 사실을 알려주면 된다.

그러나 앞의 방법을 사용했음에도 불구하고 아이의 공격적인 행동이 고쳐지지 않는다면 전문가의 상담을 받는 것이 좋다. 공격적인 행동이 계속되면 분노 조절 장애로 이어질 수 있기 때문이다. 분노 조절 장애는 클수록 고치기 어려울 뿐만 아니라, 학업이나 친구 관계에 문제를 일으킬 수도 있고 사회 부적응 등의 부작용을 초래할 수도 있다. 아이의 인생에 지울 수 없는 상처를 남길 뿐만 아니라, 다른 사람에게도 피해를 줄 수 있으므로 되도록 빨리 고쳐줘야 한다.

공격적인 아이를 위한 훈육 Tip

① 재빨리 아이를 제지하고 통제한다.
② 이유를 물어보고, 마음을 어루만져주면서 주의를 준다.
③ 다양한 언어로 감정을 표현하는 방법을 가르친다.
④ 부정적인 감정을 분출할 수 있는 놀이를 하게 한다.
⑤ 폭력적인 영상물에 노출시키지 않는다.
⑥ 허용과 절제가 조화된 양육을 한다.

05

감정 표현을 잘 안 하는 아이, 감정 단어를 알려주고 표현하게 한다

지윤이는 온순하고 내성적인 성격의 아이다. 어렸을 때부터 화가 나거나 속상해도 그냥 얼굴 잠깐 찡그리거나 눈물 찔끔 흘리고 말지 크게 울거나 화를 내지 않았다. 지금도 일상생활에서 크게 좋고 싫은 게 딱히 없다. 좋아서 방방 뛸 만한 상황인데도, 반대로 분명히 마음에 안 들 상황인데도 자신의 감정을 표현하지 않고 시큰둥한 반응을 보인다. 이런 지윤이의 모습에 부모는 '얘는 왜 이렇게 감정이 없지?' 하고 궁금해하면서도 혹시나 지윤이의 진짜 속마음을 잘 모르고 있는 건 아닌지 걱정이 된다.

• • •

기쁘고 슬프고 짜증나고 화나는 자신의 감정들을 온전히 다 풀어놓아야만 직성이 풀리는 사람이 있는 반면, 기쁜 일이 있어도 슬픈 일이 있어도 또 속상한 마음이 들어도 겉으로 별로 티를 안 내는 사람도 있다. 아직 감정 조절 능력이 부족한 아이들은 대부분 전자에 속한다. 아이들은 자신이 느끼는 대로 웃고 울고 화내고 하는데, 때로는 감정의 정도나 차이를 명확히 알지 못해 실제 느낀 수위보다 더 격하게 감정을 풀어내기도 한다.

그런데 반대로 마치 어른처럼 감정을 잘 표현하지 않는 아이들도 있다. 감정을 너무 격하게 표현하는 아이를 둔 부모는 부러워할 수도 있겠지만, 이런 아이를 둔 부모의 입장에서는 아이가 너무 감정이 메마른 건 아닌지 걱정이 될 수밖에 없다. 이러한 부모의 걱정에는 정서도 지능으로 보는 최근의 경향이 한몫한다.

정서 지능, 즉 EQEmotional Intelligence는 정서를 인식하고 표현하는 능력, 정서를 활용하고 조절하는 능력을 말한다. 이 용어를 처음 사용한 미국의 심리학자 피터 샐로비Peter Salovey는 우리가 이성적인 결정을 할 때나, 문제를 해결할 때도 감정적인 요소가 늘 개입하기 때문에 정서적인 능력을 지능의 일부로 해석해야 한다고 주장했다.

이후 정서 지능에 대한 연구가 활발히 이루어지면서, 이제는 정서 지능이 아이의 감정과 성격뿐만 아니라 사회성, 심지어 학업성적에까지 영향을 미친다고 인정되고 있다. 아이가 자신의 감정을 잘 이해하고 표현하고 조절하며, 타인의 감정에 잘 공감할 수 있도록 키우는 것이 부모의 새로운 과제가 된 셈이다.

아이가 감정 표현을 잘 안 한다는 것은 정서 지능이 제대로 발달되지 않은 상태일 수 있다. 정서 지능은 감정을 참고 조절하는 것에서 그치지 않고 제대로 느끼고 표현하는 것으로 이어져야 하기 때문이다.

그럼 아이가 감정 표현을 잘 안 하는 이유는 무엇일까? 일단 감정 표현이 두드러지지 않는 아이는 느린 기질을 타고났을 가능성이 있다. 느린 기질의 아이들은 주변의 상황 변화에 민감하지 않은 편이라 감정의 동요를 크게 보이지 않고 반응도 느린 편이다. 정적인 활동을 좋아하고 좀 소극적인 편이며 자신감이 낮은 경우도 많아서 자신의 감정을 드러내놓고 표현하는 것을 창피하게 여기거나 불편하게 생각할 수도 있다.

불안 수준이 높은 아이도 감정 표현을 잘 안 하는 편이다. 내 감정을 드러냈을 때 부모가 받아들여주지 않을까 봐, 친구들이 비웃거나 공격할까 봐 걱정이 되어 내 감정을 말하는 것이 안전하지 않다고 생각하는 것이다. 이런 경우는 평소에 부모가 아이의 감정에 대해 무관심하거나 아이의 부정적인 감정을 잘 받아들여주지 않았기 때문일 수 있다. 그래서 부모로부터 감정의 위안을 받는 것을 포기하고 속으로 감추고 드러내지 않는 것이다.

그렇다면 어떻게 해야 아이의 감정 표현을 늘리고 정서 지능을 발달시켜줄 수 있을까? 먼저 일상생활에서 다양한 정서를 경험하고 느끼게 해줘야 한다. 가장 좋은 방법은 부모가 먼저 감정을 솔직하게 털어놓고 말로 표현해주는 것이다. 좋은 일이 생기면 "아주 기쁜 일이 생겼어. 정말 좋아."라고 말하며 온몸으로 기쁨을 표현하고, 슬픈 일이 생기면 "마음이 아파. 위로해줘."라고 슬픈 마음을 고스란히 표현하면 된다.

책이나 TV를 볼 때 주인공들의 마음이 어땠을지 이야기를 나눠보는 것도 방법이 될 수 있다. "강아지가 아파서 속상하겠다. 너는 키우고 있는 강아지가 아프면 어떨 것 같아?"라고 아이가 감정을 떠올리고 표현할 수 있는 기회를 만들어주는 식이다.

감정 단어를 알려주고 활용하는 방법을 가르치는 것도 중요하다. 우리가 일상에서 흔히 쓰는 감정 단어들은 한정적인 경우가 많다. 그런데 감정은 상당히 다양한 모습을 갖고 있어서 표현하는 단어도 다양할 수밖에 없다. 감정 단어를 많이 알고 있다면 감정의 실체를 명확하게 파악하여 분명하게 표현하는 과정이 수월해진다.

하지만 감정 단어는 대부분 추상적인 개념이기 때문에 아이들이 이해하기 쉽지 않다. 그래서 아이와 함께 역할놀이나 인형놀이를 하면서 상황에 맞는 다양한 감정을 표현할 수 있도록 하면 재미있게, 또 자연스럽게 익힐 수 있다. 아이가 자신의 감정을 표현할 때도 되도록 구체적으로 표현할 수 있도록 도와줘야 한다. 그냥 "기분 좋아."보다는 "햇빛이 반짝하는 것처럼 기분이 좋아.", "비행기 타고 날아가는 것같이 기분이 좋아."라고 표현하게 해주는 것이다.

정서 초점과 문제 초점을 높여 감정 조절 능력을 키워주는 것도 필요하다. 정서 초점은 아이가 부정적인 감정을 드러낼 때 부모가 아이의 감정을 이해하려고 노력하는 것을 말한다. 문제 초점은 아이가 느낀 부정적인 감정을 해결하려고 노력하는 것이다.

사실 우리나라 부모는 아이의 기쁨, 즐거움 같은 긍정적인 감정은 잘 받아들여주는데, 화나 슬픔 같은 부정적인 감정을 다뤄주는 데에는 좀 미숙한 편이다. 부모 스스로도 부정적인 감정을 겉으로 드러내는 것을 좋지 않게 생각하고 참기 때문에 아이에게도 부정적인 감정은 나쁜 것이니까 되도록 참으라고 가르친다. 또 아이는 해맑고 긍정적이고 행복한 존재라고 믿기 때문에 아이의 부정적인 감정은 별것 아니라고, 금방 해결될 수 있을 것이라고 생각하는 경향이 있다. 그러나 부모가 더 신경 써서 다뤄줘야 할 것은 바로 부정적인 감정이다.

아이가 부정적인 감정을 드러내면 그 감정을 잘 이해해주고 해결할 수 있도록 도움을 줘야 아이의 감정 조절 능력을 키워줄 수 있다. 그러기 위해서는 먼저 누구나 부정적인 감정을 가질 수 있고 그것을 표현하는 것이 나쁜 것은 아니라는 사실을 알려줘야 한다. 부정적인 감정은 드러내지 않아야 하는 것이 아니라, 적당하게 올바른 방법으로 드러내는 것이 중요하다.

만약 아이가 부정적인 감정을 느낄 때는 그 부정적인 감정을 축소시키거나 빨리 해결할 것을 강요하지 않도록 주의를 기울인다. 충분히 느끼고 털어낼 수 있도록 해야 그 감정을 더 쉽게 정리할 수 있다. 예를 들어 유치원을 옮겨야 하는 상황에서 "그건 아무것도 아니야. 새 친구 만나면 되지."라고 아이의 슬픈 감정을 축소시켜 버릴 것이 아니라 "친구랑 헤어져서 슬프지. 엄마도 슬퍼."라고 아이의 마음을 어루만져주고 함께 충분히 슬퍼해줘야 한다. 이런 과정을 통해 아이는 자신의 감정에 대해 위로를 받을 수 있을 뿐만 아니라, 그것을 극복하면서 아무리 힘든 감정도 영원하지 않다는 것을 깨닫게 된다.

감정 표현을 잘 안 하는 아이들은 유치원이나 학교에 다니면서 또래 관계에 어려움을 겪을 수 있다. 친구와 관계를 맺으려면 어느 정도 자신을 드러내야 하는데, 자신의 마음을 솔직하게 털어놓지 않으니 친구들과 가까워질 수 없는 것이다. 또 자신의 의사를 분명하게 표현하지 못해 친구가 시키는 대로 끌려다녀 부모를 속상하게 만들기도 한다.

그러므로 지금부터라도 아이가 솔직하게 자신의 생각과 감정을 표현할 수 있도록 연습시켜야 한다. 그리고 아이가 자신의 속마음을 드러냈을 때는 "솔직하게 말해줘서 고마워. 말해주니까 엄마가 네 마음을 잘 알겠어."라고 칭찬해주면 된다. 그래야 자신의 생각과 감정을 당당하게 표현하는 것이 더 좋은 결과를 가져온다는 사실을 깨달을 수 있다.

감정 표현을 잘 안 하는 아이를 위한 훈육 Tip

① 다양한 정서를 경험하고 느끼게 한다.

② 감정 단어를 알려주고, 활용하는 방법을 가르친다.

③ 정서 초점과 문제 초점을 높여 감정 조절 능력을 키워준다.

④ 부정적인 감정이 나쁜 것만은 아니라는 사실을 알려준다.

⑤ 부정적인 감정을 충분히 느끼고 솔직하게 표현할 수 있게 도와준다.

06

과잉 행동을 하는 아이,
행동 패턴을 알아내 일관되게 훈육한다

5세 민욱이는 말을 안 들어도 너무 안 듣는다. 뛰지 말라고 하면 더 뛰고, 기분이 좋거나 화가 나면 벼락같이 큰 소리를 지른다. 여동생이 잘 때 귀에 대고 갑자기 큰 소리를 질러 동생이 경기를 일으키며 깬 게 한두 번이 아니다. 어린이집에서도 친구들한테 물건을 집어던지고 주먹질과 발길질을 하는 등의 과격한 행동을 한다. 혹시 ADHD가 아닐까 싶어 검사를 받아보았는데, 검사 결과 ADHD는 아니라는 진단을 받았다. 하지만 친구들한테도 미안하고, 선생님한테 자꾸 혼나는 것이 아이에게 안 좋은 영향을 끼칠 것 같아 민욱이 엄마는 어린이집을 그만 보내야 하나 고민 중이다.

• • •

아이가 일상생활에서 과잉 행동을 보이면 보통은 ADHD, 주의력 결핍 과잉행동장애를 의심하게 된다. ADHD인지 아닌지를 결정하는 데는 주의력 결핍, 과잉 행동, 충동성을 알아보는 검사가 필요한데, 이 증상들이 7세 이전에 나타나고 적어도 2군데 이상의 생활 영역(집, 학교 등)에서 상당히 지장이 있어야 한다는 등 여러 기준에 부합해야 한다. 아이가 지나치게 산만하다거나 과잉 행동을 한다고 다 ADHD라고 할 수는 없으니, 지레짐작으로 아이를 ADHD라고 의심하지 말고 소아과나 아동상담센터에서 정확한 검사를 받는 것이 좋다.

사례에 등장한 민욱이도 과잉 행동이 심한 편이었으나 검사 결과 ADHD가 아니라는 진단이 나왔다. ADHD가 아님에도 과잉 행동을 보이는 것은 환경적인 요인, 즉 적절한 훈육이 이루어지지 않은 탓이다. 마음껏 뛰고 놀고 장난치고 싶어 하는 것은 당연한 아이들의 마음이다. 또 자기 기분에 맞춰 기쁠 때는 소리 지르며 좋아하고, 슬플 때는 울음으로 감정을 표현하는 것도 아이들이 꼭 거쳐야 할 발달 과업 중 하나다.

하지만 모든 일을 자기 기분대로 다 할 수는 없기 때문에 부모가 알맞은 훈육을 해서 아이 스스로 자신을 제어할 수 있도록 해야 한다. 이것이 바로 자기 조절 능력이다. 자기 조절 능력은 사회규범이나 다른 사람의 요구에 맞게 자신의 정서와 행동을 스스로 적절하게 계획하고 점검하고 조절하는 능력이다. 자기 조절 능력이 높은 아이는 가정이나 유치원과 같은 사회생활에서 규칙을 잘 이해하고 지킨다. 또 형제자매나 또래 집단과도 원만하게 어울린다. 스스로 학습을 계획하고 유혹을 물리치면서 목표에 다가서기 때문에 학습면에서도 높은 성취를 이룬다.

영유아기는 자기 조절 능력을 키우는 데 아주 중요한 시기다. 그런데 너무 허용적인 부모는 적당한 선을 가르쳐주지 않고 아이가 하고 싶은 대로 하게 내버려둔다. 그럼 아이는 자기 조절 능력을 키우지 못하고, 왕처럼 군림하면서 모든 것을 자기 맘대로 휘두르려고 한다. 그것이 과잉 행동으로 이어질 수 있다.

아이의 과잉 행동을 줄이고 자기 조절 능력을 키워주기 위해서는 먼저 아이가 어떤 때 과잉 행동을 하는지부터 알아내야 한다. 기분이 좋을 때 그러는지 나쁠 때 그러는지, 자기가 하고 싶은 것을 못하게 했을 때 그러는지, 배가 고프거나 졸릴 때 그러는지부터 세심히 관찰해 파악해야 한다.

아직 어린 아이들은 불편한 상황을 인식하지 못할 때도 있고, 인식하더라도 그걸 말로 표현하지 못할 수도 있다. 그래서 졸리면 자면 되는 것을 오히려 반대로 이리 뛰고 저리 뛰며 흥분하는 경우도 있고, 배고픈데 그걸 표현하지 못하고 예민해져서 짜증을 내는 경우도 있다. 또 때로는 다른 사람의 관심을 끌고 싶어 소리를 지르는 경우도 있다.

그러므로 아이가 언제 어떤 과잉 행동을 하는지 알아내고 과잉 행동을 하기 전에 빨리 개입해 흥분을 가라앉혀줘야 한다. 졸려서 어쩔 줄 몰라 뛰는 아이라면 "졸립구나. 엄마가 안아줄게."라고 하면서 아이를 안아주고 토닥거려서 진정시켜줘야 하고, 관심을 받고 싶어 소리를 지르면 "엄마가 봐줬으면 좋겠어?"라고 아이에게 관심을 표현해줘야 한다.

만약 아이가 과잉 행동을 보이기 시작했다면 그만하라는 신호를 보내고 짧고 단호하게 지시한다. "그만!" 혹은 "잠깐!"이라고 말하며 아이의 손을 잡아 행동을 멈추게 함으로써 더 큰 충동에 사로잡히는 것을 막아야 한다. 아이가 과잉 행동을 하면 기가 막혀 웃음을 터트리는 부모가 종종 있는데, 그러면 아이는 그것을 해도 된다는 신호로 받아들여 과잉 행동을 멈추지 않는다.

또 아이의 과잉 행동으로 주변 사람들이 피해를 입었을 때 "어머, 우리 아들이 실수한 거야."라고 아이 대신 변명해주거나 "안 다쳤니? 너무 미안해."라고 아이 대신 사과해주는 부모도 있는데 이 또

한 금물이다. 다른 사람을 다치게 하거나 위험에 빠뜨리는 행동을 하는 것은 이유 불문하고 절대 못 하게 해야 하며, 그런 상황이 닥쳤을 때는 스스로 책임을 질 수 있도록 해야 한다.

아이를 민주적으로 키우고 싶다는 마음에 "그만 멈추는 게 어때?", "위험하다고 생각하지 않니?"라고 아이의 의사를 물어보는 경우도 있는데 이 또한 피해야 한다. 해서는 안 되는 행동은 타협의 여지없이 짧고 단호하게 지시해야 한다. 이유를 설명해줄 때도 "다른 사람이 다칠 수 있으니까 안 돼.", "뛰면 아랫집이 시끄러우니까 안 돼."라고 최대한 알아듣기 쉽고 간단하게 말해야 한다.

그렇다고 너무 하나하나 지적하고 야단치는 것도 좋지 않다. 그러면 아마 과잉 행동을 하는 아이는 하루 종일 혼날 일밖에 없을 것이다. 혼나는 것이 일상이 돼버리면 혼내는 것이 효과를 발휘하지 못할 수도 있다. 사소한 행동은 적당히 무시하고 위험한 일, 절대 해서는 안 되는 행동은 분명하게 훈육하는 것이 관건이다.

경우에 따라서는 무관심하게 대처하는 것이 좋은 해결책이 될 수도 있다. 만약 관심을 끌기 위해 소리를 지르거나 뛰는 행동을 하는데 그것에 대해 혼을 내면 아이는 오히려 부모의 관심을 받는다는 오해를 할 수 있다. 그럴 때는 그냥 관심을 기울이지 않으면 아이는 재미가 없어 제 풀에 그만둘 것이다.

훈육을 할 때는 기본적으로 일관성을 지키는 게 매우 중요하지만, 과잉 행동을 하는 아이에게는 그것이 더욱더 중요하다. 어떤 때는 되고 어떤 때는 안 되는 헷갈리는 상황이라면 아이는 무조건 하고 싶은 대로 할 것이다. 그러므로 같은 상황에서는 늘 동일한 원칙을 적용해야 한다.

여기에는 부부가 훈육의 방향에 대해 합의한 뒤 통일되게 행동해야 하는 것도 포함이다. 엄마가 훈육을 하려고 할 때 아빠가 "애들이 그렇지 뭐. 시끄러우니까 그만해."라고 하면서 못 하게 하거나, 반대로 아빠가 훈육하려고 할 때 엄마가 "어쩌다 한 번 봐주면서 혼내기만 하네."라며 권위를 깎아내리면 아이가 부모를 우습게 여겨 점점 더 말을 안 들을 수 있다. 훈육은 부모가 함께 하는 것임을 기억하자.

과잉 행동을 하는 아이를 위한 훈육 Tip

① 과잉 행동의 패턴을 알아내 빨리 개입한다.
② 그만하라는 신호를 보내고, 짧고 단호하게 지시한다.
③ 사소한 일은 무관심하게 대처한다.
④ 명확한 훈육의 원칙을 세우고 일관성을 지킨다.
⑤ 부부가 훈육의 원칙에 동의하고 통일되게 행동한다.

07

말대답하는 아이, 말에 담긴 의도를 알아준다

현준이는 꼬박꼬박 말대답을 한다. 뭘 좀 하라고 하면 "네!"라고 대답하면 되는데 꼭 "왜요?"라고 묻는다. 방이 지저분하니 치우라고 하면 안 지저분하다고 우기고, 동생한테 화 좀 그만 내라고 하면 동생이 잘못했는데 왜 나한테만 그러냐고 따진다. 엄마 아빠가 무슨 말만 하면 한마디도 지지 않고 말대답을 하며 따지고 드는 현준이 때문에 부모는 결국 폭발하고 만다. 벌써 사춘기가 온 건지 버릇이 없는 건지 아니면 부모를 무시하는 건지 마음속을 알 수가 없어 답답하기만 하다.

• • •

우리나라 부모들은 대체적으로 아이는 부모에게 순종해야 된다는 생각을 갖고 있다. 그래서 부모가 말하면 바로 "네!" 하고 대답해주길 바란다. 그렇지 않고 말꼬리를 잡고 늘어지거나, 자신의 생각이나 의견을 또박또박 말하면 버릇없다는 생각부터 한다.

하지만 생각해보면 부모가 말했을 때 아이도 말하는 것이 당연한 일이다. 그것이 바로 대화 아닌가. 무조건 "네!"라는 대답을 강요하는 것은 아무 생각하지 말고 시키는 대로 하라는 것과 다를 바

없다. 자신의 생각과 주장이 없는 사람이 되라고 강요하는 것과 다름없다. 그러므로 아이의 말대답을 무조건 나쁘게만 볼 것이 아니라, 아이의 말에 어떤 감정이 담겨 있는지 이해하려고 노력해야 한다. 버릇없는 아이, 부모를 우습게 여기는 아이라고 치부해버리고 억누르려고만 하면 아무것도 해결할 수 없다.

우선 아이들이 말대답을 하는 이유부터 알아야 한다. 먼저 부모에 대한 불만을 말대답으로 표현할 수 있다. 평소 부모가 자신의 욕구를 잘 채워주지 않았거나, 부모가 일방적으로 정한 규칙을 지키도록 지나치게 강요하면 아이들은 불만을 가질 수밖에 없다. 부모가 아이의 행동이 마음에 안 들면 사사건건 잔소리를 하는 것처럼, 아이도 부모의 행동이 마음에 안 들면 부모 말을 순순히 받아들이지 않고 따지게 된다.

또 자신의 감정을 조절하고 표현하는 데 미숙한 아이들도 말대답을 많이 한다. 만약 아이가 기분이 안 좋을 때 부모가 방 청소를 시켰다고 가정해보자. 감정 조절 능력이 뛰어난 아이들은 감정을 잘 조절해 평정심을 잃지 않은 상태에서 "지금 기분이 안 좋아서 그러는데 조금 이따가 하면 안 될까요?"라고 자신의 생각을 전달할 수 있다. 하지만 감정 조절이 잘 안 되는 아이들은 안 좋은 기분을 그대로 분출하며 "왜 지금 해야 되는데요?"라고 말한다. 이것은 여지없이 반항하는 모습으로 비쳐 부모를 화나게 만든다.

충동적인 아이도 말대답을 하는 것처럼 느껴질 수 있다. 엄마가 말하면 전체 맥락을 제대로 듣지 않고 귀로 들어오는 말만 바로 낚

아채 충동적으로 대꾸하기 때문이다. 반대로 매우 논리적이고 이성적인 아이도 말대답이 잦아진다. 이런 성향의 아이는 자신이 납득할 수 있는 이유가 있어야만 움직이는 경향이 있기 때문에 부모에게 합당한 이유를 요구하곤 한다.

아이가 말대답을 한다는 생각에 화가 나더라도 부모가 먼저 감정을 조절하여 맞대응하지 말아야 한다. 아이는 부모보다 자신의 감정을 조절하는 능력이 부족하다. 그러니 아이가 버릇없는 말투로 말해도, 또 말꼬리를 잡고 늘어져도 흥분하지 말고 평정심을 유지하기 위해 노력해야 한다.

그러고 나서 아이의 말에 담긴 의도를 파악해 반응해준다. 평소에 불만이 쌓여 그러는 것인지, 자신의 감정을 제대로 표현하는 방법을 몰라 그러는 것인지, 정말 왜 그렇게 해야 하는지 몰라서 이유를 물어보는 것인지 파악해야 한다. 만약 불만이 쌓인 것이라면, 아이와 솔직하게 이야기를 나누고 아이의 욕구를 채워주면 된다. 자신의 감정을 잘못 표현한 것이라면 "기분이 안 좋구나. 그럴 때는 '엄마 저 오늘 학교에서 친구와 싸워서 기분이 안 좋아요.'라고 말하는 게 더 좋은 방법이야."라고 알려주면 된다. 또 진짜 궁금해서 물어본 것이라면 아이의 궁금증을 풀어주면 된다.

부모의 권위를 내세우는 말은 되도록 안 하는 게 좋다. 아이가 말대답을 하면 "어디서 버릇없이! 내가 네 친구니!"라고 감정적으로 반응할 수도 있다. 그런데 이렇게 말한다고 해서 '아참, 부모님이시지. 말 잘 들어야겠다.'라고 생각하는 아이는 없다. 오히려 부모가 할 말이 없으니 무조건 큰소리를 치는 것이라고 생각하게 만들어 권위가 더욱 떨어진다. 어른으로서 아이를 포용하는 아량을 베풀 때 부모의 권위는 더욱 빛이 난다.

그러므로 부모의 권위를 앞세워 굴복시키는 것보다 어떤 태도로 말해야 하는지 가르쳐주는 것이 훨씬 효과적이다. 아이에게 휴대폰을 그만 하라고 말했는데 아이가 말대답을 하면 "휴대폰을 계속하고 싶은 마음은 알겠는데, 그렇게 따지듯이 대답하면 엄마도 기분이 안 좋아져."라고 솔직한 심정을 말한다. 그리고 "그럴 때는 '10분만 더 할게요.'라고 말하는 게 좋아."와 같이 대안을 제시해준다.

이런 방법이 효과를 거두려면 우선 아이로 하여금 부모가 자신을 진심으로 사랑하고 있고 자신의 의견을 충분히 존중해주고 있으며, 또 자신에게 가장 좋은 선택을 하게 도와줄 것이라는 믿음부터 심어줘야 한다. 부모에 대한 믿음이 있는 아이는 말대답이 아닌 올바른 언어와 행동으로 자신의 생각을 표현한다.

말대답하는 아이를 위한 훈육 Tip

① 감정을 조절해 맞대응하지 않는다.

② 아이의 말에 담긴 의도를 파악해 반응한다.

③ 부모의 권위를 내세우는 말은 하지 않는다.

④ 어떤 태도로 말해야 하는지 가르친다.

⑤ 평소에 아이와 신뢰 관계를 돈독히 쌓는다.

08

징징거리는 아이,
되는 것과 안 되는 것을 명확하게 알려준다

영은이는 하루 종일 엄마 뒤를 따라다니며 징징거린다. 원하는 게 있으면 말로 하면 좋으련만, 늘 잔뜩 찌푸린 얼굴로 징징거리기만 하니 엄마는 짜증이 난다. 유치원에서는 선생님 말씀도 잘 듣고 친구들과도 잘 지낸다는데 유독 엄마한테만 그러곤 한다. 엄마는 영은이가 예민한 기질인 것 같아 마음도 잘 읽어주고 불편하지 않도록 많은 것들을 맞춰주는데, 그럼에도 불구하고 나아지는 게 별로 없어 힘에 겹다.

• • •

아이가 징징거리는 가장 큰 이유는 욕구불만 때문이다. 자의식이 생기면서 자기가 원하는 게 분명해지면 아이들은 그것을 하겠다고 고집을 피우기 시작한다. 그런데 부모는 그것을 여건상 허용하지 않을 때도 있고 버릇이 나빠질까 봐 일부러 못 하게 할 때도 있다. 별것도 아닌 것을 가지고 왜 이리 난리인가 싶어 무시해버릴 때도 있다. 이런 여러 가지 이유로 자신의 욕구가 충족되지 않는 일이 잦아지면 아이들은 징징거리는 습관이 생긴다.

특히 만 5세 미만의 아이들은 아직 언어 발달이 충분히 이루어지지 않았기 때문에 자신의 욕구나 감정을 말로 잘 전달하지 못하면서 징징거릴 수 있다. 또 말은 잘하지만 소심한 성격의 아이들도 야단맞거나 거절당할 것을 걱정해 우는 소리 반 말하는 소리 반으로 징징거리곤 한다. 이 시기에 징징거리는 방식으로 자신의 의사를 전달하는 것이 버릇으로 남으면 말로 자신의 생각을 충분히 표현할 수 있는 나이가 돼도 징징거리게 된다.

하지만 자신의 욕구가 채워지지 않는다고, 아직 말로 다 표현이 안 된다고 모든 아이들이 다 징징거리는 것은 아니다. 아이들은 어떤 행동을 했을 때 원하는 것이 이루어지면 그 행동을 반복하는 경향이 있다. 말로 내가 원하는 것을 해달라고 했을 때는 안 된다고 하더니 징징거리니까 허용해준다면, 당연히 아이들은 징징거리는 것이 더 좋은 방법이라 생각하고 그 행동을 강화시킨다.

부모가 민감성이 떨어지는 경우에도 아이가 징징거릴 수 있다. 아이가 징징거리는 것은 내 말 좀 들어달라, 나 좀 봐달라는 의미다. 그런데 엄마가 아이가 원하는 것을 제때 알아차리지 못하거나 대강 듣고 대강 답하거나 무조건 안 된다고만 하면 아이들도 짜증이 난다. 그래서 결국 부모에게 자신의 의견이 충분히 전달되지 않고, 또 충분히 받아들여지지 않고 있다는 불만족이 징징거림으로 표출돼 나오는 것이다.

부모의 일관적이지 않은 양육 태도로 인한 것일 수도 있는데, 부모가 해도 되는 것과 안 되는 것에 대한 분명한 원칙을 갖고 있지 않아 그때그때 허용과 통제의 범위가 달라지면 아이들은 나름의 전략으로 징징거리는 것을 택할 수 있기 때문이다. 엄마가 징징거리는 것에 지쳐 해줄 때까지 버텨보자는 심산이다.

그 원인을 아이의 기질에서도 찾아볼 수 있다. 정서적으로 민감한 아이인 경우, 별일 아닌 일에도 자신의 감정을 감당하기 힘들어 징징거릴 수 있다. 민감한 아이는 실수나 실패하는 것이 두려워 선뜻 나서서 뭔가 해내기 힘들어하는데, 그때마다 엄마에게 의존하면서 뭔가를 해달라고 징징거리게 되는 것이다. 또 겁이 많고 걱정이 많은 아이들은 부모가 말하기도 전에 부정적인 대답을 들을까 봐 지레 겁먹고 징징거리기도 한다.

이렇게 징징거림이 지속되면 엄마뿐 아니라 아이도 엄청난 스트레스를 받는다. 얼굴을 잔뜩 찡그리고 우는 소리를 내는 건 아이들에게도 즐겁지 않은 행동이다. 오랜 시간 동안 온몸을 긴장시킨 채 불안하고 초조한 마음으로 불편한 감정들을 쏟아내는 것은 어느 누구에게도 유쾌할 수가 없다.

게다가 징징거리는 것으로 자꾸 원하는 바를 얻으면 아이는 문제를 해결하는 제대로 된 방법을 배우지 못한다. 원하는 것을 얻기 위해서는 자신의 의사를 또렷하게 표현해야 하고 상대방을 설득해야 하며, 그러다 안 되는 것은 깨끗이 포기할 줄도 알아야 한다. 그런 기술을 습득하지 못할 경우 사회성 발달에 문제가 생길 수 있다. 그러므로 징징거리는 버릇은 반드시 고쳐줄 필요가 있다.

징징거리는 버릇은 부모가 다음 세 가지만 주의를 기울여도 충분히 개선할 수 있다. 우선 민감한 부모가 돼야 한다. 아이가 보내는 신호를 잘 감지해서 그 안에 담긴 속뜻을 알아내는 것이다. 그것이 쉬운 일은 아니지만 민감성을 갖고 아이의 말과 행동에 관심을 기울이다 보면 생각보다 어렵지 않게 파악할 수 있다. 사실 아직 어린 아이가 원하는 것은 대단히 복잡하거나 어려운 것은 아니다.

하지만 너무 예민하게 반응하는 것은 자제해야 한다. 아이의 기분을 맞춰주겠다고 너무 아이 눈치를 보면 아이가 부모 위에 군림하려고 하면서 기분이 안 좋으면 으레 징징거리는 나쁜 버릇이 생기기도 한다. 이것은 아이의 감정 조절 능력을 발달시키는 데도 악영향을 끼치기 때문에 아이가 스스로 자신의 감정을 다스릴 수 있도록 적당한 선을 유지해야 한다.

그다음은 평소에 되는 것과 안 되는 것을 명확하게 구분해줘야 한다. 되는 것은 아이가 징징거리기 전에 들어주고, 안 되는 것은 아무리 징징거려도 들어주면 안 된다. 한두 번의 허용이 아이에게는 빌미가 될 수 있기 때문에 철저하게 지켜야 한다.

결국에는 안 들어줄 것을 괜히 들어줄 듯 말 듯 헷갈리게 하는 부모가 간혹 있는데, 이럴 경우 아이가 약이 오르고 짜증이 나서 더 심하게 징징거릴 수 있으니 삼가야 한다. 안 되는 것은 단호하고 분명하게 말해주되, 할 수 없게 되어 속상한 아이의 마음은 잘 보듬어주도록 한다. "더 놀고 싶다는 거지? 하지만 오늘은 늦었으니까 그만 자고 내일 재미있는 블록놀이 하자. 어때?"라고 마음을 읽어주고 대안을 제시해주면 아이도 수긍하게 된다.

마지막으로 징징거리지 않고 문제를 현명하게 해결할 수 있는 방법을 알려준다. 징징거리는 것 대신에 "조립이 잘 안 돼서 속상해.", "양파가 먹기 싫어.", "어린이집에 드레스를 입고 가고 싶어."와 같이 말로 표현하는 방법을 가르쳐주면 된다. 이때 아이가 가르쳐준 대로 자신의 의견을 말로 표현하면 "네가 말로 해주니까 엄마가 금방 네 마음을 알겠어.", "예쁜 말로 하니까 엄마도 기분이 좋아."라고 칭찬해준다.

아이들은 뭔가 마음에 안 들 때 징징거린다. 특히 혼자 해결할 수 없는 문제가 생겼을 때 많이 징징거린다. 그럴 때는 부모가 문제를 해결할 수 있는 해결책을 제시해주는 것도 효과적이다. "블록이 자꾸 무너져서 속상하구나. 밑에 큰 블록을 놓으면 더 튼튼하게 쌓을 수 있지 않을까?"라고 방법을 제시할 수도 있고, "동생이 네 장난감을 가지고 놀아서 기분이 안 좋구나. 어떻게 하면 좋을까?"라고 아이의 의견을 물어볼 수도 있다. 그럼 아이는 문제를 해결하기 위해서는 스스로 생각해야 한다는 것을 깨닫게 되고 방법을 찾게 된다.

아이가 자신만의 방법을 생각해내면 "그래, 아주 좋은 방법이야. 그렇게 하자.", "오! 그건 엄마도 생각 못 했는데, 정말 멋진 아이디어다."라고 칭찬을 아끼지 않는다. 그럼 아이는 우쭐해하며 같은 상황이 생겼을 때 징징거리는 버릇을 고치고 스스로 해결할 방법을 찾을 것이다.

물론 그렇다고 아이의 징징거림이 하루아침에 고쳐지지는 않는다. 하지만 꾸준히 교육시키면 아이도 징징거리는 것보다 말로 표현하고 스스로 해결할 방법을 찾는 것이 훨씬 더 좋고 편한 길임을 깨닫게 된다.

징징거리는 아이를 위한 훈육 Tip

① 민감성을 발휘해 아이가 진짜 원하는 것을 파악한다.

② 너무 예민하게 반응하는 것은 자제한다.

③ 되는 것과 안 되는 것을 명확하게 구분해준다.

④ 말로 표현하는 방법을 가르친다.

⑤ 문제를 해결할 수 있는 해결책을 제시해준다.

09

두려움이 많은 아이, 감정을 수용하고 자신감을 길러준다

6세 시우는 무서운 게 참 많다. 대부분의 아이들이 좋아하는 강아지나 고양이는 물론이고, 개미나 무당벌레 같은 작은 벌레만 봐도 질겁한다. 밤에는 절대 혼자 자지 않고, 어두컴컴해지면 무섭다고 혼자 방에 들어가지도 않으려 한다. 째깍째깍하는 시계 소리가 무섭다고 해서 소리가 나지 않는 시계로 다 바꾼 적도 있다. 그런 것들은 무서워할 필요가 없다고 어르기도 하고, 남자가 무슨 겁이 그렇게 많으냐고 핀잔도 했지만 점점 더 무서운 게 많아지는 듯하다. 엄마는 진짜 무서워서 그러는 건지, 아니면 엄살을 피우는 건지 혼란스럽기만 하다.

• • •

두려움은 인간이라면 누구나 느끼는 기본적인 감정으로, 아이들은 생후 6개월 정도면 두려움을 느끼기 시작한다. 낯가림이 시작되는 7, 8개월 정도에는 두려움이 더 커지는데, 이때의 두려움은 주로 주 양육자와 떨어지는 분리 불안에 의한 것이다.

지각 능력이 발달하는 3세 이후는 공포감이 가장 크게 형성되는 시기로, 눈으로 본 무서운 상황이 자신에게 일어날까 봐 두려워하게 된다. 병원에 갔다가 우는 아이를 보고 병원을 무서워하게 된다든가, 커다란 강아지가 마구 짖는 것을 본 뒤부터 강아지를 무서워하게 되는 것이 그 때문이다. 4, 5세 이후에는 상상력이 발달하면서 책이나 TV에서 본 도깨비나 귀신과 같은 실존하지 않는 것들이 자신 앞에 나타날까 봐 두려워하게 된다.

이렇게 발달단계에 따라 나타나는 일시적인 두려움은 크게 걱정하지 않아도 된다. 그렇다고 아이가 두려움을 느낄 때 대수롭지 않게 여기고 그냥 넘기면 안 된다. 두려움이 더 커지거나 만성화될 수 있기 때문이다. 그래서 아이의 두려운 마음을 잘 알아주고 극복할 수 있도록 도와줘야 한다.

만약 일상생활을 못할 정도로 두려움이 지속되거나 아이가 심리적으로 큰 충격을 받은 경우는 꼭 원인을 찾아 해결해줘야 한다. 일단 부모와 떨어지는 것에 대한 분리 불안이 두려움으로 나타날 수 있다. 엄마가 집에 없는 상황을 무서워하거나, 낮에는 괜찮다가도 꼭 밤만 되면 무섭다고 하는 경우 분리 불안을 의심해볼 수 있다. 낯가림이 한창일 때 분리 불안이 나타나는 것은 자연스러운 일이지만, 부모와 애착 관계를 형성하면서 분리 불안이 점차 줄어들어야 한다. 그러나 안정 애착이 형성되지 않았을 경우 5, 6세가 되어도 분리 불안으로 인한 두려움을 자주 호소할 수 있다.

감각이 예민한 까다로운 기질의 아이들도 두려움을 많이 느낀다. 청각이 예민한 아이들은 밤에 바람 부는 소리나 문 닫는 소리와 같은 작은 소리도 남들보다 크게 들려 밤이 되는 것을 무서워할 수 있다. 또 동물이 짖는 소리도 원래보다 크게 들리기 때문에 동물들을 무서워하기도 한다. 시각이 예민한 아이들은 밤에 흔들리는 나무 그림자가 크게 다가오는 것처럼 느끼기도 하고, 동물이 다가오는 것도 큰 공포로 느낀다. 촉각이 예민한 아이들은 샤워기에서 물이 떨어져 몸에 닿는 것이 싫어 목욕하는 것을 무서워하기도 한다.

이전에 경험한 적이 있는 무서운 상황이 두려움을 키우기도 한다. 처음 병원에 갔을 때의 공포가 잊히지 않으면 당연히 병원이 두려워진다. 물에 빠진 경험이 있으면 수영장이나 바다뿐만 아니라 목욕하는 것도 무서워할 수 있다. 또 어쩌다 자다 깼을 때 컴컴한 방 안의 분위기, 어둠과 시계 소리, 창문이 덜컹거리는 소리와 같은 것들이 무서웠다면 밤은 물론이거니와 대낮에도 어두운 방 안에 들어가는 것을 두려워하기도 한다. 부정적인 경험이 아이의 감성 시스템을 예민하게 만들어 두려움을 고착화시키는 것이다.

이런 이유들로 인해 아이가 두려움을 느낀다면 부모는 무엇보다 아이의 무서운 감정을 수용하고 안정시켜줘야 한다. 아이가 느끼는 두려움은 어른과는 다르다. 부모가 무섭지 않다고 아이도 그럴 수 있을 것이라고 생각하면 안 된다. "깜깜해서 무섭구나.", "강아지가 갑자기 다가와서 놀랐구나."와 같이 아이의 감정을 인정하고 이해하는 말을 해주면서, 따뜻하게 안아준다든지 손을 잡아주며 아이가 긴장을 완화시킬 수 있도록 해준다. 이는 부모와 가족은 항상 너를 도와줄 것이라는 믿음을 갖게 해줌으로써 아이가 안정감을 되찾는데 도움이 된다.

또 "엄마도 깜깜하면 무섭더라.", "강아지가 달려들면 무서운 게 당연해."와 같이 아이가 느끼는 감정이 특별한 것이 아니라고 말해주는 게 좋다. 누구나 다 무서워할 수 있다는 사실은 아이로 하여금 무서운 감정을 자신만의 감정으로 심화시키지 않게 해준다.

앞의 사례에 등장한 시우 엄마는 남자가 무슨 겁이 그렇게 많으냐고 핀잔을 했다고 했는데, 이것은 대단히 잘못된 훈육 방식이다. "남자가 그게 뭐가 무서워.", "남자가 왜 이렇게 겁이 많아.", "남자라면 그 정도쯤은 참아야 돼." 같은 말들은 아이의 두려움을 없애는데 전혀 도움이 안 된다. 또 억지로 참을 것을 강요하면 무서운 감정이 드는 것이 잘못된 일이라고 생각할 수 있다. 부모한테 혼날까 봐 무서워도 말하지 못하고 혼자 끙끙 앓다 공포가 더 심화되는 경우도 있다. 남자아이도 여자아이와 마찬가지로 두려움을 느낄 수 있으므로 씩씩해야 한다고 강요해서는 안 된다.

아이의 두려움을 없애주겠다고 아이를 더 두려운 상황으로 몰고 가며 극복할 것을 강요하는 경우도 있는데, 이는 결코 해결 방법이 아니다. 물을 무서워하는데 물에 빠뜨려 익숙하게 만들겠다거나, 동물을 무서워하는데 별거 아니라고 품에 확 안겨주는 것 같은 행동들은 역효과가 나기 쉽다. 특히 감각이 예민해 두려움을 느끼는 아이들은 큰 충격으로 다가와 더 큰 두려움을 가질 수 있다.

두려움을 근본적으로 해결하기 위해서는 두려움의 진짜 원인을 알아야 한다. 아이들은 자신이 왜 두려움을 느끼는지 정확하게 알지 못하는 경우가 많다. 예를 들면 침대 밑에 귀신이 있어서 무섭다고 말하지만, 실제로는 부모와의 불안정 애착으로 인한 불안감이 그 원인일 수 있다. 또 목욕하는 것이 무섭다고 하지만, 실제로는 감각이 예민해서 그럴 수도 있다. 아이가 특정한 것에 심한 공포를 느끼고 있다면 그 안에 숨겨진 진짜 원인을 알아내야 한다. 진짜 원인을 제거하거나 치유하지 못하고 두려움을 극복하기는 쉽지 않다.

정확한 원인을 알 수 없다면 우선 아이가 싫어하는 요소를 제거해주는 것이 좋다. 샤워기가 무서워 목욕을 못 한다면 물을 받아 목욕할 수 있게 해주고, 밤에 무서워 잠을 잘 못 잔다면 부모가 함께 자면서 두려운 마음을 가라앉혀준다.

그러면서 두려운 대상에 대해 잘 설명해주고, 미리 천천히 체험할 수 있는 시간을 갖게 해주면 도움이 된다. 병원을 두려워하는 아이는 병원에 가기 전에 장난감을 이용해 병원에 가면 어떤 일이 일어나는지 미리 알려주는 것이다. 엄마가 의사가 되어 진료하는 것, 주사 맞는 것 등을 미리 보여주면 그런 것들이 익숙해져서 두려움을 줄일 수 있다. 물을 무서워하면 물을 가지고 재미있게 노는 모습을 보여주고, 강아지를 무서워하면 강아지와 노는 모습을 보여주면 된다. 그러면서 천천히 아이도 참여할 수 있도록 유도하면 두려움을 조금씩 줄여나갈 수 있다.

이때 중요한 것은 아이의 속도에 맞춰야 한다는 것이다. 이제 막 물에 발을 넣은 아이에게 물을 확 끼얹는다든지, 이제 막 손가락 하나로 강아지 털을 만졌는데 강아지를 확 안겨준다든지 하면 역효과가 날 수 있다. 아이 스스로 두려움을 떨쳐낼 수 있도록 충분한 시간과 경험을 제공해줘야 한다.

두려움이 많은 아이들 중에는 기질적으로 예민하고 소극적인 면을 갖고 있는 경우가 많다. 이런 아이들은 자신감을 길러주는 활동을 많이 하게 하면 도움이 된다. 일상생활에서 아이가 혼자 해낼 수 있는 일이나 놀이에 도전하다 보면 자신감을 키울 수 있다. 특히 놀이터 구름다리 건너기, 계단 끝까지 올라가기처럼 몸으로 하는 것이 좋다.

아이가 잘 해냈을 때는 "멋지게 해냈구나! 용기가 대단하네."라고 아낌없이 칭찬해주자. 자신감을 가지면 아이는 새로운 일에 도전하는 데 주저하지 않게 되고 두려움을 다스리는 용기를 얻게 된다.

두려움이 많은 아이를 위한 훈육 Tip

① 무서운 감정을 수용하고 안정시킨다.
② 씩씩해야 한다고 강요하지 않는다.
③ 두려움의 진짜 원인을 알아낸다.
④ 두려운 대상에 대해 설명하고, 천천히 체험하게 한다.
⑤ 자신감을 길러주는 활동을 하게 한다.

10

자해하는 아이, 민감성을 갖고 도와준다

4세 현우의 부모는 요즘 큰 걱정거리가 생겼다. 현우가 뭔가 자기 맘대로 되지 않을 때면 머리를 벽에 부딪치거나 자기 몸을 때리는 등의 자해 행동을 하기 때문이다. 처음 자해 행동이 나온 것은 20개월 무렵이었는데, 갑자기 벽에 머리를 쿵쿵 박기에 깜짝 놀라 못 하게 한 것이 시작이었다. 그 후로도 현우는 자해 행동을 멈추지 않는 것은 물론이고 오히려 점점 더 횟수가 늘고 강도가 세졌다. 최근에는 뭔가 마음에 안 들거나 본인이 하기 싫어하는 일을 해야 할 때 자해 행동을 하곤 한다. 속상한 마음에 혼내기도 하고 달래보기도 했지만, 자해 행동을 멈출 기미가 보이지 않는다.

• • •

자해는 스스로 자신의 몸에 해를 가하는 행동이다. 보통 생후 6~9개월쯤 처음 나타날 수 있다. 스스로 몸을 가눌 수 있는 운동성이 발달하면서, 울음으로 자신의 욕구나 감정을 표현하던 것을 몸으로 표현하기 시작하는 것이다.

보통은 말을 알아듣고 자신의 의사를 말로 표현하게 되면서 조금씩 줄어들고 3~5세경에는 대부분 사라진다. 그런데 현우 사례처럼 자해 행동이 줄어들지 않고 오히려 늘거나 강도가 세지는 경우도 있다. 이때는 원인이 무엇인지 꼼꼼히 들여다봐야 한다.

먼저 공격성이 강한 아이가 자신의 분노를 다스리는 방법일 수 있다. 공격성이 강한 아이들 중에는 화를 내거나 다른 사람을 때리는 등 밖으로 분노를 표출하는 경우도 있지만 간혹 자기 자신을 괴롭히는 경우도 있다. 분노를 다스리고 표현하는 적절한 방법을 배우지 못한 탓이다.

자해를 자신의 욕구를 충족시키는 방법으로 삼는 아이들도 있다. 아이가 처음 자해를 하면 부모는 당황하게 마련이고 아이가 다칠까 걱정도 된다. 그래서 안 된다고 했던 것을 어쩔 수 없이 허용해주기도 하는데, 아이는 그것을 부모를 설득하는 방법으로 인식하는 것이다. 평소에 부모가 아이의 욕구를 자주 무시하거나 너무 엄격하게 제한할 때 이런 행동이 강화될 수 있다.

부모와 함께 지내는 시간이 절대적으로 부족하거나 부모가 아이에게 지나치게 무관심한 경우에도 아이는 자해 행동을 할 수 있다. 자해 행동을 하면 부모가 놀라서 아이에게 관심을 기울이고 보살펴주니, 그것이 부모의 관심을 받을 수 있는 방법이라 생각하는 것이다.

또 내적 긴장감이 높은 아이들 중에는 자해로 긴장이나 불안을 해소하려는 시도를 하기도 한다. 초등학생 이상의 아이들에게 주로 발생하는데, 학업 스트레스가 많거나 완벽주의 성격을 가졌거나 자신감이 낮아 뭔가를 할 때 잘 해낼 수 없을 것이라는 긴장감이 자해 행동을 유발하게 된다. 조금 더 큰 아이들 중에는 자기 자신에 대해 만족하지 못하거나 스스로를 혐오해 스스로에게 벌을 내리려는 목적으로, 또 슬픔이나 외로움과 같은 원치 않는 감정을 통제하기 위해 자해를 하는 아이들도 있다.

또래보다 언어 발달이 많이 느린 아이들에게서도 자해 행동이 나타날 수 있다. 자신의 화나 좌절감과 같은 부정적인 감정을 말로 충분히 설명하기 힘들어 그 답답한 마음을 자해 행동으로 표출하는 것이다.

이유야 어떻든 아이가 자해 행동을 하면 "나 지금 힘들어요. 나

좀 도와주세요."라는 신호로 받아들이고 진심을 다해 도와줘야 한다. 화부터 내지 말고 얼마나 답답했으면 저런 행동을 할까 측은지심을 갖고 아이의 마음을 어루만져주는 것이 먼저다.

"그만해!"라고 소리치거나 "너 그러다 진짜 죽을 수도 있어."라고 협박하거나 "하나도 안 아플 것 같은데."라고 빈정거리면 안 된다. 오히려 아이를 흥분하게 만들어 자해의 강도를 높일 수 있기 때문이다. 어떤 문제가 있는지, 왜 그렇게 힘든 것인지 물어보고 함께 방법을 찾아야 한다.

일단 아이가 자해를 할 때 가장 신경 써야 할 점은 다치지 않게 하는 것이다. 그러므로 아이 주변에 있는 뾰족하거나 딱딱한 물건들을 재빨리 치워야 한다. 장난감도 부드럽고 푹신한 것으로 바꿔주고, 벽 주위를 쿠션으로 둘러주면 다칠 위험을 줄일 수 있다. 두 손을 잡아 자해 행동을 하지 못하도록 막든지, 머리를 다치지 않도록 머리를 받쳐주는 대응도 필요하다.

만약 처음 자해를 한 경우라면 일단 모른 척하는 것이 더 효과적일 수 있다. 아이가 놀라고 당황하는 부모의 반응에 재미를 느끼거나 우월감을 느낄 수도 있고, 부모가 관심을 주는 것이라 생각할 수 있기 때문이다. 아이가 있는 방에서 살짝 나오던지, 부엌으로 가서 평소에 하던 일을 하며 모른 척하면 된다. 대부분의 아이들은 부모가 보는 앞에서 자해를 하지 부모가 보지 않으면 잘 하지 않는다.

그러나 자해 행동이 계속되거나, 자신의 의견을 어느 정도 말로 표현할 수 있는 24개월 이후에도 멈추지 않으면 잘못된 행동임을 분명하게 가르쳐줘야 한다. 이때는 아이의 행동을 제지하고 단호하게 말하되, 아이의 감정은 충분히 읽어준다. 아이와 눈을 맞추고 "화가 많이 났구나. 하지만 이런 행동은 하면 안 돼."라고 말해주는 것이다. "네 몸은 아주 소중해. 다치게 해서는 절대 안 돼."라고 전달해서 아이가 자신의 몸을 아낄 수 있도록 하는 것도 중요하다. 또 자해를 통해 욕구를 충족하려는 아이라면 이런 방법으로는 원하는 것을 얻을 수 없음을 분명하게 전달해야 한다.

놀이를 통해 부정적인 감정이나 공격적인 에너지를 날려 보낼 수 있게 하는 것도 대안이 될 수 있다. 예를 들어 파지를 모아놓고 함께 마음껏 찢어보고, 찢은 종이를 높이 날리며 스트레스를 발산하게 한다. 다 놀고 난 다음에는 함께 찢은 종이를 깨끗이 치우는 것으로 마무리한다. 이렇게 파괴, 혼란, 정돈의 과정을 거치며 아이는 스트레스를 날리고 흥분된 감정을 가라앉혀 마음을 정돈할 수가 있다. 북 두드리기나 풍선 터트리기, 비눗방울 터트리기와 같은 놀이도 아주 좋다. 자해가 아닌 다른 방법으로도 부정적인 감정을 표출할 수 있는 놀이라면 뭐든지 다 좋다.

자해가 버릇이 되었다는 것은 그만큼 부모가 민감하게 아이의 행동에 반응하지 않고 아이의 욕구를 제대로 받아들여주지 않았다는 뜻일 수 있다. 그러므로 민감성을 갖고 아이를 관찰하면서 충분히 사랑해줘야 한다. 자기 자신을 사랑하는 아이는 절대 자기 몸에 해를 가하지 않는다. 그리고 아이가 자기 자신을 사랑하게 만드는 가장 확실하고 쉬운 방법은 바로 부모로부터 사랑을 받는 것이다.

그렇다고 지금까지 아이의 욕구를 잘 읽어주지 못했다는 자책감에 갑자기 친절하게 굴거나 아이가 원하는 것을 다 들어주는 실수를 저지르면 안 된다. 아이가 그것을 무기로 삼을 수 있기 때문이다. 무관심이나 무시와 같은 부모의 잘못된 행동은 바로 고쳐야 되겠지만, 갑자기 과도한 관심을 쏟거나 일방적으로 잘해주는 것은 오히려 좋지 않다. 무엇보다 중요한 것은 진심으로 아이를 대하고 꾸준히 도와주는 것이다.

자해하는 아이를 위한 훈육 Tip

① 도움을 청하는 행동으로 해석하고 진심을 다해 도와준다.

② 아이가 다치지 않게 주변 환경을 정돈한다.

③ 처음 자해를 한 경우는 일단 모른 척한다.

④ 지속될 경우 잘못된 행동임을 분명하게 가르친다.

⑤ 놀이로 부정적인 감정이나 공격적인 에너지를 날려 보낼 수 있게 한다.

⑥ 민감성을 갖고 아이를 관찰하되, 갑자기 과도한 관심을 주지 않는다.

2장

기질과 발달을 고려하는 훈육의 법칙

태어나는 순간부터 아기들은 놀라운 속도로 성장한다. 생후 1년 동안 몸무게는 약 3배 가까이 늘어나고 뇌도 2배 이상 커진다. 아기의 뇌는 어른이 갖고 있는 신경세포의 대부분을 가지고 태어나지만 신경세포를 연결하는 시냅스가 발달하지 않은 엉성한 상태인데, 수많은 자극과 경험을 받아들이며 시냅스 연결을 극대화한다.

만 1~2세는 운동 능력이 급속도로 발달하는 시기다. 혼자서 서고 걷고 뛰고 오르는 등의 대근육 발달이 이루어지고, 소근육을 사용해 옷을 입고 벗거나 숟가락으로 밥을 먹는 등 혼자 할 수 있는 일들이 늘어난다. 만 3~6세는 언어가 폭발적으로 늘어나 만 5세 정도 되면 성인 언어 체계의 구성 요소들을 어느 정도 습득한다. 초등학교에 다니는 시기인 만 7~12세는 대뇌피질의 가운데 부위인 두정엽과 양옆의 측두엽이 발달하여 언어나 수학적 물리적 사고가 활발해지면서 집중적인 학습이 가능해진다.

이렇게 아이들은 대체적으로 비슷한 발달 과정을 거치며 성장한다. 하지만 모든 아이들이 똑같은 모습을 보이는 것은 아니다. 어떤 아이는 까다롭고 예민하지만 어떤 아이는 산만하고 공격적이며, 어떤 아이는 소심하지만 어떤 아이는 적극적으로 나서기를 좋아한다. 아이들이 저마다 다른 모습을 보이는 이유는 여러 가지가 있겠지만, 가장 큰 영향을 끼치는 것이 바로 기질이다.

기질은 아이가 태어나면서부터 일관성 있게 나타나는 생물학적, 화학적 특성이다. 미국의 아동학자 알렉산더 토마스Alexander Thomas와 스텔라 체스Stella Chess는 기질을 구성하는 9가지 요소로 새로운 것에 쉽게 접근하는지(접근성), 빠르게 적응하는지(적응성), 좋아하지 않는 자극에 어떤 반응을 보이는지(반응 강도), 정서를 어떻게 표현하는지(정서의 질), 또 신체 활동의 정도(활동성), 활동이나 습관의 규칙성(규칙성), 자극에 대한 민감성(감각의 역치), 산만한 정도(주의 산만성), 한 가지 일을 지속하는 정도(지속성)를 꼽는다. 또 이것을 평가해 아이들의 기질을 순한easy 기질, 느린slow to warm-up 기질, 까다로운difficult 기질 세 부류로 구분하기도 했다.

기질뿐만 아니라 부모의 양육 태도도 아이들에게 큰 영향을 끼친다. 기질은 타고나지만 아이들이 기질대로만 자라지 않는 이유는 바로 양육 환경에 있다. 까다로운 기질의 아이지만 자라면서 원만한 성격으로 변하기도 하고, 느린 기질의 아이지만 자신의 장점을 잘 살려 꼼꼼하고 집중력 좋은 아이로 자라기도 한다. 이것이 바로 양육의 힘이다. 그러므로 부모가 얼마나 아이의 기질과 발달단계를 이해하고 양육하느냐는 아이의 신체, 정서, 인지, 사회성 발달에 중요한 변인이 된다.

01

산만한 아이,
체계적이고 반복적으로 훈련시킨다

초등학교 1학년 석진이는 선생님께 자주 혼난다. 수업 시간이 시작되면 자꾸 몸을 흔들거나, 괜히 필통을 열었다 닫았다 책을 폈다 덮었다 하며 산만하게 굴기 때문이다. 집에서도 산만한 건 마찬가지다. 사실 학교에 입학하기 전에도 석진이는 부산스러운 아이였다. 그러나 부모는 아직 어리니까 그렇겠거니 생각했다. 또 자기가 좋아하는 것을 할 때는 집중을 잘하니, 다른 일은 재미없어서 산만하게 구는 것이라 여겼다. 그런데 학교에 들어가자 그런 석진이의 태도가 문제가 되기 시작했고, 결국 선생님으로부터 ADHD 검사를 받아보라는 제안을 받기에 이르렀다.

• • •

이맘때는 정도의 차이가 있긴 하지만 산만한 아이들이 아주 많다. 특히 여자아이들보다 남자아이들 중에 산만한 아이가 많은 걸로 알려져 있다.

아이가 산만한 모습을 보이는 원인은 여러 가지가 있을 수 있다. 유전적인 요인도 어느 정도 있어 산만한 아이들의 부모 중에 자신도 어렸을 때 산만했다는 고백을 하는 경우가 꽤 있다. 호기심이 너무 많은 아이도 궁금한 걸 참지 못하고 계속 움직이다 보니 산만하다는 소리를 듣는다.

양육 환경도 큰 영향을 미친다. 부모가 너무 바빠 안정적으로 돌보지 못해 불안정 애착이 형성된 경우에도 사회성이 잘 발달되지 않아 산만해질 수 있다. 또 부모 사이가 좋지 않거나 부모가 아이에게 신경질적인 반응을 자주 보여도 아이가 심리적으로 불안해져 산만한 행동을 할 수 있으며, 부모가 아이에게 지나치게 허용적이거나 통제적이어도 산만한 모습을 보일 수 있다.

그러나 산만한 아이라고 해서 무조건 ADHD를 염려할 필요는 없다. 기질적으로 산만한 아이는 쉽게 고칠 수 없지만 지속적인 훈련을 하면 어느 정도 극복할 수 있다. 호기심이 많은 경우는 호기심을 충족시켜주면 산만한 행동을 줄일 수 있다. 애착 형성이 제대로 안 된 경우나 사회성 발달이 부족한 경우는 그 원인을 찾아 적절한 도움을 주면 되고, 불안하고 초조한 마음이 산만한 행동을 야기할 때 역시 그 원인을 찾아 심리적으로 안정감을 찾을 수 있게 해주면 된다.

산만한 아이를 훈육하기 위해서는 몇 가지 주의해야 할 점이 있다. 먼저 부정적인 표현을 가급적 쓰지 말아야 한다. 산만한 아이들은 늘 지적을 많이 받게 된다. 부모나 선생님한테 자주 혼이 나고, 그로 인해 친구들에게 무시를 당하기도 한다. 산만한 아이는 자기 조절 능력이 부족한 것이지 나쁜 아이가 아니다. 하지만 거듭 혼나다 보면 자존감이 떨어질 수밖에 없다. 그러므로 부정적인 표현을 삼가고 작은 것이라도 칭찬을 많이 해주면, 자신에 대한 부정적인 인상을 긍정적으로 바꾸면서 스스로 자신의 행동을 수정할 수 있다는 자신감을 키울 수 있다.

아이에게 지시를 내릴 때는 구체적이고 분명하게 전하도록 한다. 산만한 아이들은 청각적 주의력이 떨어지는 경우가 많다. 몇 번씩 불러도 대답을 안 하고, 분명히 말했는데 못 들었다고 하기도 한다. 특히 자기가 좋아하는 게임이나 놀이를 하고 있을 때 그런 경향이 두드러지는데, 그것을 아이의 집중력이 높아서 그런 것이라고 오해하기도 한다. 하지만 주의 깊게 듣지 않는 상태이기 때문에 아이 바로 앞에 가서 주의를 먼저 환기시킨 뒤 짧고 간단하게, 한 번에 하나씩, 구체적이고 분명하게 말해줘야 한다.

안 되는 부분을 명확하게, 그러면서 단호하게 알려주는 노력도 기울여야 한다. 산만한 아이들은 조심성이 부족하기 때문에 위험한 상황이 자주 생긴다. 그러므로 할 수 있는 행동과 하면 안 되는 행동에 대한 명확한 경계를 일러주고 잘 지키면 상을, 지키지 못했을 때는 벌을 줘서 행동을 조절할 수 있게 연습시켜야 한다.

또 산만한 아이들은 금방 잊어버리고 충동적으로 행동하는 경향이 있으므로 자주 주의를 환기시켜줘야 한다. 이때는 "만지지 마. 가만히 있으라고 했지."라고 윽박지르는 것보다 아이가 잘하고 있을 때 곧바로 "아무거나 만지지 않기로 했는데 잘 지키고 있네. 똑바로 앉아 있으니까 멋진걸."이라고 칭찬해주는 것이 더 효과적이다.

아이들의 산만함은 하루아침에 고쳐지지 않는다. 그래서 체계적이고 반복적인 훈련이 필요하다. 특히 기질적으로 타고난 아이들은 행동을 수정하는 데 많은 시간이 필요하다. 그러므로 처음부터 너무 많은 것을 갑자기 바꾸려는 목표를 세우면 좌절하기 십상이다. 공부를 할 때도 처음부터 많은 시간을 집중할 것을 요구하지 말고 적은 시간부터 점차 늘려가면서 스스로 자기 조절을 경험할 수 있도록 도와주면 개선의 여지가 충분해진다.

공공장소에 갈 때는 가기 전에 그곳에서 지켜야 할 규칙들을 알려준다. 예를 들어 큰 소리로 떠들지 않기, 아무거나 만지지 않기, 소파에 누워 있지 않기 등 약속을 정한 뒤 스스로 체크하게 하면서 아이가 자기 자신을 제어할 수 있는 체계를 만들도록 도움을 준다.

성공의 경험을 늘려주는 것도 중요하다. 아이가 좋아하는 것, 하고 싶어 하는 것, 또 잘하는 것을 하게 해주면 집중하는 시간을 늘릴 수 있다. 산만한 아이가 오랜 시간을 가만히 앉아 차를 타고 가는 것은 고역일 수밖에 없다. 그런데 퀴즈를 하나씩 내서 그것을 맞히면서 가거나, 5분을 잘 앉아 있으면 도착했을 때 아이가 좋아하는 것을 할 수 있도록 포인트를 주는 식이면 충분히 성공의 기쁨을 맛볼 수 있다.

산만한 아이에게는 반드시 정돈된 주변 환경이 필요하다. 주변이 복잡하고 너저분하면 산만한 아이는 집중력이 더 분산될 수밖에 없다. 볼 것도, 할 것도 너무 많으니 도무지 집중할 수 없는 것이다. 그러므로 아이의 시선이 분산되지 않도록 책상 위에는 꼭 필요한 물건만 놓아야 한다. 아이가 공부를 하고 있다면 공부 중인 책과 공책만 두는 식이다. 그래서 책꽂이도 보이지 않는 등 뒤로 배치하는 것이 좋다. 당연히 움직임이 많은 바퀴 의자보다는 고정 의자가 더 알맞다.

아울러 학교나 유치원 선생님의 도움이 필요하다. 산만한 아이들은 학교나 유치원에서 문제아가 되곤 한다. 또 가정에서의 교육만으로는 교정이 쉽지 않기도 하다. 그러므로 교실에서 아이를 앞쪽에 앉혀 선생님의 가시거리 안에 두는 것, 아이 스스로 통제하는 힘이 부족할 땐 선생님이 도움을 주는 것, 아이가 산만해졌을 때는 선생님과 아이가 미리 약속한 신호를 보내 주의력을 환기시키는 것에 대해 의논해보기를 권한다. 학교와 가정이 함께 노력을 기울이면 아이는 훨씬 빨리 산만한 행동을 고칠 수 있다.

그럼에도 불구하고 아이가 통제하기 힘들 정도의 주의력 결핍, 과잉 행동, 충동성 등의 증상을 보인다면 되도록 빨리 전문적인 검사를 받아보는 것이 좋다. ADHD는 일종의 발달 장애다. 아직 모든 원인이 정확하게 밝혀지지 않았지만 유전적인 요인, 집중과 충동을 조절하는 뇌 부위의 미성숙, 이에 관여하는 신경전달물질의 이상, 심한 학대나 방임과 같은 환경에 의한 사회 심리적 원인 등이 각기, 또는 서로 결합되어 나타나는 것으로 알려져 있다.

보통 ADHD는 3세 이전에 발병하지만, 아이가 어릴 때는 워낙 호기심이 왕성하고 집중하는 시간이 짧기 때문에 크면 괜찮아질 것이라 생각하는 경향이 크다. 그러다가 초등학교에 들어가면서 증상이 확연히 나타나면 당황하게 되고 충격에 빠지기도 한다. ADHD는 너무 오래 방치했을 경우 학업성적과 또래 관계, 자존감 형성에 나쁜 영향을 미칠 뿐만 아니라 성인이 됐을 때도 지속될 수 있다. 그러므로 조기에 발견해 치료하는 것이 상당히 중요하다.

산만한 아이를 위한 훈육 Tip

① 부정적인 표현을 삼간다.

② 구체적이고 분명하게, 자주 알려준다.

③ 체계적이고 반복적으로 훈련시킨다.

④ 성공의 경험을 늘려준다.

⑤ 주위 환경을 정돈한다.

⑥ 선생님의 도움을 받는다.

02

까다로운 아이,
규칙적으로 생활하게 한다

5세 명훈이는 너무 까다로운 아이다. 태어날 때부터 먹고 자는 것이 불규칙해 엄마 속을 썩이더니, 지금까지도 모든 일에 까탈스럽게 군다. 하루 종일 칭얼대며 짜증을 내고, 낯선 곳에 가면 착 달라붙어 떨어지지 않으려 한다. 친구랑 놀 때도 누가 슬쩍 건드리기만 해도 예민하게 반응하며 울어버린다. 엄마는 명훈이의 비위를 맞추고 달래느라 진이 다 빠진다. 그러다 보니 몸과 마음이 힘들어 자꾸 화를 내게 되는데, 또 금방 자신이 부족한 엄마라는 생각에 스스로를 책망한다. 하나뿐인 금쪽같은 아들을 잘 키워보겠다고 열심히 노력하지만 솔직히 엄마는 자신이 없다.

• • •

기질적으로 까다로운 아이를 키우는 엄마의 심정은 정말 겪어보지 않으면 모른다. 엄마들끼리 우스갯소리로 시어머니도 그런 시어머니가 없다고 말할 정도다.

타고난 기질이기 때문에 아이의 까다로움은 갓난아기 때부터 시작된다. 먹고 자는 것이 들쑥날쑥하고 자다가 갑자기 어디 찔린 것처럼 자지러지게 우는 등 예측 불허의 상황이 많아 부모를 애먹인다.

까다로운 아이들은 불안감이 높고 의심이 많은 탓에 좋은 것보다 나쁜 것을 더 빨리 인지해 짜증과 분노를 자주 표현한다. 또 정서가 불안하므로 낯선 상황, 낯선 사람을 만나면 쉽게 위축되고 두려워한다. 변화에 잘 적응하지 못하고 작은 변화에도 강하게 반응해 사람들의 오해를 불러일으키기도 한다.

부모가 이러한 아이의 기질에 대해 잘 모르거나 부모 자신과 기질이 맞지 않으면 아이의 까다로움을 이해하기 너무 힘들다. 그래서 "도대체 얘는 왜 이러는지 모르겠다."는 말이 절로 나오곤 한다. 그렇다고 "왜 이렇게 유난을 떠니? 너 때문에 정말 미치겠어."라고 화를 내면 아이는 큰 상처를 받는다. 아이도 자신이 왜 까다롭게 구는지 모른다. 그렇게 타고났기 때문에 어쩔 수 없이 그렇게 할 수밖에 없다. 그래서 까다로운 아이는 자신의 특성을 잘 이해하고 수용해주는 부모를 만나야 편하다.

까다로운 아이를 키우는 건 힘든 일이지만 고유한 특성을 잘 다듬으면 예민함은 뛰어난 감각으로, 감정의 변화가 큰 것은 풍부한 감수성으로, 또 자기가 원하는 바가 명확한 것은 자신만의 뚜렷한 색깔로 발전시킬 수 있다. 이는 창의적인 일을 하는 데 꼭 필요한 능력들이다. 하지만 아이의 까다로움을 장점으로 승화시키기 위해서는 아이의 기질을 잘 이해하고 그에 맞는 훈육이 이루어져야 한다.

까다로운 아이를 훈육할 때는 우선 엄마가 먼저 양육에 대한 자신감을 가져야 한다. 까다로운 아이를 키우는 엄마들은 양육 효능감이 떨어져 있는 경우가 많다. 아이가 워낙 유별나다 보니 뒤치다꺼리하느라 힘들고, 고생스럽게 해줘도 마음에 안 들어 하는 경우가 많아 보람도 없다. 무엇보다 아이의 마음을 이해할 수 없는 것이 가장 큰 어려움이다.

이렇게 엄마가 아이를 키우는 데 자신이 없으면 무기력해지기 쉽다. 그럼 아이의 반응에 무감각해지기 때문에 아이는 문제 행동을 더 많이 하게 된다. 따라서 일단 엄마가 스스로 잘하고 있다는 자신감부터 장착해야 한다.

그리고 훈육을 해야 하는 상황에서는 행동 자체에 초점을 두도록 한다. '도대체 얘는 왜 이럴까?'를 생각할 필요도 없다. 그냥 생물

학적으로 타고난 기질이다. 만약 아이가 모래놀이를 하기 싫어하면 "다른 애들은 다 하는데 너는 왜 못해."라고 다그칠 게 아니라 "모래놀이가 싫구나. 그럼 다른 거 하자." 하고 그냥 넘어가야 양육이 훨씬 수월해진다.

또 스스로 할 수 있는 것은 방해하지 말아야 한다. 까다로운 아이를 오해해서 할 수 없는 게 아니라 일부러 안 하는 것이라고 생각하게 되면, 부모는 자꾸 아이의 행동에 개입하고 간섭하게 된다. 반면 아이의 기질을 너무 예민하게 받아들여 아이가 불편할까 봐 미리 다 해주는 부모도 있다. 그럼 아이는 점점 더 의존적이 되어 스스로 할 수 있는 것들이 적어지고, 결국 자기 주도성이 결여된 아이로 성장하게 된다. 아이가 할 수 있는 것은 스스로 해내도록 놔둬야 예민한 감각도 좀 무뎌지고 새로운 것에 도전할 용기도 생긴다.

까다로운 아이를 좀 더 편안하게 키우는 방법은 생활에 규칙성을 주는 것이다. 까다로운 아이는 새로운 것, 익숙하지 않은 것에 두려움이 많기 때문에 생활 패턴도 익숙하고 규칙적이어야 덜 예민하게 군다. 그래서 먹고, 자고, 노는 일상생활이 규칙적으로 이루어질 수 있도록 계획하는 것이 알맞다.

생활 속에서는 아이가 민감하게 여기는 것들을 되도록 제거해주는 쪽을 선택하자. "남들은 아무렇지도 않은데, 왜 너만 유난스럽게 굴어."와 같이 아이를 무시하고 별종으로 만들어버리는 말을 하거나 "이것도 못 참으면 어디에 쓰니?"라면서 억지로 참을 것을 강요해서는 안 된다. 남에게 피해를 주거나 위험한 상황이 아니라면 되도록 아이의 욕구를 충족시켜주고 미숙한 부분을 도와줘야 훈육해야 할 상황을 어느 정도 줄일 수 있다.

까다로운 아이는 감정 변화가 크고 화도 잘 내는 편이기 때문에 평소에 안정되고 고요하게 대할 필요가 있다. 아이가 짜증을 내거나 화를 내더라도 즉각적, 감정적으로 반응하지 않아야 한다. 어렵겠지만 부모는 마음을 평온한 상태로 유지하면서 안정되고 고요한 상태로 아이를 대해야 한다.

아이가 흥분하면 감정을 자극하지 말고 스스로 감정을 가라앉힐 때까지 기다리는 것이 좋다. 그러고 나서 작은 목소리로 차분하게 아이의 마음을 보듬어주고, 잘못한 부분을 이야기해줘야 한다. 이것이 쉽지는 않겠지만 아이와 같이 감정의 폭을 키웠다 줄였다 하면 둘 다 에너지 소비가 엄청나기 때문에 오히려 이것이 더 수월한 선택이 될 수 있다.

만약 아이의 고집을 꺾겠다는 생각으로 "왜 싫다고만 해.", "자꾸 이러면 맞는다."와 같이 강압적인 자세를 취한다면 당장 역효과가 나타날 것이다. 까다로운 아이들은 자기 색깔이 분명하기 때문에 스스로 납득하지 않고서는 쉽게 생각을 바꾸지 않는다. 그러므로 아이에게 왜 그래야 하는지 납득시키는 것이 가장 좋은 방법이다. 아이가 고집을 자주 피워 힘들다면 평소에 가능한 것과 가능하지 않은 것을 구분해 알려주고 규칙에 맞게 행동하는 습관을 길러주면 된다.

까다로운 아이들은 자기가 원하는 것이 확실하기 때문에 자기 결정력이 있다. 그러나 잘못하면 자기중심적인 사람이 되어 다른 사람을 이해하고 포용하는 능력이 떨어질 수 있다. 이러한 성격은 단체생활을 할 때 이기적인 사람으로 평가받기도 한다. 그러므로 다른 사람을 이해하고 포용하는 마음을 길러주는 것도 중요하다. "네가 빼앗아서 동생이 마음이 아프잖아.", "네가 화를 내니까 엄마가 속상해."와 같이 일상생활에서 다른 사람의 마음을 이해하도록 말해주면 된다.

동화책을 이용해 "콩쥐는 혼자 일을 하느라 아주 힘들었겠다."와 같이 등장인물의 마음을 생각해보는 시간을 갖는 것도 좋은 방법이다. 또 예민한 감각으로 인해 좋고 싫음에 대한 기준이 명확한 아이에게는 "신맛을 좋아하지 않는구나. 하지만 엄마는 상큼한 느낌이 들어서 좋아.", "네가 싫어하는 것도 남들은 좋아할 수 있으니까 무조건 나쁘다고 생각하면 안 돼."라고 알려줘서 좀 더 폭넓은 눈으로 세상을 보고 이해할 수 있는 경험을 제공하는 것도 도움이 된다.

까다로운 아이를 위한 훈육 Tip

① 이유가 아닌 행동에 초점을 둔다.
② 스스로 할 수 있는 것은 방해하지 않는다.
③ 생활에 규칙성을 주고 민감하게 반응하는 것을 제거한다.
④ 안정되고 고요하게 왜 그래야 하는지 납득시킨다.
⑤ 다른 사람을 이해하고 포용하는 마음을 길러준다.

03

느린 아이, 장점을 찾아 칭찬하고 기다려준다

지민이는 매일 아침 엄마 속을 뒤집어놓는다. 일단 일어나는 것부터 오래 걸린다. 몇 번을 깨워야 일어나고, 세수도 밥 먹는 것도 빨리 하는 게 하나도 없다. 지각한다고 수도 없이 얘기해도, 초조한 마음에 옷을 입혀주고 가방을 싸주며 닦달을 해도 알았다고 대답만 할 뿐이지 행동은 전혀 빨라지지 않는다. 학교에서도 급식 시간, 이동 시간, 정리 시간 등 거의 대부분의 상황에서 늦곤 하기 때문에 지적을 많이 당하는 편이다. 행동이 굼뜨니 친구들과 함께 놀 때도 주도적이지 않고 주변만 뱅뱅 돈다. 느려도 너무 느린 지민이 때문에 엄마는 답답해서 가슴이 터질 것 같다.

• • •

아이의 행동이 유독 느린 것은 생각보다 여러 가지 이유가 있다. 먼저 기질적으로 느린 아이일 수 있다. 이 경우 어렸을 때부터 계속 느린 모습을 보인다. 느린 아이는 주변의 상황에 민감하지 않고 감정의 동요가 크지 않으며 반응도 느린 편이다. 활동성이 낮아 정적인 활동을 주로 하고 모든 일에 소극적이면서 자신감도 없어 부모들을 걱정하게 만들지만, 대신에 차분하고 신중하기 때문에 실수가 적고 진득하게 해야 하는 일은 잘 해낸다. 게다가 기질적으로 느린 아이는 신체 리듬이 규칙적인 편이라 속도가 문제일 뿐, 일상생활에는 어려움이 별로 없다.

또래에 비해 신체 발달이 느려도 행동이 느릴 수 있다. 소근육 발달이 잘 안 되면 손으로 하는 동작이 어려워 이런 활동들을 느리게 할 수밖에 없고, 대근육 발달이 부족하면 걷거나 뛰는 행동이 굼뜰 수 있다. 지능 발달이 느린 경우도 상황 파악과 이해도가 떨어져 행동이 느린 것처럼 보일 수 있다. 그러므로 아이의 행동이 너무 느리면 신체 발달과 지능 발달에 문제가 없는지 주의 깊게 살펴보고, 문제가 발견되면 그에 맞는 치료와 훈련을 해줘야 한다.

정서적인 문제가 있을 때도 느린 행동이 나타난다. 정신적 에너지가 부족한 상태라 무슨 일을 곧바로 실천하거나 착수하기 어렵고 집중력도 떨어진다. 특히 우울감을 가진 아이들은 매사 흥미와 의욕이 없기 때문에 행동도 느려진다. 학대나 방임 등으로 인한 불안정한 심리 상태가 소아 우울감의 원인이 되기 때문에 부모와의 애착 관계는 잘 형성되어 있는지, 어떤 것에 스트레스를 받고 있는지 살펴보고 원인을 찾아야 한다.

뇌 전두엽의 기능 저하나 ADHD도 느린 행동의 요인이 될 수 있다. 이 경우는 정확한 뇌 검사를 통해 원인을 찾아야 한다. 우리 뇌에서 전두엽은 작업 기억력과 실행 능력, 주의 집중력 등을 관장한다. 그래서 전두엽 기능이 떨어지면 주의력이 떨어지고 과잉 행동,

느린 행동이 나타난다. 또 전두엽 기능 저하로 발생하는 대표적인 질환인 ADHD는 대부분 산만하고 과격한 행동만 떠올리는데, 주의 집중력 결핍 증상만 가지고 있는 경우도 있다. 이런 아이들은 지시 사항을 제대로 듣지 못하거나 과제 수행에 집중하지 못하기 때문에 느리다는 평가를 받을 수 있다.

부모의 억압된 양육도 아이의 느린 행동을 부추길 수 있다. 아이의 생각과 행동을 지나치게 제한하다 보면 아이가 위축되어 자신의 생각과 행동을 자유롭게 표현하지 못하게 된다. 또 자신이 늘 잘못하고 있다는 생각이 들어 뭔가를 하고자 하는 의지가 줄어들고 자신감이 떨어진다. 스스로 열심히 움직일 동력이 떨어지므로 당연히 행동도 느려질 수밖에 없다.

과잉보호로 인해 의존적 성향이 큰 아이도 느리게 행동할 수 있다. 어렸을 때부터 아이가 해야 할 모든 일을 부모가 대신해줬다면, 아이는 스스로 움직일 이유가 없으니 행동이 느려진다. 특히 성격이 급한 부모는 아이가 스스로 할 때까지 기다리지 못하고 모든 일을 대신해주곤 하는데, 아이를 혼내고 재촉하는 쪽보다는 나을 것이라는 생각에 선택한 이 방법이 오히려 느린 행동을 더욱 강화시키는 원인이 될 수 있다. 사실 느린 기질을 타고난 아이는 성격이 급한 부모를 만났을 때 문제가 가장 커진다.

이렇게 여러 가지 이유로 아이의 느린 행동이 나타날 수 있으니, 원인이 무엇인지 잘 살펴서 그에 맞는 해결 방법을 찾아야 한다. 발달과 정서적인 문제일 때는 전문가들의 직접적인 조언과 치료가 필요한 상황이므로, 여기서는 느린 기질을 타고난 아이들을 도와줄 수 있는 방법을 알아보려 한다.

느린 기질의 아이를 키우고 있는 부모라면 '인내심'을 숙명처럼 달고 살아야 한다. 기질적으로 느린 아이들은 행동이 느릴 뿐이지 과제를 수행하는 능력이 떨어지는 것은 아니다. 그런데 기다리지 못하고 재촉하거나 대신해주면, 의욕뿐 아니라 수행 능력도 점점 떨어진다. 아이가 지각할 것이 염려된다면 다그치고 재촉하는 것보다 그냥 지각하도록 두는 쪽을 선택하는 것이 좋다. 곤란한 상황에 처해봐야 스스로 문제임을 느끼고 행동을 수정할 수 있기 때문이다.

과제를 할 때도 느린 아이는 옆에서 자꾸 간섭을 하면 초점을 잃어버려 더 늦어질 수 있으므로 아이의 능력을 믿고 기다려주는 게 더 효과적이다. 느린 아이는 한번 익숙해지면 곧잘 하기 때문에 그때까지 충분히 기다려주면 된다.

느린 아이는 적응력이 떨어지기 때문에 규칙적이거나 잘 짜인 상황을 좋아하고 무엇이든지 습관이 되면 더 잘한다. 그러므로 계획적으로 생활하도록 하면 좋다. 공부는 계획표를 만들어 매일 정해진 시간에 정해진 양만큼만 하게 하고, 아침에 일어나 학교 가기 전에 무슨 일을 언제 얼마만큼의 시간을 가지고 할지도 정해놓고, 가방을 챙길 때도 가져가야 할 물건들을 적어놓고 체크하며 챙기게 하면 일상생활에서 잔소리할 일이 크게 줄어들 것이다.

일상생활의 주도권을 아이에게 주는 것도 중요하다. 느린 아이는 까다로운 아이처럼 부모를 귀찮게 하지는 않는다. 그런데 무언가를 해내야 할 때 속도가 느리고 의욕이 없는 것 같아 부모로부터 자꾸 잔소리를 듣게 된다. 또 행동이 느리기 때문에 이를 답답하게 생각하는 부모로부터 이거 해라 저거 해라 지시를 받기 쉬운데, 그렇게 되면 부모가 시키는 것을 하는 것만도 벅차기 때문에 스스로 생각하고 선택할 여유가 없어진다.

이러한 상황이 지속되면 아이는 점점 더 스스로 할 의지를 잃어버리고 만족감도 떨어지게 된다. 아이가 할 수 있는 일에는 주도권을 주고 부모는 옆에서 조력자 역할만 해야 책임감도 생기고 일을 처리하는 능력도 배울 수 있다. 잘 해냈을 때는 칭찬이나 보상을 통해 행동을 강화시키면 동기도 생기고 의욕도 생겨 좋은 결실을 맺을 수 있다.

신체 활동을 많이 시키는 것도 도움이 된다. 행동이 느린 아이는 운동신경이 잘 발달하지 못해 행동이 점점 더 느려지는 경향이 있다. 대근육과 소근육을 사용하는 신체 활동을 많이 시켜 운동신경을 발달시키고 민첩성과 체력, 지구력을 길러주면 이런 부분들을 보완할 수 있다. 또 느린 아이는 움직임이 많지 않아 정신적으로도 처져 있는 경우가 많고 살이 찌거나 동작이 굼뜰 수 있는데, 몸을 많이 움직이면 신체의 흐름을 좋게 하고 기운도 활달해져 생활의 활기를 찾을 수 있다.

느린 아이도 당연히 장점이 있다. 느린 아이는 침착하고 신중하고 끈기가 있는 편이다. 숙제하는 데 시간이 많이 걸리기는 해도 비교적 꼼꼼하게 잘하는 편이다. 이처럼 장점을 찾아 칭찬해주면 부모에게 인정받았다는 생각에 더 열심히 할 동기를 갖게 되면서 의욕적으로 변할 수 있다. 느린 아이는 자신의 감정을 잘 표현하지 않지만 그렇다고 인정받고 싶은 욕구가 없는 것은 아니다.

느린 아이를 위한 훈육 Tip

① 인내심을 발휘해 충분히 기다려준다.

② 계획적으로 생활하게 한다.

③ 일상생활의 주도권을 아이에게 준다.

④ 신체 활동을 많이 시킨다.

⑤ 장점을 찾아 칭찬한다.

04

순한 아이, 자신을 표현하는 방법을 가르친다

유나는 순한 아이이다. 어렸을 때도 기저귀가 축축하거나 배가 고플 때 조금 징징거리는 것 말고는 잘 먹고 잘 자서 키우기 편했다. 또래 아이들이 한참 떼를 부릴 때도 유나는 그런 일이 거의 없었다. 그렇게 부모 말도 잘 듣고, 형제나 또래 친구들하고도 충돌 없이 잘 어울려 지내니, 유나 같은 아이면 열이라도 키우겠다며 부러워하는 사람들이 많았다. 그런데 초등학교에 들어가면서부터 유나는 있는 듯 없는 듯 존재감 없는 아이가 되어버렸다. 워낙 착하고 순한 아이라 친구가 없는 건 아니지만, 뭐든지 친구들한테 다 양보하고 제 의견을 내세우지 못하는 바람에 친구들에게 휘둘리는 입장에 처한 것이다.

• • •

순한 기질의 아이는 까다로운 기질의 아이에 비해 엔도르핀과 옥시토신이 더 많이 분비된다고 한다. 엔도르핀은 뇌의 시상하부와 뇌하수체에서 분비되는 신경전달물질로, 모르핀과 같이 고통을 완화하는 작용을 한다. 또 옥시토신은 뇌하수체에서 분비되는 호르몬으로 사랑과 신뢰의 감정을 높이는 효과가 있다고 알려져 있다. 이 두

가지 물질이 더 많이 분비되기 때문에 순한 기질의 아이는 평온한 마음을 유지하고 불평불만이 크게 없으며 스트레스도 좀 더 쉽게 이겨낼 수 있다.

그래서 주변에서 일어나는 일을 편안하게 받아들이며, 환경에 순응하여 낯설거나 변화된 상황에도 잘 적응한다. 문제는 그런 면 때문에 부모의 관심을 덜 받게 된다는 것이다. 잘 먹고 잘 노니 크게 신경 쓰지 않고 내버려두게 된다. 까다로운 기질이나 느린 기질의 형제자매가 있는 경우는 더 그렇다. 부모는 신경 쓰게 만드는 아이를 챙기느라 순한 기질의 아이에게는 상대적으로 관심을 덜 기울일 수밖에 없다.

그럼에도 불구하고 아무 문제가 없이 잘 커주는 아이에게 고마운 마음이 들겠지만, 사실 아무 문제가 없는 것은 아니다. 일단 아이를 혼자 놀게 두는 시간이 많아 애착 형성에 꼭 필요한 상호작용이 부족해지고, 인지 발달을 위해 필요한 다양한 자극 역시 충분히 주어지지 않을 수 있다. 아이가 특별히 요구하는 것이 많지 않으니 만족하고 있다고 생각하여 아이의 마음을 들여다보는 데도 소홀해진다.

또래나 형제자매 사이에 문제 상황이 발생하면 어쩔 수 없이 순한 아이에게 양보하라는 말을 자주 하게 되는데, 부모의 마음을 헤아려 말을 잘 듣는 순한 아이는 남들에게 양보하고 제 것을 포기하는 것을 당연하게 받아들이게 된다. 순한 기질을 강화시키는 방향으로 양육이 이루어지는 것이다.

이런 환경 속에서 성장하면 아이는 자신의 의견을 제대로 내세우는 법을 배우지 못해 자기 결정력이 부족해진다. '착한 아이 콤플렉스'에 갇혀 자기가 원하는 방향이 아닌 부모가, 또는 친구들이 원하는 방향을 따르게 된다. 집 안에서는 장점이었던 것이 집 밖에 나가면 단점이 되는 셈이다.

또 어느 정도 성장한 뒤에 그동안 쌓아놓은 불만들을 갑자기 폭발적으로 터트리는 부작용이 발생할 수도 있다. 순한 아이라고 불만이 없는 건 아니다. 오히려 겉으로 드러내지 않는 기질이라 차곡차곡 불만을 쌓아놓는다. 그러다가 사춘기가 되어 갑자기 "그동안 나는 신경도 안 썼잖아."라며 대들면서 반항하는 모습을 보이는 경우도 있다. 그러면 부모는 어렸을 때는 착했는데 왜 이렇게 변했는지 모르겠다며 한탄하지만, 실상은 순한 아이의 기질적 특성을 잘 이해하지 못하고 키운 결과다.

순한 아이의 장점을 유지하면서 자기주장도 뚜렷한 아이로 키우기 위해서는 아이의 마음속 욕구를 정확하게 들여다봐야 한다. 순한 아이라고 하고 싶은 것, 갖고 싶은 것이 없지 않다. 마음속에 있는 다양한 욕구를 적극적으로 드러내지 않을 뿐이다. 그런 상황을 아이가 의젓해서 그렇다거나 부모의 사정을 다 이해하고 있을 것이라 생각하면 안 된다. 특히 형제간의 불공평한 상황이 지속되면 자신은 사랑받고 있지 않다고 느끼며 점점 더 소극적인 아이로 성장할 수 있기 때문에 부모가 먼저 아이의 마음을 읽어주고 배려해야 한다.

그래서 순한 아이에게는 "너도 이것이 갖고 싶은 거지?", "네 마음은 어떤데?"라고 물어보면서 아이 스스로 자신의 마음을 인식하고 표현할 수 있게 만드는 것이 중요하다. 또 불공평한 상황을 강요하지 말고 "네가 양보하고 싶지 않으면 안 해도 돼."라고 말하면서 자신의 마음이 가장 중요하다는 것을 가르쳐주는 것도 중요하다. 의도적으로라도 질문하고 아이의 생각에 적절한 반응을 해주면서 아이가 사랑받고 있다는 느낌을 받을 수 있도록 해야 한다.

순한 아이는 부모가 걱정할까 봐 나쁜 것보다는 좋은 것을 많이 얘기하기 때문에 부모가 아이의 진짜 상황을 파악하기 힘들 때도 있다. 그 모습이 답답하더라도 "넌 왜 매번 양보만 하니? 네가 그러니까 애들이 우습게 여기잖아."라고 부정적인 말을 하면 안 된다. 순한 기질의 아이에게는 "다음에는 네가 하고 싶은 것을 말하면 어떻겠니? 그럼 친구들도 네 의견을 들어줄 거야."라든지 "친구들이 널 아주 좋아하는구나. 하지만 친구 관계는 평등해야 하는 거야. 네 의견을 당당하게 말해봐."라고 이끌어주는 것이 좋다.

만약 아이가 부모의 부탁에 따라 친구나 형제들에게 양보를 잘한 경우에는 반드시 "엄마 말을 잘 들어줘서 고마워.", "동생의 마음을 알아주고 양보해줘서 고마워."라고 칭찬을 해줘서 그것이 당연한 것이 아니라 잘한 일이라는 것을 알려준다. 또 가끔은 "그렇지만 네가 원하지 않을 때는 말해줘. 네 마음이 가장 중요한 거야."라고 알려줄 필요가 있다. 그래야 '착한 아이 콤플렉스'에 걸리지 않고 자존감 높은 아이로 성장할 수 있다.

또한 솔직하고 당당하게 자신을 표현하는 방법도 가르쳐줘야 한다. 순한 아이들은 평소에 자신의 의견을 잘 표현하지 않기 때문에 양보하고 싶지 않아도 어떻게 해야 할지 몰라 그냥 양보하는 경우도 있다. 그러므로 일상생활에서 "어떻게 생각해?", "무엇을 하고 싶니?"라고 아이의 생각을 자주 물어보고 "싫으면 '싫어!'라고 말해도 돼."라고 용기를 주면서 말과 행동으로 자신의 뜻을 적극적으로 표현할 수 있도록 연습시켜야 한다.

그렇다고 무조건 자기주장을 하라고 강요하면 안 된다. 친구 관계에서 중요한 것은 대화와 타협이기 때문이다. 자기의 생각을 전달하고 타협할 수 있는 기술을 가르쳐주는 것이 핵심이다.

순한 아이는 혼자서도 잘 놀기 때문에 자칫 부모가 아이를 방치하기 쉽다. 그래서 더욱 주의를 기울여야 한다. 영유아기 때는 오감을 통해 수많은 자극을 받아들여 인지 발달과 신체 발달이 급속도로 이루어지는 시기다. 이때 아이를 방치하여 혼자 놀게 하면 아이의 발달에 상당히 나쁜 영향을 미친다. 이런 이유로 순한 아이 중에 발달이 느린 경우가 종종 발생한다. 그러므로 아이가 원할 때까지 기다리지 말고, 부모가 먼저 나서서 다양한 놀이와 경험을 하게 해줘야 한다.

충분히 기다려줄 수 있는 여유도 필요하다. 순한 아이는 자신의 감정을 표현하는 데 시간이 좀 걸린다. 그런데 부모가 참지 못하고 "왜 말을 못 해?"라고 다그치면, 아이는 주눅이 들어 그냥 괜찮다고 말해버린다. 그러면 오히려 자신감이 떨어지고 자기주장도 더 못 하게 된다. 조금 늦게 표현하더라도 인내심을 발휘해 충분히 기다려주길 바란다. 마음을 잘 이해해주고 수용해주는 부모가 있다면 순한 기질의 아이는 누구보다 착하고 능력 있는 존재로 성장할 수 있다.

순한 아이를 위한 훈육 Tip

① 아이의 마음속 욕구를 들여다본다.

② 아이의 생각을 묻고 적절한 반응을 한다.

③ 자신을 표현하는 방법을 가르친다.

④ 혼자 놀게 내버려두지 않는다.

⑤ 여유를 갖고 기다려준다.

05

낯가림이 심한 아이, 예기불안을 낮춰준다

6세 주연이는 집에서는 활발하게 잘 놀고 말도 잘하는데, 밖에만 나가면 잔뜩 얼어붙은 채 입을 닫아버린다. 어렸을 때부터 낯가림이 심한 편이기는 했지만 크면 괜찮아질 것이라 생각했다. 그런데 그것은 완전한 착각이었다. 한 달 전부터 유치원에 다니기 시작했는데 이제까지 선생님은 물론이고 친구들과도 거의 말을 하지 않는다고 한다. 더 큰 문제는 스트레스를 받아서인지 집에 오면 신경질도 심해지고 가끔 폭력적인 행동을 한다는 것이다. 초등학교에 가면 더 큰 문제가 될 것 같아 엄마는 한시라도 빨리 주연이의 심한 낯가림을 고쳐주고 싶다.

• • •

낯가림은 일반적으로 생후 6개월 이후에 나타나는 자연적인 현상이다. 이 시기 아이들은 자기 부모가 누구인지 인식하는 능력이 생기는데, 이것이 낯선 것과 익숙한 것을 구별하려는 낯가림으로 나타난다. 보통 7~9개월 사이에 낯가림이 절정에 이르고, 이후 주변의 다른 사람들과의 접촉이 늘어나면서 점점 감소하기 시작하다가 18개월 전후로는 현저하게 감소한다. 만약 이 시기를 지나서도 여전히 낯가림이 심하다면, 또한 오히려 더 심해지는 양상을 보인다면 원인과 해결 방법을 찾아야 한다.

낯가림이 심한 아이는 기질적으로 예민한 경우가 많다. 예민한 아이들은 그렇지 않은 아이들보다 더 잘 보고 더 잘 듣고 더 잘 느끼기 때문에 예측 불허인 상황에 대한 불안감이 높다. 예민한 아이들은 자기가 예측하고 통제할 수 있어야만 안심하고 자연스럽게 행동할 수 있기 때문에 낯선 상황이나 낯선 사람을 만나면 긴장되고 불편한 마음이 들어 말이 막히고 몸이 굳어버리는 등의 위축 행동이 나타난다. 보통 낯가림은 생후 6개월 이후에 나타나지만 예민한 아이의 경우 6개월보다 훨씬 전부터 낯가림 반응을 강하게 보이기도 한다.

낯가림이 심한 시기에 있었던 부적절한 경험이 아이의 낯가림을 부추길 수도 있다. 예를 들어 낯가림이 한참 심할 때 보육 기관에 맡겨졌는데 환경 변화에 적응하지 못해 힘든 경험이 있었다면, 그것이 낯선 사람과 장소에 대한 두려움을 증폭시켜 적응 행동의 발달을 막는다. 그래서 낯가림 시기가 지나도 낯을 가리게 된다.

낯가림이 심한 아이들 중에는 낯선 사람보다 친분 있는 관계를 더 힘들어하는 경우가 있는데, 낯가림이 한참 심할 때 주양육자가 아닌 주변 사람들이 급작스럽게 다가와 만지고 말을 걸고 했던 것이 충격으로 다가와 관계에 대한 두려움으로 확장된 것이다. 낯선 사람과는 간단하고 의례적인 인사 정도만 하면 되지만, 친분 관계에서는 더 많은 것을 요구하기 때문이다.

낯가림이 지속되면 다른 사람과 어울려 지내기 힘들기 때문에 사회적 기술을 터득하기 힘들다. 유치원이나 학교에 적응하지 못할 뿐만 아니라, 불안 상황이 계속되면서 대인 기피증이나 공황장애로 발전할 수 있다.

또 스스로 위축되는 상황이 닥치면 맞닥뜨려 해결하지 않고 회피하는 경험이 많아지면서 문제 해결 능력이 발달하지 못할 수도 있다. 심할 경우 주연이 사례처럼 집에서는 말을 잘하면서 유치원에서는 절대 말을 안 하는 선택적 함구증으로 악화될 수도 있고, 사회적 관계에 대한 스트레스로 집에서는 폭력적인 행동을 보이는 두 얼굴의 아이가 될 수도 있다. 그러므로 부모는 낯가림이 심한 아이의 민감성을 잘 이해하고 그것을 극복할 수 있도록 적절한 환경을 만들어줘야 한다.

그럼 어떻게 하면 낯가림을 극복할 수 있을까? 일단 부모가 먼저 재미있게 노는 모습을 보여주면 좋다. 아이는 부모의 행동을 모델링하기 때문에 타인과의 관계 형성도 부모가 하는 행동을 보고 따라 한다. 그러므로 부모가 먼저 친구들과 재미있고 활달하게 노는 모습을 보여주거나, 낯선 사람과도 친근하게 인사하고 대화하는 모습을 보여주면 아이는 그것이 자연스러운 행동임을 알게 되고 따라 하려고 한다.

낯가림은 긴장과 불안에서 시작되는데, 그중에서도 어떤 상황이 일어나기 바로 직전이 긴장감과 불안감이 가장 높은 때다. 미래의 어떤 상황이나 사건을 떠올렸을 때 불안감이 증가하는 형태의 불안

증상을 '예기불안'이라고 한다. 유치원 버스를 탈 때나 유치원 문 앞에서는 안 간다고 울고불고 난리를 치다가 일단 들어가면 잘 노는 아이들이 바로 예기불안이 있는 상태다. 이런 아이들은 예기불안을 낮춰주면 낯가림도 줄일 수 있다. 낯선 장소에 가기 전에 먼저 그 장소에 대한 사진을 보여주거나 정보를 주는 것이다. 또 낯선 사람을 만날 일이 있으면 먼저 그 사람에 대해 이야기를 해주면 된다.

낯가림이 심할 때 낯선 사람이 갑자기 가깝게 다가오면 아이들은 두려움이 먼저 생긴다. 그러므로 부모가 만날 사람에게 미리 아이가 낯가림이 심하니까 미안하지만 너무 큰 소리로 얘기하거나 가깝

게 다가오지 않았으면 좋겠다고 말을 해두면 좋다. 또 낯가림이 심한 아이들은 눈을 맞추는 것을 상당히 부담스러워하기 때문에 처음에는 되도록 거리를 두고 시선을 마주치지 않은 상태에서 부드럽게 이야기해달라고 부탁할 수도 있다.

친구들을 낯설어하는 경우는 친구들을 집에 초대하는 것도 방법이 될 수 있다. 편안한 장소에서는 좀 더 쉽게 친밀감을 형성할 수 있기 때문이다. 그럼 유치원에 가서도 훨씬 편안하게 친구들을 대할 수 있다. 그러나 처음부터 너무 많은 인원을 초대하면 아이가 감당하기 어려워할 수도 있으므로 되도록 1대 1로 친해지도록 하는 것이 좋다.

낯선 것에 대한 불안감과 두려움에 힘들어하는 아이의 어려운 상황을 충분히 공감해주되, 아이의 불안한 마음에 너무 과장되게 반응하면 안 된다. "괜찮겠니?", "할 수 있겠어?"라고 물으면서 자꾸 아이의 불안한 마음을 되새기면 아이는 더 불안해지고 자신감도 떨어진다. 그럴 때는 스스로 적응할 시간을 주는 것이 좋다. "왜 그렇게 유난을 떠니?", "진짜 성격 이상하다."와 같이 비난하는 말은 당연히 삼가야 한다.

낯가림이 심한 아이는 밖에 나가면 스스로 상당히 많은 스트레스를 받는다. 그래서 집에 오면 그것을 발산하려는 경향이 있다. 사례에 등장한 주연이도 밖에서 받은 스트레스를 부모에게 폭력적인 행동으로 발산한 것이다. 이때는 아이가 스트레스를 건전하게 발산할 수 있게 해야 한다. 몸을 이용한 즐거운 놀이나 노래 부르기, 춤

추기 등은 스트레스를 풀어주면서 긴장을 완화시켜주기 때문에 폭력적인 행동을 줄일 수 있다.

낯가림이 심한 아이의 경우 부모도 타인과의 관계에 민감하거나 어려워하는 경우가 많다. 부모가 예민하고 불안감이 높은 경우 아이도 그런 성향을 물려받을 수 있다. 부모가 불안한 마음으로 인해 아이를 통제할수록 아이를 더 예민하고 불안하게 만들기 때문에 이에 대한 주의도 필요하다.

낯가림이 심한 아이를 위한 훈육 Tip

① 부모가 먼저 재미있게 노는 모습을 보여준다.

② 예기불안을 낮춰준다.

③ 만날 사람에게 미리 당부의 말을 해둔다.

④ 친구들을 집에 초대해 친밀감을 높인다.

⑤ 아이의 불안한 마음에 지나치게 반응하는 것은 자제한다.

⑥ 스트레스를 발산하게 한다.

06

내향적인 아이, 장점을 인정하고 자기 주도성을 길러준다

서우는 말수도 별로 없고, 친구들과 어울려 노는 것도 별로 좋아하지 않는다. 나가서 좀 놀라고 해도 집에서 혼자 책을 읽거나 이것저것 조몰락거리며 노는 것을 더 좋아한다. 또 공부를 잘하는데도 수업 시간에 나서서 질문이나 발표를 하는 법이 없고, 모둠 활동을 할 때도 친구들이 시키는 것만 한다. 부모는 그런 서우가 답답하다. '자기 PR'의 시대에 뭐든지 나서서 적극적으로 해야 주목을 받을 텐데, 그런 성격으로 어떻게 리더가 되고 성공할 수 있겠는가 싶어 걱정스럽다. 머리도 좋고 공부도 잘하고 책도 많이 읽어서 아는 것도 많은 서우가 내향적인 성격만 조금 외향적으로 바꾸면 참 좋겠다 싶은 마음이 간절하다.

• • •

스위스의 정신의학자 카를 융Carl G. Jung은 마음의 에너지가 어디로 흐르느냐에 따라 외향성과 내향성을 정의했다. 외향성은 에너지가 밖으로 향하고 내향성은 에너지가 안으로 흐른다.

내향적인 성격은 어렸을 때 노는 모습만 봐도 확연하게 드러난다. 외향적인 아이는 처음 간 놀이터에서도 금방 친구들과 어울려 논다. 소리도 크고 활동 범위도 크다. 그러면서 자신의 에너지를 끊임없이 밖으로 방출한다. 반면에 내향적인 아이들은 친구들에게 가까이 다가가기 어려워하며 부모 옆에서 한참을 머뭇거리고, 놀 때도 정적으로 논다.

내향적인 아이는 자신의 내면에서 에너지를 충전하기 때문에 말수나 행동이 적고 혼자서 조용히 생각하는 것을 좋아한다. 그렇기 때문에 내향적인 아이들만의 장점도 있다. 외부에서 들어온 정보를 스스로 생각해 정리하니 생각이 깊고 신중하다. 부모는 아이가 빨리빨리 생각하거나 행동하지 않기 때문에 굼뜨다고 답답해하지만, 그 대신 집중력이나 인내심이 크기 때문에 학습을 수행하는 데 유리한 면모를 가지고 있다. 또 남의 말에 귀를 잘 기울여주고 감수성이 풍부하고 스스로 문제를 해결하려는 독립성과 자율성도 좋은 편이다. 겉으로 드러나는 것만으로 부모들은 외향적인 아이가 더 좋다고 생각할 수 있겠지만, 내향적인 아이가 갖는 강점도 상당히 많다.

《내향적인 리더The Introverted Leader》의 저자인 제니퍼 칸와일러Jennifer B. Kahnweiler 박사는 버락 오바마, 빌 게이츠, 워런 버핏과 같이 세계를 이끌어가는 수많은 리더들이 내향적인 성격을 지니고 있다고 분석한 바 있다. 내향적인 성격을 가진 사람들만의 잠재력이 있다는 것이다. 대한상공회의소에서도 CEO 200명을 대상으로 '국내 CEO들의 특성'을 조사했는데, 본인의 성격을 묻는 질문에 외향적인 성격과 내향적인 성격을 모두 갖고 있는 '양향적(45.0%)'이라는 대답이 가장 많았다. 그리고 나머지 중에는 '외향적(19.1%)'이라고 답한 수보다 '내향적(35.9%)'이라고 답한 CEO가 두 배 가까이 많았다. 칸와일러 박사의 주장과 비슷한 결과다.

또 EBS에서 방송된 다큐멘터리 〈당신의 성격〉에서는 서울대학교 심리학과와 협력해 300명의 고등학생들을 대상으로 친구 관계를 분석했다. 그 결과 외향적인 성격의 아이들은 내향적인 성격의 아이들보다 친구의 수가 더 많고, 교제의 즐거움이나 친밀도가 높았다. 하지만 서로가 친한 친구라고 생각하는지에 대한 일치도와 만족도는 내향적인 아이들이 더 높게 나타났다. 내향적인 아이들은 처음에는 사귀기 힘들지만 깊은 관계를 맺을 수 있다고 평가받은 것이다.

그러므로 내향적인 아이의 훈육은 부족한 부분을 나무라거나 억지로 바꾸려는 것이 아닌, 아이의 장점을 강화시키는 방향이 돼야 한다. 방법은 간단하다. 아이의 장점을 인정하고 칭찬하면 된다. 내향적인 아이는 섬세한 면이 있어 엄마가 조금만 힘들어해도 "엄마 괜찮아?", "힘들어?"라고 묻곤 하는데, 그럴 때 "엄마 마음을 참 잘 읽네. 알아줘서 고마워."라고 반응해줘야 한다. "쓸데없는 데 신경 쓰지 말고 네 할 일이나 빨리 해."라고 말하면 안 된다. 또 자기 의견을 빨리 말하지 않는다고 재촉할 것이 아니라, "너는 참 신중하고 생각이 깊구나. 천천히 생각하고 엄마에게 말해줘."라고 아이 행동의 의미와 동기를 함께 알아주는 반응을 보이면 된다.

당연히 "넌 왜 그렇게 목소리가 작니?", "남들 다 하는데, 도대체 언제 할래?", "네 앞가림은 하겠니?"와 같은 부정적인 말, 비난하는 말은 하지 말아야 한다. 내향적인 아이는 성격상 다른 사람의 말과 행동을 마음속에 오래 담아두기 때문에 더 조심해야 한다. 또 실수하는 것을 두려워하기 때문에 결과에 치중하는 면이 다분한데, 잦은 비난이나 부정적인 말은 지나친 완벽주의를 부추길 수 있다. 그래서 빨리는 못 했어도 꼼꼼하게 열심히 한 것을 잘했다고 하는 과정 중심의 칭찬을 해줘야 한다.

내향적인 아이를 둔 부모가 가장 걱정하는 부분은 바로 사회성 부족이다. 내향적인 아이들은 어쩔 수 없이 친구들과 친해지는 데 시간이 좀 걸린다. 하지만 친구 말에 귀를 기울여주고 감정에 잘 공감해주기 때문에 한 번 친해지면 믿음직한 친구가 될 수 있다. 그러므로 부모가 멍석을 좀 깔아주면 아주 좋다. 생일 파티에 초대받았으면 좀 일찍 가서 케이크 준비를 도와준다든지, 생일인 친구와 이야기를 나눈다든지 해서 익숙한 분위기를 만들어주면 훨씬 쉽게 어울릴 수 있다. "친구 사귀는 데 시간이 걸릴 뿐, 너의 진짜 모습을 알면 친구들이 좋아하게 될 거야."라고 하며 자신감을 북돋아주는 것도 도움이 된다.

내향적인 아이는 친구와의 관계에서 문제가 생기더라도 성격 특성상 친구에게 서운한 마음을 쉽게 표현하지 못하고 속으로만 끙끙 앓으며 상처받을 수 있는데, 이때 부모가 "네 마음을 몰라줘서 속상했겠다."라고 말해주면 아이의 마음이 저절로 풀린다. 그리고 "네가 그러니까 친구가 없지."라는 비난의 말이 아닌 "네 생각은 너만 알기 때문에 다른 사람에게 말을 해줘야 해."라고 마음을 표현해야 하는 이유와 구체적인 방법을 알려주면 된다.

내향적인 아이들에게는 혼자만의 시간을 존중하는 것도 매우 중요하다. 내향적인 아이들은 에너지가 안으로 향하기 때문에 혼자 생각하는 시간을 즐긴다. 스트레스가 쌓일 때도 밖에 나가서 친구들을 만나고 노는 것보다 혼자 방에 틀어박혀 보내는 것을 선호한다. 그래야 내면이 치유되고 새로운 기운을 얻는다. 이를 답답하게 여기고 뭐라 하지 말고 충분히 시간을 줘야 한다. 대신 내향적인 아이들은 다양하고 창의적인 생각을 많이 해낸다. 그래서 창의적인 사람들 중에 내향적인 사람들이 많은 것이다.

자기표현이 분명하지 않은 내향적인 아이에게는 자기 주도성을 키워주는 것이 꼭 필요한 일이다. 외향적인 아이들은 좋고 싫음이 분명하고 자기주장이 강하기 때문에 엄마의 강요에 쉽게 움직이지 않는다. 그러나 내향적인 아이들은 자기표현이 분명하지 않기 때문에 부모가 시키는 대로 실행하는 경우가 많다. 하지만 이러한 상황이 반복되면 아이는 스스로 아무것도 결정하지 못하고 실행하지 못하는 사람이 돼버린다. 내향적인 아이일수록 무엇을 원하는지 물어봐주고, 시간이 걸리더라도 아이가 결정할 수 있게 기다려줌으로써 내향적이지만 자기 주도성을 갖춘 아이로 성장할 수 있도록 해야 한다.

그래서 평소에 자기표현을 할 수 있는 기회를 자주 마련해주는 것이 좋다. "너는 어떻게 생각하니? 네 의견을 듣고 싶어."라고 아이가 자기의 생각을 말로 표현할 수 있는 기회를 주면 생각이 깊은 내향적인 아이들은 부모가 깜짝 놀랄 만한 대답을 하기도 한다.

꼭 말로 표현하지 않아도 된다. 자기표현을 할 수 있는 수단으로는 글을 쓰거나 그림을 그리거나 만들기를 하는 등 여러 가지가 있을 수 있다. 자신의 생각을 다양한 방법으로 표현하다 보면 밖에 나가서도 자신의 의견을 말하는 것이 좀 더 쉬워질 뿐만 아니라, 자신감도 생기고 창의성과 논리적인 사고도 키울 수 있다.

내향적인 아이를 위한 훈육 Tip

① 아이의 장점을 인정하고 칭찬한다.

② 친구 사귀는 방법을 알려준다.

③ 혼자만의 시간을 존중한다.

④ 자기 주도성을 길러준다.

⑤ 자기표현을 자주 하게 한다.

07

예민하고 까칠한 아이,
놀이를 통해 감각 통합을 발달시킨다

5세 예진이의 별명은 까칠공주다. 작은 소리에도 깜짝깜짝 놀라고 안 먹는 것도 너무 많다. 조금만 이상한 냄새가 나도 진저리를 치고, 사람들이 예쁘다고 만지는 것도 싫어한다. 목욕하는 것도 싫어해서 목욕 한 번 시키려면 어르고 달래야 하며 어느 때는 화까지 내야 한다. 까끌까끌한 옷은 절대 안 입고 새 옷도 싫어해 매번 입는 옷만 입으려고 한다. 왜 이렇게 예민하고 까칠한지, 작은 일 하나도 쉽게 넘어가는 법이 없는 예진이 때문에 엄마는 스트레스가 이만저만이 아니다.

• • •

다른 아이들에 비해서 유난히 예민하고 사사건건 까칠하게 구는 아이들은 까다로운 기질을 타고났을 가능성이 크다. 까다로운 기질의 아이들은 신체적, 생리적으로 항상 각성돼 있기 때문에 작은 자극에도 과도한 반응을 보인다.

또 새로운 것에 대한 적응력이 떨어지기 때문에 불안감이 높고 의심이 많은데, 이로 인해 낯선 상황에서 쉽게 위축되고 작은 변화에도 강하게 반응한다. 정서가 안정돼 있지 않아 짜증이나 화를 잘

내는 편이며 고집도 센 편이다. 그래서 까다로운 기질의 아이는 키우기가 참 어렵다.

앞의 사례에 등장한 예진이는 유난히 소리나 냄새, 촉각에 예민한 반응을 보이고 있다. 이는 감각 통합에 문제가 있기 때문이다. 감각 통합이란 감각 정보를 받아들이고 인지하고 이에 정확하게 반응할 수 있는 능력으로, 미국의 재활치료사인 진 에어스Jean Ayres 박사가 처음으로 도입한 이론이다.

공이 내 얼굴을 향해 날아오는 것을 보면 그 자극은 시신경을 통해 뇌로 전달된다. 뇌는 그것이 공이라는 것을 알아내고 위험하다는 판단을 내려 얼른 피하라는 명령을 내린다. 그럼 몸이 움직여 피하게 되는데, 바로 이런 일련의 과정이 바로 감각 통합이다. 감각 통합이 제대로 작동하면 얼른 공을 피할 수 있지만, 그렇지 않으면 공을 맞게 된다.

외부 자극을 감지하는 감각에는 시각 청각 미각 후각 촉각의 오감각과, 귀 안에 있는 평형기관이 머리 위치의 변화를 느끼는 전정감각과, 근육이 수축하거나 늘어날 때 만들어지는 감각 정보로 위치, 움직임, 활동을 느끼는 고유 수용 감각 등이 있다. 그런데 감각 통합에 문제를 갖고 있는 사람은 이러한 감각들이 정상인보다 훨씬 낮게 혹은 훨씬 높게 느껴진다.

작은 소리에도 깜짝깜짝 놀라는 아이는 청각이, 목욕이나 머리 감기를 싫어하거나 까칠까칠한 옷을 싫어하는 아이는 촉각이, 냄새를 유난히 잘 맡고 민감하게 반응하는 아이는 후각이 예민한 것이다. 또 자주 넘어지거나 자전거 타기를 어려워하는 아이는 전정 감각과 고유 수용 감각에 어려움이 있다.

감각 통합은 아이가 태어나서 기고 걷고 뛰고 팔다리, 손 등을 움직이면서 서서히 발달하게 된다. 대부분의 경우는 일상생활을 통해 자연스럽게 습득한다. 하지만 선천적으로 감각 통합에 어려움을 갖고 태어나는 아이들도 있고, 타고난 능력에는 문제가 없지만 경험하고 연습할 기회가 너무 적어 낮은 수준의 감각 통합 능력을 갖고 있는 아이들도 있다.

문제는 감각 통합이 제대로 발달하지 못하면 신체 발달뿐 아니라 인지 발달, 정서 발달에도 좋지 않은 영향을 미친다는 것이다.

촉각이 예민한 아이들은 사람들과 부딪치는 것에 상당히 민감하기 때문에 사람들과 만나는 것을 꺼려하여 그로 인해 사회성이 떨어질 수 있다. 또 줄을 따라 긋거나 색칠하기, 가위로 정확하게 자르기 등이 서툴러 기초 학습을 하는 데 어려움을 겪기도 한다. 재료의 맛이나 질감에 예민해서 편식을 하거나 밥 먹는 걸 싫어하면 신체 발달이 늦어질 수 있다.

만약 아이가 어떤 자극에 유난히 예민하게 반응한다면 그 패턴을 잘 살펴봐야 한다. 소리에 예민한 아이들은 부모가 소리를 지르면 실제 소리보다 크게 들리기 때문에 다른 아이들보다 더 큰 공포심을 느낀다. 목욕만 하려면 자지러지거나 도망을 다니는 아이를 이상하게만 보지 말고 촉각이 예민한 건 아닌지 알아봐야 한다. 자주 넘어지거나 행동이 굼뜬 아이는 조심성이 없다고 답답하게만 볼 게 아니라 전정 감각이나 고유 수용 감각에 이상이 있는지 검사해 보는 게 좋다.

감각 통합에 어려움이 있는 아이들은 안 하는 것이 아니라 못 하는 것이다. 그런데 부모가 정확한 원인을 알지 못하면 일부러 안 하는 것이라고 오해해서 자꾸만 재촉하고 간섭하고 혼내는 일이 생기게 된다.

감각 통합이 잘 안 되는 아이들에게 외부 자극과 맞서는 것은 마치 폭탄을 맞는 것과 같다. 그래서 늘 예민하고 불안해하며 자신 없어한다. 이러한 어려움을 부모가 이해하고 공감해주지 못하면 아이는 심하게 위축되고 '난 못하는 아이', '난 부족한 아이'라는 부정적인 이미지를 갖게 된다. 또 자신의 어려움을 알아주지 못하는 부모에 대해 서운한 마음을 느끼게 된다.

그러므로 아이가 느끼는 불안이나 어려움을 이해하고 공감해줘야 한다. 아이가 선뜻 나서서 그네를 타지 못한다고 "그것도 못해!"라고 비난하거나 "해봐. 별로 어려운 거 아니야."라고 무조건 밀어붙이면 안 된다. "그네가 조금 무섭지? 그럼 앉아만 있어봐."라고 제안하며 아이의 마음을 공감해주고 천천히 적응할 수 있는 시간을 줘야 한다.

이렇게 작은 것이라도 도전하고 성공하는 경험을 할 수 있게 해주면 자신감도 생기고 감각 통합도 서서히 발달할 수 있다. 감각 통합에 어려움이 있는 아이들은 새롭고 낯선 것을 맞닥뜨리는 것이 겁나 선뜻 나서서 뭔가를 하려 하지 않을 수 있는데, 그렇다고 부모가 나서서 대신해주면 점점 더 예민해질 뿐만 아니라 인지 발달에도 나쁜 영향을 미친다. 어려워도 조금씩 단계를 높여 도전하고 노력하고 성공하는 경험을 하게 해줘야 한다.

감각 통합을 발달시키는 가장 좋은 방법은 놀이다. 놀이는 시각, 청각, 촉각뿐 아니라 전정 감각과 고유 수용 감각까지 인체의 모든 감각을 사용하는 활동이기 때문이다. 밖에 나가 걷는 것부터 시작해서 그네를 타고 미끄럼틀을 타고 징검다리를 건너고 모래놀이를 하는 것들 모두가 감각 통합을 발달시키는 수단이 된다.

집에서도 감각을 발달시켜주는 놀이를 얼마든지 다양하게 할 수 있다. 거품놀이나 찰흙놀이, 비눗방울 불기, 점프하기, 장애물 통과

하기, 풍선 터뜨리기 등 감각과 몸을 사용하는 모든 놀이가 도움이 된다. 종이접기나 블록 쌓기, 미로 찾기, 그림 그리기와 같은 놀이는 감각 통합뿐 아니라 창의력과 집중력도 향상시킬 수 있다.

만약 아이가 감각이 너무 예민해 일상생활에 큰 어려움을 겪고 있다거나, 그로 인해 부모와 정서적인 문제가 생긴 경우, 또 읽기나 쓰기, 연산과 같은 기초 학습이 힘든 경우에는 전문가의 도움이 필요할 수 있다. 소아과나 아동심리 상담센터에 가면 어떤 감각에 어려움이 있는지 확인하고 그에 맞는 적절한 치료를 받을 수 있다.

예민하고 까칠한 아이를 위한 훈육 Tip

① 아이가 어떤 자극에 예민하게 반응하는지 살핀다.

② 아이가 느끼는 불안이나 어려움을 이해하고 공감해준다.

③ 도전하여 성공하는 경험을 할 수 있게 한다.

④ 놀이를 통해 감각 통합을 발달시킨다.

08

위험한 행동을 하는 아이, 다양한 놀이 방법을 가르쳐준다

4세 태형이는 겁이 너무 없다. 식탁 의자나 소파에서 뛰어내리는 것은 기본이고 밖에 나가서도 높은 곳만 있으면 올라가서 걷거나 뛰어내리려고 한다. 계단을 내려갈 때도 몇 칸씩 한꺼번에 뛰고 싶어 하고, 에스컬레이터를 타도 가만히 있지 못하고 걸어 올라가려 한다. 놀이터에서도 꼭 구름다리처럼 높은 곳에 올라가서 매달린다. 그래서 부모는 태형이가 다칠까 봐 늘 노심초사하면서 하지 마, 위험해라는 말을 달고 산다. 그럼에도 불구하고 태형이의 위험한 행동은 당최 줄어들 기미가 보이지 않는다.

• • •

아이들은 보통 6개월 정도면 뒤집기를 할 수 있고 9개월쯤에는 기어다니며 스스로 앉을 수 있다. 돌을 전후해 걷기 시작하고 24개월이면 혼자 계단을 오를 수 있다. 만 3세면 신체 부위를 독립적으로 움직일 수 있게 되어 자전거도 탈 수 있으며 공도 던지고 받을 수 있다. 그러다가 만 4세 이상이 되면 자기 통제가 가능해지면서 몸을 자유자재로 움직일 수 있게 된다.

아이가 이렇게 자신의 신체를 조절하고 움직이며 성장해가는 과정을 지켜보는 것은 부모로서 참 보람되고 기쁜 일이다. 게다가 이러한 대근육의 발달은 아이들이 가고 싶은 곳으로 이동해 사물을 탐색하게 함으로써 호기심과 욕구를 해결할 수 있게 하는 데 반드시 필요하다. 이를 통해 키워진 지각 능력은 인지 발달로 이어지고, 욕구 충족을 통한 성취감은 자아 형성과 정서 발달에 큰 영향을 미친다.

그러나 그만큼 걱정되는 일이 많이 벌어지기도 한다. 세상에는 위험한 것들이 너무 많은데 아직 아이들은 그걸 인식하고 판단할 능력이 부족하기 때문이다.

특히 호기심이 많고 탐구하려는 충동이 강한 아이들, 그리고 또래에 비해 대근육 발달이 빠른 아이들은 위험한 행동을 더욱 자주 한다. 또 대체적으로 여자아이보다는 남자아이가 위험한 행동을 더 많이 한다. 아이가 위험한 행동을 할 때마다 부모는 간이 콩알만 해진다. 그래서 잘 타이르기도 하고 혼도 내보지만 아이들은 쉽게 말을 듣지 않는다.

아이가 위험한 행동을 하면 부모는 빨리 단호한 목소리로 제지해야 한다. 이 시기의 아이들에게 세상 모든 것은 다 신기하고 재미있는 놀이 도구가 된다. 그러므로 매우 위험해서 절대로 해서는 안 되는 것, 조심해서 해보면 괜찮은 것, 또 마음껏 해도 되는 것 등을 잘 분리해서 반복적으로 말해줘야 한다.

또 위험한 행동을 하면 어떤 일이 생길지에 대해 정확하게 알려주는 것도 필요하다. 말을 잘 알아듣는 아이에게는 "그러다 넘어져서 다치면 팔이 부러질지도 몰라. 그럼 한 달은 놀이터에서 놀 수 없을 거야."라고 벌어질 일에 대해 구체적으로 말해주면 된다. 아직 말을 잘 이해하지 못하는 어린아이라면 얼른 아이의 손을 잡거나 몸을 잡고, 낮은 목소리로 단호하게 "안 돼. 위험해."라고 말해서 행동을 멈추게 한다.

그러나 못 하게 하면 더 하고 싶어 하는 게 아이들의 마음이다. 무조건 제한만 하고 끝내지 말고 아이의 하고 싶어 하는 마음을 인정해준 다음, 그것을 대신할 수 있는 행동을 알려주는 것까지 이어져야 한다.

"올라가보고 싶구나. 그런데 여기는 위험하니까 저기 좀 낮은 곳에서 해보자. 엄마가 잡아줄게.", "에스컬레이터에서 걸어 올라가는 건 아주 위험해. 너도 다칠 수 있고 다른 사람도 다칠 수 있거든. 대신 집에 가서는 계단으로 올라가자."라고 말을 해주면 된다. 그러면 아이는 위험한 행동과 그렇지 않은 행동을 구별할 수 있게 되고, 하고 싶은 것을 참고 조절하는 통제력을 기를 수 있다.

하루에 30분 정도는 격렬하게 신체놀이를 해주는 것도 좋다. 대근육 발달이 잘된 아이들은 신체놀이를 좋아한다. 그런데 자꾸 못하게만 하면 욕구 불만이 쌓일 수 있다.

대근육을 활용한 놀이는 아빠와 함께 하면 더욱 좋다. 목말 타기도 좋고, 이불 위에서 베개 싸움을 하거나 이불로 미끄럼 타기를 해도 좋다. 씨름이나 공놀이, 놀이 기구를 이용한 놀이 등 위험하지 않은 놀이로 땀을 흠뻑 흘릴 정도로 움직이게 해서 욕구를 방출시켜주면 된다.

다양한 놀이 방법을 가르쳐주는 것도 필요하다. 자신의 에너지를 즐겁고 건강하게 방출할 수 있는 놀이를 가르쳐주면 위험한 놀이에 몰입하지 않게 된다.

단순하게 올라가고 뛰어내리고 하는 놀이 말고 자전거 타기나 축구, 야구와 같이 좀 더 규칙이 있는 운동으로 바꿔주면 아주 좋다.

블록이나 종이컵을 다 쌓으면 무너뜨리는 놀이나, 종이를 구기고 찢고 던지며 노는 놀이 등은 대근육을 쓰는 동시에 소근육 놀이로 확장시켜주는 좋은 활동이다.

퍼즐 맞추기나 상상놀이, 역할놀이처럼 인지 발달을 돕는 놀이도 좋다. 잘 안 해봤기 때문에 어떻게 노는지 몰라서 그렇지, 부모가 재미있게 유도해주면 아이는 금방 호기심을 보이고 놀이에 푹 빠져들게 될 것이다.

대근육 발달이 빠른 아이들은 또래보다 자신이 잘 올라가고 잘 뛰어내린다는 것에 자부심을 느낀다. 아이들은 자기가 잘하는 걸 더 많이 하고 싶어 한다. 그래서 자신의 유능감을 보여주기 위해 위험한 일에 자꾸 도전한다. 특히 다른 활동을 잘할 자신이 없는 아이들의 경우, 자신이 잘하는 대근육 활동을 통해 성취감과 자신감을 얻고 싶어 한다. 그러므로 이런 아이들은 위험하지 않은 활동을 할 때 그것을 잘하지 못하더라도 격려와 칭찬을 많이 해줌으로써 자신감을 심어줘야 한다.

간혹 부모나 다른 사람들의 관심을 끌고 싶어서 위험한 행동을 할 수도 있다. 처음에는 호기심에서 시작했는데 부모가 깜짝 놀라거나 허겁지겁 달려와 말리는 등의 과도한 반응을 보이면 그것이 부정적인 반응이더라도 아이는 관심받는 것이라고 생각해 그 행동을 더 빈번히 할 수 있다.

욕구불만이 많은 아이도 위험한 놀이를 좋아하는 경향이 있다. 높은 나무에 올라가거나 위험한 물건을 갖고 노는 등의 행위를 통해 스트레스를 풀기도 하고, 공격성을 보이는 것으로 부정적인 정서를 표출하기도 한다.

부모의 관심을 끌기 위해서, 혹은 욕구불만을 해소하기 위해서 위험한 놀이를 하는 경우라면 아이에게 사랑과 관심을 보여주면서 신뢰 관계를 회복하는 것이 중요하다.

위험한 행동을 하는 아이를 위한 훈육 Tip

① 빨리 단호한 목소리로 제지한다.

② 대신할 수 있는 행동을 알려준다.

③ 하루에 30분 정도는 신체놀이를 해준다.

④ 다양한 놀이 방법을 가르쳐준다.

⑤ 위험하지 않은 활동을 할 때 격려와 칭찬을 한다.

09

말이 늦은 아이,
다양한 언어 자극을 준다

은찬이는 이제 막 만으로 3세가 됐다. 그런데 또래 아이들은 완전하지는 않아도 문장을 만들어 말을 하는데, 은찬이는 이제야 겨우 단어 두 개를 이어 말을 한다. 처음 엄마 소리를 한 것도 15개월이 거의 다 돼서였다. 그때만 하더라도 조금 늦을 수 있다고 생각했는데, 갈수록 뒤처지는 은찬이 때문에 엄마는 걱정이 크다. 주위 사람들이 얘는 왜 이렇게 말이 느리냐고 물어볼 때마다 엄마는 그게 다 자신의 잘못이라고 지적하는 것 같다. 말이 늦게 트이는 아이들이 있다는데, 은찬이도 그런 것일까? 그럼 그냥 이렇게 기다려도 되는 건지 엄마는 고민이 깊다.

• • •

아이가 말을 할 때쯤 되면 말을 빨리 배우느냐, 그렇지 못하느냐는 부모에게 아주 중요한 과업이 된다. 말을 빨리 배우면 똑똑하고 학교에 가서 공부도 잘할 것이라고 여겨지지만, 또래보다 말이 늦어지면 그렇지 못할 것이라고 생각되기 때문이다. 그래서 아이가 말이 늦되면 발달에 문제가 있는 건 아닌지 의심하면서 마음이 조급해진다.

사실 아이가 언어를 습득하는 것은 상당히 자연스러운 일이다. 왜냐하면 아이는 선천적으로 언어능력을 갖고 태어나기 때문이다. 20세기 가장 중요한 언어학자 중 한 명으로 꼽히는 노암 촘스키Noam Chomsky는 "언어는 인간이 선천적으로 타고난 본능이다."라고 주장했다. 또 그의 언어 이론을 발전시킨 세계적인 인지과학자 스티븐 핑커Steven Pinker는 "마치 거미가 거미줄 치는 법을 아는 것처럼 인간은 말하는 법을 안다."고 설명했다.

이렇게 놀라운 언어능력을 타고났다면 누구나 다 말을 잘해야 하는 것 아닐까? 하지만 아쉽게도 인간의 언어 체계는 너무도 복잡하고 어려워서 선천적으로 타고난 언어능력만으로는 완전히 이해하고 활용하기 어렵다. 그래서 필요한 것이 바로 언어 환경이다. 즉 언어 발달은 유전과 환경의 상호작용으로 이루어진다.

그래서 언어 발달이 늦어지는 이유는 유전과 환경 두 가지 관점에서 찾을 수 있다. 먼저 유전적인 원인이다. 말이 늦은 아이를 보면 그 부모도 말이 늦었던 경우가 많다. 이런 상황이면 조부모들은 너무 걱정하지 말고 기다려보라고 한다. 물론 대부분의 경우는 큰 문제없이 늦게 말문이 트인다. 또 늦은 만큼 봇물 터지듯 빠른 속도로 말이 늘기도 한다.

환경적인 원인은 언어적 자극이 충분하지 않은 상황을 말한다. 부모가 말수가 너무 적어 언어적 상호작용이 부족한 경우, 또 과잉보호로 인해 아이가 말로 표현하기 전에 부모가 뭐든지 다 알아서 해주는 경우 아이의 언어 발달이 늦어질 수 있다.

엄마랑 하루 종일 집에 있다든가, 혼자 노는 시간이 많아 사회적 상호작용의 경험이 부족한 경우도 언어 발달에 좋지 않은 영향을 미친다. TV나 비디오, 컴퓨터, 스마트폰 등의 미디어 기기를 너무 많이 보는 것도 문제다. 언어 습득은 듣고 말하는 쌍방향 소통이 중요한데, 미디어의 영상들은 듣기만 하는 일방적인 소통이기 때문이다. 환경적인 부분이 원인이라면 일상생활에서 언어 발달을 방해하는 이런 것들을 서둘러 제거해야 한다.

그럼 어느 정도 말이 느려야 언어 발달에 문제가 있다고 볼 수 있을까? 먼저 아이들의 언어 발달단계를 살펴보면, 말문이 트이는 것은 보통 만 1세 전후다. 이때는 엄마, 아빠와 같은 단어들을 3~5개 정도 말할 수 있다. 그러다가 만 2세가 되면 엄마의 말을 어느 정도 이해하고 두 단어 이상을 연결시킬 수 있고, 만 3세 정도 되면 3개 이상의 단어를 사용해 문장을 구성할 수 있다. 그리고 만 5세 정도가 되면 대체적으로 성인이 말하는 수준의 언어 체계를 습득할 수 있다.

보통 또래보다 1년 이상 말이 늦되면 언어 발달에 문제가 있다고 판단한다. 만 2세인데 첫 단어가 나오지 않은 경우, 혹은 만 3세인데도 아직 두 단어 이상을 연결해 말하지 못하는 경우나 부모가 아이의 말을 전혀 이해할 수 없거나 아이가 엄마의 말을 이해하지 못하는 경우라면 병원이나 전문 상담실을 통해 아이의 언어 발달 정도를 검사하는 것이 좋다.

자폐증이나 다운증후군이 있는 아이들도 대표적인 증상이 언어 장애이기 때문에 지능 발달이나 자폐성 장애, 청각 장애 등에 대한 검사를 해보는 게 좋다. 언어 장애는 빨리 발견할수록 더 완벽하고 빠르게 치료할 수 있으므로 시기를 놓치지 않는 것이 중요하다.

언어는 자신의 생각과 감정을 표현하는 가장 중요한 수단이다. 가정에서뿐만 아니라, 유치원이나 학교에서도 사람들과 상호작용을 하고 지식을 습득하는 데 꼭 필요한 기술이다. 그래서 언어 발달이 제대로 안 되면 인지 발달뿐 아니라 사회성 발달에도 나쁜 영향을 미친다. 또 자신의 생각과 감정을 제대로 표현할 수 없으니 정서적으로 위축되거나, 답답한 마음을 자꾸 몸으로 표현하면서 폭력적인 행동을 하게 될 수도 있다.

그러므로 평소에 부모가 다양한 언어 자극을 주면서 아이의 언어 발달을 도와야 한다. 아이가 한 단어로 말하면 부모가 두 단어, 또는 간단한 문장으로 다시 말해주면 된다. 아이가 과자를 가리키며 "과자!"라고 말하면, 부모가 과자를 가리키며 "과자 달라고?"라고 되물은 다음, 과자를 주며 "과자가 먹고 싶었구나."라고 말해주는 식이다.

또 아이가 잘못된 언어를 구사하면 귀엽다고 그냥 넘길 게 아니라 제대로 된 말로 고쳐준다. "엄마, 빠빠."라고 하면, "빠빠? 그래 빠빠 줄게."라고 아이가 한 말을 그대로 따라 하지 말고 "밥 달라고? 그래 밥 줄게 기다려."라고 말해줘야 한다. 이렇게 언어 자극을 주다 보면 머릿속에 차곡차곡 저장해놓은 단어들을 어느 순간 폭발적으로 사용하며 말문이 트인다.

그러나 지나친 언어 자극은 오히려 독이 된다는 것도 기억해야 한다. 아이가 말이 늦되면 부모는 조급한 마음에 하루 종일 아이 뒤를 따라다니며 귀에 못이 박힐 정도로 말을 해주고, 단어 카드나 학습지로 한글을 가르치고, 수많은 책을 읽어주면서 아이에게도 읽기를 강요한다. 하지만 아이들에게 너무 빨리, 너무 많은 언어 자극을 주는 것은 오히려 큰 스트레스를 유발해 정서적 문제를 일으킬 수 있다. 아이의 발달 속도에 맞는 적당한 언어 자극이 가장 좋은 언어 환경이라는 것을 잊지 말아야 한다.

말이 늦은 아이들은 자신의 생각을 말로 표현하는 것이 많이 부족할 수도 있는데, 아이의 표현이 부족하다고 느껴지더라도 끝까지

들어줘야 한다. 아직 말로 표현하지 못할 뿐이지 아이에게는 저장해놓은 단어들이 많이 있다. 그러니 스스로 알맞은 단어를 찾아내 입 밖으로 꺼내놓을 수 있는 시간을 충분히 줄 필요가 있다. 아이가 아직 말이 서툴다고 엄마가 계속 말을 끊고 고쳐주려고만 하면 아이는 말하는 것을 두려워하게 될 수도 있기 때문이다. 아이의 말을 끝까지 들어주고 나서 고쳐줘도 늦지 않는다.

말이 늦은 아이를 위한 훈육 Tip

① 상호작용을 통해 쌍방향으로 소통하는 시간을 늘린다.

② 일상생활에서 다양한 언어 자극을 준다.

③ 지나친 언어 자극은 하지 않는다.

④ 표현이 부족해도 끝까지 들어준다.

10

대소변을 못 가리는 아이, 야단치거나 재촉하지 않는다

건우는 요즘 자꾸 이불에 소변을 싼다. 잘 가리던 소변을 실수하기 시작한 건 유치원에 다니면서부터다. 워낙 낯가림이 심한 아이라 처음 가는 유치원에 적응하는 게 힘들어서 그런가 보다 싶었다. 그래서 안쓰럽기도 하고 아이가 상처받을까 걱정돼 혼도 안 내고 다독이며 잘 치워주곤 했다. 그런데 석 달이 넘도록 나아질 기미가 보이지 않고 일주일에 한두 번은 실수를 한다. 이제는 유치원에 어느 정도 적응해 잘 지낸다고 하는데, 왜 계속 소변을 가리지 못하는 것일까? 혹시나 방광에 문제가 있는 게 아닐까 싶어 엄마는 정밀 검사를 염두에 두고 있다.

• • •

대소변을 가리는 일은 발달단계에서 아이들이 꼭 넘어야 할 과제다. 부모도 아이가 기저귀를 떼고 스스로 대소변을 처리하는 걸 보면 이제 다 컸구나 싶은 기분이 든다.

하지만 그 과정이 쉽지는 않다. 아이가 부담되지 않도록 자연스럽게 해야 한다는 것을 잘 알지만, 자꾸 실수하는 아이를 보면 화가 나기도 하고 또래 아이들보다 늦어지면 무슨 문제가 있는 것은 아닌지 조바심이 생기기도 한다. 아이 입장에서도 마음대로 되지 않는 일이라 부모의 기대에 부응하지 못하면 위축되고 마음에 상처를 받을 수 있다. 그래서 대소변 가리기는 아이의 발달 정도를 고려해 신중하게 진행돼야 한다.

그럼 대소변 가리기는 언제부터 시작해야 할까? 전문가들마다 의견이 다르지만, 보통 20개월 정도부터 시작하라는 의견이 많다. 그러나 아이들마다 방광과 대장을 조절할 수 있는 능력의 차이가 있으므로 이것이 절대적인 기준은 아니다. 대변을 규칙적으로 보고 두 시간 정도는 소변을 보지 않아야 대소변 가리기를 시작할 수 있다. 또한 부모의 지시를 이해하고 따르는 것이 가능해야 한다.

보통 15개월쯤 되면 대소변을 본 다음에 엄마에게 배변 사실을 알릴 수 있고, 21개월 정도 되면 미리 대변이 보고 싶다는 사실을, 24개월이 되면 소변이 보고 싶다는 사실을 알릴 수 있다. 이렇게 아이들이 스스로 신호를 보낼 수 있을 때 시작하면 된다. 또 아이 혼자 간단한 옷을 입을 수 있는 등 스스로 뭔가를 해내는 것을 좋아할 때 시작하면 훨씬 더 수월하게 진행할 수 있다.

대소변 가리기는 천천히 단계적으로 진행돼야 한다. 먼저 유아용 변기를 마련해 앉아서 힘을 주는 연습을 시킨다. 다음 일주일 정도는 하루에 일정한 시간을 정해 3~4분 정도 변기에 앉혀놓는다. 그 다음은 기저귀를 벗기고 변기에 앉힌다.

만약 아이가 기저귀에 대변을 봤다면 곧이어 유아용 변기에 앉게 해 자연스럽게 배변과 변기를 연결 지을 수 있게 한다. 이때 기저귀에 본 대변을 변기에 버리는 것을 보여줘도 된다.

마지막으로 아이가 변을 보고 싶다는 신호를 보내면 기저귀를 벗기고 유아용 변기에 앉아 변을 보게 한다. 중요한 것은 아이의 속도에 맞춰 자연스럽게 익숙해지도록 하는 것이다.

그런데 오랜 기간 습관을 들였어도 대소변을 제대로 가리지 못하는 아이들이 있다. 그럼 먼저 병적인 요인이 있는지 살펴봐야 한다. 밤에 자꾸 소변 실수를 하는 야뇨증은 5세가 넘어서도 밤에 3개월간 연속적으로, 주 2회 이상 실수를 하면 진단을 내린다. 야뇨증은 5세 아이 중 약 15퍼센트 정도가 보이는 흔한 질환인데, 배변 훈련과 행동 치료, 약물 치료를 함께 병행하면 좋아질 수 있다.

또 대변 실수는 4세가 넘었는데 연속 3개월간 한 달에 한 번 이상 지속되면 유분증 진단을 내린다. 5세 이상의 아이 중 1퍼센트 정도에서 나타나는데, 특히 남자아이에게서 많이 나타난다. 유분증은 대부분 변비 때문에 일어난다. 변비로 인해 변이 딱딱해지고 두꺼워지면 통증이 심하니까 변을 보지 않으려고 하다가 실수를 하는 것이다. 그러므로 유분증은 변비 치료를 해주면 자연스럽게 좋아질 수 있다.

또 5, 6세 이후에 마려운 느낌이 듦과 동시에 당장 화장실에 가지 않으면 쌀 것 같은 느낌이 드는 긴박뇨나, 웃다가 소변을 싸는 웃음 요실금 등이 있을 수 있다. 이는 배뇨 기능의 미성숙, 잘못된 배뇨 습관, 그리고 만성적인 변비 등이 원인인데, 오래 방치할 경우 방광과 신장 기능에 문제가 생길 수 있으므로 치료해줘야 한다.

그밖에도 방광의 짜주는 기능이 떨어지거나 괄약근을 열어주는 반사가 떨어지거나 염증으로 인해 소변 볼 때 아파서 참는 경우도 있으니, 실수가 반복되면 병원에 가서 정확한 원인을 알아내 치료해야 한다.

이와 같은 병적인 요인이 아니라면 불안감과 같은 스트레스 때문일 수 있다. 유치원에 다니기 시작했다거나 동생이 생겼다거나 하는 환경 변화가 불안감으로 작용해 조절하는 데 문제를 일으키는 것이다. 특히 기질적으로 예민한 아이들은 자극에 대한 긴장도가 높기 때문에 불안한 감정을 참지 못하고 실수하는 경우가 생긴다.

대소변 훈련을 하는 중에 부모한테 혼이 많이 나거나, 너무 자주 볼 것을 강요당해도 조절에 어려움을 겪는다. 또 부모가 지나치게 청결을 강조하는 경우, 일관적이지 않은 배변 훈련이 이루어지는 경우, 화장실에 대한 공포도 원인이 될 수 있다.

심리적인 요인이라면 더욱더 아이가 대소변을 잘 가리지 못한다고 야단치거나 재촉하지 말아야 한다. 대소변을 가리는 것은 우리 몸의 생리적인 반응을 조절하는 일이므로 혼내고 재촉한다고 될 일이 아니다. 아이가 실수를 해도 "네 나이가 몇인데 아직도 못하니?", "너 때문에 엄마가 힘들어 죽겠어."와 같은 말은 하지 말자. 그럼 불안감과 긴장감이 커져 더 못하게 되는 악순환이 반복된다. 아이가 실수를 해도 "괜찮아. 실수할 수 있지."라고 다독여줘야 한다. 또 대소변 가리는 습관을 들이겠다고 하루 종일 아이의 옷을 벗겨놓는 경우도 있는데, 이는 아이에게 수치심만 일으킬 뿐 그다지 도움이 안 된다.

또 자기 전에는 물을 많이 먹이지 말고, 화장실에 꼭 갔다 오게 해서 실수를 줄여주는 것도 중요하다. 아이가 실수를 하면 치워야 할 일 때문에 엄마가 아이에게 화를 낼 수도 있는데, 이런 상황을 피하기 위해 이불 위에 방수 패드를 깔고 미리 갈아입을 옷을 머리맡에 두어 엄마의 수고로움을 덜 필요가 있다.

대소변 일지를 써서 아이의 배변 패턴을 파악해보는 것도 도움이 된다. 일주일 정도 언제 물을 마시고 밥을 먹는지, 또 언제 소변을 보고 대변을 보는지 꼼꼼하게 기록한다. 가능하다면 양도 같이 기록하는 게 좋다.

이런 과정을 거치면 아이가 주로 언제 대소변을 보는지 알 수 있으니, 그 시간이 됐을 때 아이를 유아용 변기에 앉혀놓으면 된다. 이것은 규칙적인 배변 습관을 들이는 데도 좋고, 대소변을 가리는 데도 도움이 된다. 아이가 실수하지 않고 성공한 날에는 스티커를 붙여주는 등의 방법으로 칭찬해주는 것도 잊지 말자.

유아용 변기에는 배변을 잘하던 아이가 어른용 변기로 옮기면서 쏙 빠질 것 같은 공포심에 갑자기 배변에 어려움을 겪는 경우도 있다. 이때는 아이가 공포심을 느끼지 않도록 어른용 변기에 어린이용 쿠션을 끼워주고, 처음에는 부모가 옆에서 함께하며 안심시켜주는 것이 좋다.

처음 배변 훈련을 할 때 주의해야 할 점 중에 하나가 대소변을 지저분한 것이라고 생각하지 않게끔 하는 것이다. 처음 대소변을 가리다 보면 흘릴 때도 있고 옷에 묻힐 수도 있는데, 그때 부모가 더럽다고 호들갑을 떨거나 대소변을 본 뒤 손을 깨끗이 닦으라고 닦달하는 경우가 있다. 그러면 아이들은 대소변이 엄청 더러운 것이라 생각하고 수치심을 느낀다. 그럼 대소변 보는 것을 회피하게 되고 참다가 결국 옷에 실수할 수 있다.

어떤 아이는 적절하지 않은 장소에서 변을 보고 그것을 몰래 숨겨놓는 경우도 있는데, 이는 스트레스와 같은 정서적인 요인으로 나타나는 증상일 수 있다. 그러므로 혼내기 전에 아이의 심리 상태를 잘 살펴봐야 한다.

대소변을 못 가리는 아이를 위한 훈육 Tip

① 병적인 요인이 있는지 살펴본다.

② 야단치거나 재촉하지 않는다.

③ 아이의 배변 패턴을 파악한다.

④ 대소변을 지저분한 것이라고 생각하지 않게 한다.

3장

애착과 자존감을 높여주는 훈육의 법칙

애착은 영국의 심리분석가 존 보울비John M. Bowlby가 처음 사용한 용어로, 아이가 자신을 보살펴주는 사람과 정서적인 유대감을 느끼고 좋은 관계를 맺는 것을 말한다. 애착은 0~3세 사이 주양육자와의 상호작용을 통해 형성되는데, 정서 발달의 기초가 되는 데다가 인지 발달과 사회성 발달에도 상당한 영향을 미치기 때문에 매우 중요하다. 이에 대해 보울비는 애착을 '생존을 위한 본능적 반응'이며 '성격의 기초'가 된다고 주장했다.

미국의 발달심리학자 메리 에인스워스Mary Ainsworth는 애착 관계를 안정 애착과 불안정 애착으로 분류했다. 부모가 아기의 필요와 욕구에 적절히 반응해주면 아기는 부모를 신뢰하며 안정 애착을 형성한다. 이는 타인에 대한 신뢰로 발전하며 사회성 발달을 촉진시킨다. 그러나 부모가 아기의 신호에 적절히 반응해주지 못하면 아기는 부모를 신뢰할 수 없게 되어 불안정한 애착을 형성하게 된다.

불안정 애착은 부모의 양육 태도와 아이들의 행동 양식에 따라 다시 세 가지로 나누어진다. 먼저 일관적이지 않은 양육을 할 경우는 부모를 사랑하는 마음과 미워하는 마음을 동시에 가지게 되는 저항 애착이 형성된다. 부모가 아이에게 무관심하거나 방임하면 아기도 부모의 존재를 무시하며 상호작용을 피하는 회피 애착이 형성된다. 그리고 부모가 아이를 신체적, 정서적으로 학대할 때는 부모에게 다가가려 하다가도 돌아서면 얼어붙는 혼란 애착이 형성될 수 있다.

부모와의 안정 애착이 잘 형성되면 그다음으로는 자존감을 발달시켜줘야 한다. 자존감은 자기 스스로를 존중하는 것으로, 나는 가치 있는 사람이라고 생각하는 '자기 가치감', 스스로의 능력을 믿는 '유능감', 그리고 어떠한 상황에서도 자신을 믿는 '자신에 대한 호감'이 모여 이루어진다.

자존감은 만 2세부터 시작해 7세까지 기초가 만들어지고, 아동기에 기반이 완성된다. 자존감이 높은 아이들은 긍정적인 자아상을 가지고 있기 때문에 또래 관계에서 리더가 되며, 학습 면에서도 높은 성과를 거둔다고 알려져 있다. 이에 대해 미국의 심리학자 나다니엘 브랜든Nathaniel Branden은 우리 몸에 면역력이 있어서 병에 걸리지 않거나 병에 걸려도 쉽게 회복되는 것처럼 자존감은 '의식의 면역 체계'가 된다고 주장했다.

애착과 자존감은 부모와의 신뢰를 바탕으로 정서를 발달시키고, 자신의 존재 가치를 인정하며 새로운 도전에 주저하지 않는 존재로 성장하는 데 꼭 필요한 핵심 요소다. 그러므로 훈육에 있어서도 애착과 자존감을 높여주는 방법을 꼭 알아야 한다.

01

엄마 뒤만 따라다니는 아이, 단계적으로 극복 경험을 하게 한다

6세 지아는 '엄마 껌딱지'로 유명하다. 아침부터 밤까지 한시도 엄마 곁을 떠나지 않는다. 엄마가 화장실 갈 때도, 쓰레기를 버리러 갈 때도 꼭 따라가야 직성이 풀린다. 5세 때 잠깐 유치원에 보내봤지만 가기 전부터 울고불고 난리를 치더니 가서도 엄마를 찾으며 계속 징징대는 바람에 결국 일주일 만에 그만두고 말았다. 요즘은 문화센터에 다니는데, 수업 시간에도 엄마가 꼭 같이 들어가야 되고 수업하는 중에도 엄마가 어디 갈까 노심초사 엄마만 쳐다본다. 게다가 최근에는 엄마가 죽을까 봐 걱정이라는 소리까지 해서 지아를 떼어놓고 엄마 혼자 어디 가는 것은 꿈도 꿀 수 없다.

• • •

분리 불안은 아이들의 발달 과정에서 한 번쯤은 겪는 현상이다. 7개월 정도에 낯가림이 시작되면서 분리 불안도 함께 나타나기 시작해 만 3세까지 지속되기도 한다.

그러나 만 3세 이후부터는 다른 가족이나 친구, 선생님 등 주변인들과 어울리면서 부모로부터 조금씩 독립해야 한다. 만약 아이가 애착 대상과 떨어져 있는 것에 대한 불안이 나이에 비해 심해서 일상생활에 심각한 장애를 초래한다면 '분리 불안 장애'를 의심해야 한다.

물론 아이들은 낯선 곳에 가면 적응에 어려움을 겪기 때문에 처음 유치원에 가면 보통 1~2주 정도 분리 불안을 보일 수 있다. 그러므로 이 정도는 문제라고 보지 않는다. 하지만 한 달 이상 적응하지 못하면 아이의 심리 상태를 주의 깊게 살펴봐야 한다. 특히 만 5, 6세가 돼도 엄마 옆에 꼭 붙어 있으려 하고, 엄마와 떨어지면 극도의 불안 증세를 보여 유치원이나 학교에 적응하지 못한다면 분리 불안 장애로 진단할 수 있다.

부모의 안위를 걱정하며 늘 안 좋은 일이 일어날까 불안해하고, 자다가 자꾸 깨거나 악몽을 많이 꾸는 것도 분리 불안 장애의 증상 중 하나다. 분리 불안 장애가 있으면 불안이 커지는 상황에 직면했을 때 배가 아프거나 머리가 아프다고 하며 신체적 괴로움을 호소하기도 한다.

분리 불안이 나타나는 요인은 상당히 많다. 먼저 기질적으로 감각이 유난히 발달해 자극에 민감한 아이들은 위험을 쉽게 감별하고 크게 받아들이기 때문에 낯선 곳이나 낯선 사람에 대한 두려움이 클 수 있다. 두려운 상황에서 아이가 믿을 사람은 부모밖에 없으니, 부모에 대한 의존도가 커지면서 떨어지는 것을 불안해하는 것이다. 보통 이런 아이들은 어렸을 때부터 낯가림이 심한 경우가 많은데, 독립된 자아를 형성하는 데 시간이 좀 걸리기 때문에 너무 일찍 어린이집이나 유치원에 보내지 않는 게 좋다.

불안정한 애착 형성도 분리 불안 장애의 요인이 될 수 있다. 특히 저항 애착이 형성됐을 경우, 양육자를 좋아하면서도 미워하는 양가 감정을 갖고 있다. 그래서 낯선 상황을 상당히 경계하고 양육자와 떨어져 있으면 스트레스를 많이 받고, 양육자가 돌아오면 심하게 울면서 보채거나 분노를 표출하는 모습을 보이기도 한다.

또한 떨어지는 애착이 제대로 이루어지지 않은 경우도 분리 불안이 나타날 수 있다. 생후 18개월까지는 1차 애착 시기로 '붙는 애착'을 형성해야 한다. 그리고 18개월부터 3세까지는 2차 애착 시기로 '떨어지는 애착'을 잘 형성해야 한다. 인지 능력이 발달해 부모와 떨어져도 다시 만날 수 있다는 것을 예측할 수 있는 시기이므로, 떨어지는 애착이 제대로 형성되면 분리 불안이 나타나지 않는다. 그러나 떨어지는 애착이 형성되는 시기에 부모와 급작스럽게 떨어지는 상황이 생기거나, 갑자기 낯선 상황에 처해 보호받지 못한 경험이 있으면 분리 불안이 생길 수 있다.

부모의 지나친 과보호도 아이의 분리 불안을 부추길 수 있다. 분리 불안이 있는 아이의 부모 중에는 본인도 불안도가 상당히 높은 경우가 많다. 불안도가 높은 부모는 아이가 행여 다치지 않을까, 힘들지 않을까, 혼자서 마음 아프지 않을까, 늘 아이 옆에서 전전긍긍하며 과보호를 하게 된다. 그러면 아이도 똑같이 불안해질 수밖에 없고, 엄마가 없으면 아무것도 하지 못하게 된다. 또 부모가 자신의 경험에 빗대어 크면 괜찮아질 것이라고 생각하여 분리 불안을 상당

기간 방치해 더 심화시키기도 한다.

갑작스런 환경의 변화도 분리 불안을 유발할 수 있다. 엄마가 동생을 낳으러 병원에 갔다거나, 아파서 입원했다거나 하는 등 부모와 갑자기 떨어져 지내야 하는 일이 발생한 경우가 이에 해당된다. 이사나 전학 등의 이유로 아이의 환경이 갑자기 바뀌어도 그럴 수 있다. 갑작스런 변화의 이유에 대한 설명을 충분히 해주지 않으면 아이는 그 상황에 큰 충격을 받고 언제 또 다시 그런 일을 겪을지도 모른다는 걱정에 떨어지지 않으려고 집착하는 행동을 하게 된다.

부모의 역할은 아이를 사랑하고 보호하는 데에서 그치지 않는다. 아이가 스스로 독립해 세상에 나아갈 수 있게 해주는 것도 부모의 중요한 역할이다. 그러므로 분리 불안 문제를 아이 혼자 극복해야 할 문제라고 넘기지 말고, 부모와 아이가 함께 노력해서 해결해야 하는 부분이라고 생각하고 최대한 도움을 줘야 한다.

아이의 분리 불안은 초반에 어떻게 해결하느냐에 따라 쉽게 고칠 수도 있고 오히려 심화될 수도 있다. 잘 해결하기 위해서는 먼저 과민하게 반응하지 않는 게 좋다. 아이를 떼어놓을 일이 있으면 "엄마 회사 갔다 올게. 잘 지내고 있어."라고 짧게 얘기하고 나가는 것이 더 좋다. 아이의 속상한 마음을 읽어주는 것이 아이에게 위로가 될 것이라 생각하여 "괜찮겠어? 엄마 없어도 잘 있을 수 있지?"라는 말을 계속하면 오히려 아이의 불안감을 높일 수 있다.

특히 불안감이 높은 부모의 경우 아이보다 더 불안한 마음을 말투와 표정에서 드러내는데, 부모가 불안해하면 아이는 그 상황을 더 심각하게 받아들인다. 그러므로 아이가 울고불고 난리를 쳐도 부모는 과하게 반응하지 말아야 한다.

또 집에 돌아왔을 때도 "안 울었어? 괜찮았어?"라고 말하며 아이를 불쌍하게 여기는 것은 좋지 않다. 그러면 아이는 잊어버리고 있던 불안한 감정이 되살아나 떼를 부릴 수 있다. 잘 기다린 것에 초점을 맞춰 "씩씩하게 잘 기다렸네."라고 말하고 빨리 즐거웠던 일을 이야기해 기분을 전환시켜줄 필요가 있다.

분리 불안은 부모가 다시 돌아올 것을 믿지 못하기 때문에 일어나는 과잉 반응이다. 그러므로 부모와 아이 사이의 신뢰가 상당히 중요하다. 아이를 안심시키려고 "금방 갔다 올 거야." 혹은 "가는 거 아니니까 걱정 마."라며 거짓말을 한다거나, 아이가 잠깐 한눈 파는 사이 몰래 도망가면 아이는 큰 배신감을 느끼면서 더욱 신뢰하지 못하게 된다. 오히려 지금 가야 한다는 것과 언제까지 돌아올 것을 정확하게 알리고 그 약속을 꼭 지켜야 한다. 그래야 부모 말을 믿게 되고 부모가 올 때까지 기다리며 불안한 마음을 조절하는 능력을 키울 수 있다.

부모와 잠시 떨어져 있는 동안 아이가 할 수 있는 즐거운 일을 알려주는 것도 좋은 방법이다. 기다리는 시간 내내 아무것도 하지 않으면 아이의 슬픔과 불안감은 더 커진다. 또한 아이들은 즐거운 일이 생기면 속상한 마음을 금방 잊어버린다. 그러므로 나가기 전 대신 봐주는 양육자와 즐겁게 할 수 있는 일들을 알려주고, 부모가 다녀올 동안 하고 있으라고 한다. 그리고 아이가 그 일을 하며 부모를 잘 기다렸으면 작은 보상이라도 해줘 행동을 강화시키면 된다.

분리 불안을 없애는 데는 극복 경험이 상당히 중요하다. 아이가 떨어지지 않겠다고 울고불고 난리를 치는 것이 안쓰러워 이내 포기한다면 경험하고 극복할 수 있는 기회조차 주지 않는 일이 되고 만다. 평생 아이를 끼고 살 수는 없으니 반드시 분리 불안을 없애고 홀로 독립할 수 있도록 훈련을 해야 한다.

처음에는 10분간 아빠랑 함께 있기, 다음에는 한 시간 동안 아빠랑 함께 있기, 그다음에는 10분 동안 할머니와 함께 있기 순으로 시간과 대상자를 점점 넓혀가면 된다. 만약 쓰레기를 버리러 나갈 때조차 떨어지지 않으려 한다면 처음에는 데리고 나갔다가, 그다음에는 데리고 나가서 한 발짝 뒤에 서 있고, 그다음은 다섯 걸음 뒤에서 있고, 또 그다음은 현관 앞에 서 있는 등 차곡차곡 익숙해지도록 한다. 이렇게 경험을 통해 부모와 떨어지는 게 별일 아니라는 것을 깨닫게 되면 불안이 확연히 줄어든다.

엄마 뒤만 따라다니는 아이를 위한 훈육 Tip

① 과민하게 반응하지 않는다.
② 불안감을 자극하는 말과 행동을 하지 않는다.
③ 엄마가 없는 사이 할 수 있는 즐거운 일을 알려준다.
④ 단계적으로 시간과 대상자를 넓히는 경험을 하게 한다.

02

특정 물건에 집착이 심한 아이, 나무라지 않고 관심을 확장시킨다

하영이가 제일 좋아하는 것은 토끼 인형이다. 2세 때 처음 토끼 인형을 품에 안은 뒤부터 지금까지 낮이든 밤이든, 집 안이든 집 밖이든 늘 손에 들고 다닌다. 여행을 갈 때도 제일 먼저 토끼 인형부터 챙긴다. 하도 만지고 안고 있어서 꼬질꼬질해진 지 오래지만 세탁도 못 하게 한다. 집착하는 정도가 너무 심한 것 같아 몰래 숨긴 적도 있었는데, 몇 날 며칠을 울고불고 난리를 쳐서 결국 다시 품에 안겨주고 말았다. 더 크고 예쁘고 보드라운 토끼 인형을 보여줘도 눈길 한번 주지 않는다. 그 토끼 인형이 하영이에게 어떤 의미인지 엄마는 너무 궁금하다.

• • •

유난히 뭔가에 집착하는 아이들이 있다. 그 대상은 이불이나 베개, 장난감과 같은 사물에서부터 엄마의 살이나 머리카락, 배꼽에 이르기까지 아주 다양하다. 집착은 내면의 긴장감이나 불안감에서 나오는 행동이다. 집착하는 대상이 있어야 불안한 마음이 없어지고 편안해지기 때문에 집착하는 것이다.

아이들의 이런 행동이 주로 밤에 나타나는 것도 그 이유에서다.

밤에 잠을 자기 위해서는 마음이 안정되고 편안한 상태여야 한다. 불안한 마음이 생기면 잠들기 어렵다. 그래서 불안을 없애주는 물건을 이용해 편안해지려 하는 것이다. 아이들이 대체적으로 이불이나 베개, 인형, 엄마의 살과 같이 부드러운 느낌이 나는 것을 좋아하는 것도 그런 것들이 편안함이나 안정감을 찾는 데 도움이 되기 때문이다.

이러한 행동은 엄마로부터 독립하는 과정에서 나오는 자연스러운 발달 과정 중 하나인데, 보통은 만 3~4세쯤에는 사라진다. 만약 만 5세가 넘어서도 집착 행동이 줄어들지 않거나 더 심해질 때는 그에 대한 이유를 찾아봐야 한다. 또 애착 물건으로 인해 생활에 큰 불편이 생기거나 부모가 많이 힘든 경우, 또는 아이가 친구들 사이에서 놀림거리가 되는 경우는 집착에서 벗어날 수 있도록 도와줘야 한다.

그렇다면 아이는 왜 이렇게 불안해하는 것일까? 근본적인 원인은 부모와의 애착이 안정적으로 형성되지 않은 데서 찾을 수 있다. EBS 다큐멘터리 〈퍼펙트 베이비〉에서는 12개월 아이들을 대상으로 메리 에인스워스가 기질을 분류하는 데 사용한 '낯선 상황' 실험을 재현해봤다. 이것은 스트레스 호르몬이라고 불리는 코르티솔cortisol 분비량을 측정하는 실험이었다.

실험 결과 엄마와 떨어졌다 다시 만났을 때 안정 애착을 형성한 아이들은 코르티솔 분비량이 감소한 반면 불안정 애착을 형성한 아이들은 코르티솔 분비량이 같거나 더 높아지는 결과를 관찰할 수 있었다. 이는 불안정 애착을 형성했을 경우 엄마라는 존재가 아이의 스트레스를 줄이지 못한다는 것을 알려준다. 이렇게 부모가 불안을 해소해주지 못한 아이들은 다른 것에서라도 불안을 해소할 방법을 찾을 수밖에 없다.

부모의 비판적인 양육 태도로 인해 아이가 정서적 결핍을 느낄 때도 집착 행동을 보인다. 부모가 아이에게 자신의 기준을 지나치게 강요하거나, 완벽주의로 인해 아이를 다그치고 몰아세우면 아이는 부모로부터 인정받지 못한다는 생각에 불안감을 느끼게 된다. 그럼 부모가 아닌 다른 것에서 안정감을 느끼고 위로받고 싶은 마음이 든다.

또 부모의 이혼 같은 일로 인해 따뜻한 보살핌을 받지 못하는 불안정한 상태도 아이의 불안을 자극해 특정한 물건에 집착하는 행동이 나타날 수 있다. 그렇기 때문에 아이가 특정한 물건에 집착하는 행동을 너무 나무라거나 혼내서는 안 된다.

부모는 아이가 집착 행동을 하면 왜 별것도 아닌 것에 집착을 할까 이해를 하지 못해 "도대체 그까짓 게 뭐가 그렇게 좋다고 그러니?"라고 말하기도 하고, 너무 나약한 아이가 될까 걱정스러워 "네 나이가 몇 살인데 아직까지 인형을 끼고 사니."라고 말하기도 한다. 심지어 아이가 보는 앞에서 애착 물건을 집어던지거나 부숴버리거나 갖다 버리는 경우도 있다.

그러면 아이는 심한 충격을 받는다. 부모로부터 얻지 못한 안정과 위안을 선사해주는 유일한 물건이었는데, 그것을 나쁜 물건 취급하는 것도 화가 나고 자신을 바보 취급하는 것도 억울한 것이다. 위안받을 것이 사라졌으니 불안이 더 커지는 것은 물론이고, 부모에 대한 불신도 커진다. 마음의 상처가 되어 오래도록 가시지 않을 수도 있다. 그러니 억지로 뺏거나 못 하게 하지 말고 아이의 불안을 잠재울 방법을 찾아야 한다. 안정을 찾으면 자연스럽게 애착 물건에서 멀어질 수 있다.

아이의 불안감을 없애는 가장 확실한 방법은 너는 사랑받고 있고, 부모는 언제나 너를 지켜줄 것이라는 믿음을 주는 일이다. 그러기 위해서는 더 많이 안아주고 사랑해줘야 한다. 아이에게 온전히 몰입해 함께하는 시간을 늘리고, 스킨십과 애정 표현도 자주 해줘야 한다.

애착 물건 중에는 촉각 자극을 주는 것들이 많은데, 좀 더 바람직한 촉각 자극으로 전환시켜주는 것도 좋은 방법이다. 아이를 따뜻한 물로 목욕시킨 다음에 로션을 발라준다거나 마사지를 해주는 식이다.

또한 아이의 마음을 열기 위해서는 부모도 아이의 애착 물건에 관심을 보이면서 소중하게 대해야 한다. 애착 물건을 같이 가지고 노는 것도 적극 추천한다. 그러면 아이는 부모가 자신의 마음 알아주는 느낌이 들어 마음을 열게 되고, 부모와 같이 노는 게 더 재미있다고 느끼면서 서서히 집착이 사라질 수 있다.

다른 물건이나 활동으로 아이의 관심을 확장시키는 것도 방법이다. 처음에는 아이가 애착을 보이는 물건과 비슷한 속성을 가진 것이 좋다. 토끼 인형이 부드러워서 좋아한다면, 부드러운 재질의 다른 인형을 주면서 함께 갖고 놀게 하는 것이다.

다른 것을 가지고 놀다 보면 다른 물건에서도 애착 물건과 비슷한 느낌이 난다는 것을 알게 되면서, 자연스럽게 애착 물건을 손에서 놓게 되고 한 물건만 고집하는 습성을 고칠 수 있다. 그렇게 아이의 흥미를 유발할 만한 다른 물건들로 점점 확장하면서 애착 물건에서 자연스럽게 멀어지게 하면 된다. 그리고 애착 물건과 멀어지면 애착 물건을 예쁜 상자에 담아 보관하면서 작별식을 해주는 것도 좋다.

특정 물건에 집착하는 아이들 중에는 사회성이 부족한 경우가 종종 있으니 또래 친구를 만들어주는 것도 중요하다. 친구와 집에서 재미있게 놀거나 밖으로 나가 자유롭게 뛰어놀다 보면, 애착 물건에 대해 잊어버리는 시간이 많아지면서 그것이 없어도 혼자서 충분히 생활할 수 있다고 아이 스스로 느낄 수 있게 된다.

특정 물건에 집착이 심한 아이를 위한 훈육 Tip

① 집착 행위를 나무라거나 혼내지 않는다.

② 더 많이 안아주고 사랑해준다.

③ 부모도 아이의 애착 물건을 소중하게 대한다.

④ 다른 물건이나 활동으로 아이의 관심을 확장시킨다.

⑤ 또래 친구를 만들어준다.

03

갑자기 퇴행 행동을 하는 아이, 상호작용의 질을 높인다

5세 성현이는 요즘 들어 자꾸 아기 짓을 한다. 잘 가리던 대소변을 옷에 실수하는 일도 잦아졌고, 아기처럼 혀 짧은 소리를 내며 안아달라거나 젖병에 우유를 달라고 조르기도 한다. 밥도 엄마가 떠먹여달라고 하고 손가락도 빤다. 처음에는 동생이 생겨서 질투하는 것으로 생각해 더 신경 써서 봐주기도 했는데 쉽게 고쳐지지 않는다. 유치원에서는 선생님 말씀도 잘 듣고 친구들과도 잘 어울리면서 의젓하게 생활한다는데, 집에만 오면 퇴행 행동을 하기 시작한다. 동생이 태어나서 그런 것인지, 아니면 다른 이유가 있는 것인지 알 길이 없어 엄마의 마음은 막막하다.

• • •

퇴행은 아이들이 현실의 어려움에 대응하기 위해 자기 방어 기제로 선택하는 행동이다. 자신에게 일어난 사건이나 상황이 감당하기 힘들 때, 아이들은 예전의 더 어렸을 때를 생각한다. 그때로 돌아가면 지금처럼 어려운 일을 하지 않아도 되지 않을까, 엄마가 전처럼 날 예뻐해주지 않을까, 그러면 지금보다 더 행복하지 않을까 하는 생각에 더 어린 시절에 했던 행동을 하는 것이다.

그러므로 아이가 퇴행 행동을 보인다면 단순히 어리광을 부리는 것이라고 생각하면 안 된다. 아이의 퇴행 행동을 "엄마, 아빠 나 힘들어요. 내 이야기를 들어주세요."라는 신호를 보내는 것으로 생각해야 한다.

아이들이 퇴행 행동을 하는 가장 큰 이유는 당연히 스트레스 때문이다. 그런데 스트레스를 야기하는 요인은 다양하다. 만약 동생이 태어났다면 그것이 아이의 스트레스를 유발해 퇴행 행동의 원인이 될 수 있다. 이전부터 동생이 태어날 것이라는 사실을 충분히 알려줘도 막상 눈앞에 동생이 버젓이 누워 있으면, 또 어린 동생을 돌보느라 자신에게로 향하는 부모의 사랑과 관심이 줄어들면 아이는 불안해진다.

거기에 부모가 "네가 형이니까 참아야지."와 같이 억지로 형처럼 행동할 것을 강요하거나 "동생 다칠 수 있으니까 저쪽 가서 놀아."와 같이 아이를 소외시키는 말을 하게 되면 아이는 부모의 사랑으로부터 멀어졌다고 생각한다. 그래서 동생과 같이 아기처럼 굴며 부모의 사랑과 관심을 받으려고 한다.

처음 어린이집이나 유치원에 다니거나 새로운 곳으로 옮겼을 때도 퇴행 행동이 나타날 수 있다. 갑자기 엄마와 떨어져 어린이집이나 유치원에 다니게 되면 낯선 친구들과 어울려야 하고 각종 규칙을 지켜야 한다는 사실 때문에 스트레스를 받을 수 있다. 특히 만 3~5세의 아이들은 아직 낯선 환경에 적응하는 능력이 떨어지고,

그럴 때 오는 불안감과 심리적 압박감을 말로 표현하기 어렵기 때문에 무의식적으로 퇴행 행동을 보인다.

최근에는 너무 일찍 학습을 시키는 가정이 늘어나면서 학업 스트레스로 퇴행 행동을 보이는 아이들도 있다. 하고 싶지 않은 학습을 하느라 스트레스를 많이 받으니, 그것을 하지 않았던 더 어렸을 때가 좋았다는 생각이 들어 아기 짓을 하는 것이다. 이런 상황이 의심된다면 아이에게 나이나 수준에 맞지 않는 학습을 강요하고 있지 않은지 생각해봐야 한다.

퇴행 행동은 부모가 민감성을 가지고 아이가 어떤 것에 스트레스를 받고 있는지 알아낸 다음 위로해주면 충분히 고쳐나갈 수 있다. 아이에게 부모의 사랑과 관심은 스트레스를 견디게 해주는 예방약이자 치료약이다. 그러므로 아이를 잘 품어주고 사랑한다고 말해주는 것은 하루도 거르지 말아야 할 일이다.

동생이 생긴 것이 퇴행 행동의 원인이라면 "엄마가 동생만 돌봐줘서 서운했구나.", "엄마랑 함께 노는 시간이 적어서 속생했어?"라고 아이의 마음을 먼저 읽어줘야 한다. 부모는 동생이 생기면 아이가 의젓해질 것이라고 기대하지만, 장 피아제Jean Piaget의 인지 발달 이론에 의하면 아이들은 7세까지는 자기중심적 사고egocentricity에 집중한다. 그래서 아직은 자신보다 어린 동생을 위해 희생할 준비가 안 되어 있다.

동생이 태어나 몸과 마음이 많이 바빠졌어도 큰아이는 이전에 이미 충분한 사랑을 줬으니 잠시 소홀해도 괜찮을 것이라고 생각하면 안 된다. 왜냐하면 아이 입장에서는 전혀 안 괜찮기 때문이다. 자신에게 집중됐던 사랑과 관심을 하루아침에 동생에게 빼앗겼다는 사실은 엄청난 상실감을 야기한다.

그러므로 동생이 생겼어도 아이와 함께 하는 시간을 꼭 마련하도록 한다. 아주 잠깐이라도 반드시 아이와 상호작용하는 시간을 가져야 한다. 동생을 돌보거나 집안일을 하며 동시에 큰아이와 놀아주는 건 별 도움이 안 되고 큰아이에게 온전히 집중하는 시간을 가져야 한다. 그래야 아이가 그동안 느껴온 결핍을 조금이라도 해소할 수 있다. 이럴 때는 아빠의 역할이 상당히 중요하다. 바쁜 엄마를 대신해 아빠가 큰아이를 동생보다 먼저 챙겨주고 더 자주 놀아주고 안아줘야 한다.

가장 좋은 방법은 당연히 따뜻한 대화와 스킨십이다. 같이 목욕을 하면서 로션으로 마사지를 해준다든지 손에 그림을 그려준다든지 눈 감고 손으로 더듬어 신체 부위를 알아맞힌다든지 하는 놀이는 자연스럽게 스킨십을 유도해 아이에게 편안하고 행복한 기분이 들게 한다.

아이 스스로 자신이 컸다는 사실에 자긍심을 느끼게 하는 것도 중요하다. 동생 돌보는 일에 아이를 적극적으로 참여시키는 것은 아주 좋은 방법이 될 수 있다. 동생의 기저귀를 가져오게 하면서 "형이 기저귀 갖다줬어. 고맙지?", "동생은 아직 기저귀를 차는데, 언니는 혼자서도 잘하네."라고 말해주면서 형이나 언니가 된 것이 멋진 일임을 알려주는 것이다.

집안일을 할 때도 아이가 할 수 있는 역할을 정해주면 좋다. 숟가락을 놓게 하고, "6세가 되니까 엄마를 잘 도와주네.", "네가 도와주니까 엄마가 힘이 안 들어."라고 말해주면서 많이 컸기 때문에 엄마에게 도움이 된다는 사실을 스스로 느낄 수 있도록 해준다. 이렇게 아이가 제 나이에 맞는 행동을 할 수 있도록 유도하며 칭찬해주면 아이는 자긍심을 느끼게 된다.

새로운 환경에 적응하는 것 때문에 스트레스를 받아 퇴행 행동을 하는 것이라면 당연히 새로운 환경에 적응할 수 있도록 도움을 줘야 한다. 아이들마다 기질이 다르고 부모와 형성한 애착 정도가 다르기 때문에 새로운 환경에 유달리 적응하지 못하는 아이들이 있다. 이때는 "유치원에서 힘들었구나. 엄마가 몰라서 미안해."라고 말해주며 아이의 마음부터 읽어줘야 한다.

아이가 분리 불안으로 인해 퇴행 행동을 보이는 경우는 엄마와 아이 사이의 애착 유형을 점검하고, 떨어지는 애착이 잘 형성될 수 있도록 해야 한다. 그러기 위해서는 무조건 억지로 보내려 하지 말고, 처음에는 짧게 이별하는 것을 반복하다가 점차 새로운 환경에 머무는 시간을 늘려가면서 아이가 적응할 수 있는 충분한 시간을 주도록 한다.

선생님과 엄마, 그리고 아이 셋만이 공유하는 이야기나 물건을 만들어주는 것도 적응력을 높이는 데 효과가 있다. 유치원 친구 한두 명을 집으로 초대해 같이 놀게 하는 것도 좋다. 낯선 곳에서는 친밀한 사람이 한 명만 있어도 아이에게 큰 위안이 된다.

그와 더불어 친구들과의 관계가 어떤지, 선생님의 지시에 아이가 잘 따르고 있는지, 지시에 잘 따르긴 해도 그것으로 인해 말 못 할 스트레스를 받고 있는 건 아닌지 알아봐야 한다. 드물기는 하지만 교사의 강압적이거나 폭력적인 행동이 외상 후 스트레스 장애를 일으켜 아이의 퇴행을 불러올 수도 있다. 그러므로 부모는 아이가 갑작스럽게 심한 퇴행 행동을 보이면 이러한 부분도 점검해볼 필요가 있다.

갑자기 퇴행 행동을 하는 아이를 위한 훈육 Tip

① 스트레스의 원인을 찾아 위로해준다.

② 아이와의 시간을 늘리고 상호작용의 질을 높인다.

③ 아이로 하여금 자신이 컸다는 사실에 자긍심을 느끼게 한다.

④ 새로운 환경에 적응할 수 있는 능력을 키워준다.

04

엄마를 무시하는 아이, 엄마의 유능함을 보여준다

채원이는 유치원에서 모범생이다. 선생님 말씀도 잘 듣고 친구들과도 사이좋게 지낸다. 놀이나 학습도 잘 따라 하고 친구가 어려운 일이 생기면 제일 먼저 나서서 도와주기 때문에 유치원에서 채원이는 인기 만점이다. 그런데 집에만 돌아오면 180도 달라진다. 말을 안 듣는 것은 기본이고, 화가 나면 엄마를 손으로 때리거나 발로 차기도 하면서 무시한다. 엄마가 죽어버렸으면 좋겠다는 말도 서슴지 않아 서운함을 넘어서 좌절감까지 느껴진다. 엄마는 20세가 갓 넘었을 때 채원이를 낳은 뒤 산후우울증을 앓았는데, 혹시 그때 아이를 따뜻하게 보듬어주지 못한 것이 문제인지 걱정이 한가득이다.

• • •

어린아이들에게 엄마는 절대적인 존재다. 엄마의 사랑을 얻는 것이 인생의 가장 큰 목표이자 기쁨이다. 그런데 아이가 엄마를 만만하게 보고 무시한다면 애착 관계부터 점검해봐야 한다.

엄마를 무시하는 아이의 마음속에는 양가감정이 자리하고 있다. 엄마를 좋아하기도 하지만 한편으로는 엄마를 싫어하기도 하는 것이다. 이는 불안정 애착 중 저항 애착이 형성된 대표적인 모습이라고 할 수 있다.

저항 애착은 엄마의 일관적이지 않은 양육 태도에서 비롯된다. 기분이 좋을 때는 한없이 예뻐하다가 기분이 좋지 않거나 힘들 때는 차갑게 밀쳐내버리는 엄마처럼, 아이도 엄마가 잘해줄 때는 좋아하지만 하기 싫은 것을 하라고 하거나 혼을 낼 때면 거부하는 모습을 보이게 되는 것이다.

특히 채원이 사례처럼 엄마가 과거에 산후우울증을 앓았다면, 아이를 너무 사랑하지만 몸과 마음이 힘들 때는 아이가 부담스럽게 느껴지기도 했을 것이다. 그런 엄마의 감정이 고스란히 아이에게 전달되면서 언제 돌변할지 모르는 엄마로 인해 양가감정이 생겨날 수 있다.

잘못된 훈육 방식도 양가감정을 야기하게 된다. 어떤 것을 허용하고 어떤 것을 제한해야 하는지 기준을 정하지 않은 채 그냥 사랑으로 아이를 대하면 다 잘될 것이라고 생각하면 안 된다. 아이에게 해도 되는 것과 하면 안 되는 것을 가르쳐줄 사람은 부모밖에 없기 때문이다.

부모가 규칙을 가르쳐주지 않고 무조건 아이 뜻대로 하게 하면 아이는 지켜야 할 선을 배울 수 없게 된다. 그러다 아이가 문제 행동을 보이면 그제야 훈육을 하려고 하는데, 이때 아이는 엄마가 갑자기 왜 이러나 싶은 마음에 저항한다. 그런 상황이 계속 반복되면 부모로서의 권위가 땅에 떨어져 아이가 엄마를 무시할 수도 있다.

그럼 어떻게 해야 안정 애착을 형성할 수 있을까? 애착은 보통 만 3세 이전에 거의 다 완성된다고 알려져 있지만, 애착 이론을 만든 보울비는 애착이 완전히 고정된 틀은 아니라고 했다. 처음부터 잘 만들어지는 것이 중요하긴 하지만, 이후에도 얼마든지 새롭게 수정될 수 있다는 것이다. 그래서 지금이라도 노력하면 얼마든지 안정 애착을 형성할 수 있다.

안정 애착을 형성하기 위해서는 무엇보다 아이가 보내는 신호에 민감하게 반응하고 일관성 있게 행동해야 한다. 아이에게 엄마가 항상 곁에 있으며, 도움이 필요할 때는 언제든지 도와줄 것이라는 믿음을 갖게 만드는 것이 핵심이다. 그러므로 아이와 집중적으로 상호작용을 하는 시간을 가져 엄마의 애정을 확인시켜줘야 한다. 엄마를 좋아하고 엄마의 사랑을 받고 싶은 아이는 엄마가 무엇을 원하는지 신경 쓰게 되고, 또 엄마의 기대를 충족시키기 위해 노력하게 되어 있다.

하지만 사랑만 해서는 안 된다. 훈육이 필요할 때는 제대로 된 방법으로 확실하게 훈육해야 한다. 아이가 잘못된 행동을 했을 때는 먼저 아이의 감정을 공감해준 다음, 안 되는 이유를 짧게 설명해주고 적절한 대안을 마련해준다. 야단만 치고 대안을 제시하지 않을 경우 아이는 자꾸 불만이 쌓일 수밖에 없고, 그러다가 결국 사례에 등장한 채원이처럼 엄마에게 폭력을 쓰거나 나쁜 말을 하는 등의 문제 행동을 보일 수도 있다.

이런 노력을 기울였음에도 불구하고 계속 말을 안 들으면 그때는 단호하게 제지해야 한다. 앞의 떼쓰는 아이 편에 훈육의 기본 원칙이 잘 나와 있다. 아이가 아무리 떼를 쓰고 화를 내도 일관성 있게 훈육하는 것이 부모의 권위를 세울 수 있는 방법인 동시에 오히려 부모에 대한 신뢰를 높일 수 있는 비결이 된다.

아이가 엄마를 무시하지 않게 하기 위해서는 엄마의 유능함을 보여주는 것이 무엇보다 절실하다. 엄마가 집에서 무기력한 모습을 보이면서 상호작용도 거의 안 해주고 뭘 물어봐도 "몰라. 아빠한테 물어봐."라든지 "내가 그걸 어떻게 알아."라고 대답하기 일쑤라면 아이가 '엄마는 아무것도 모르는 사람, 나보다 별로 나을 게 없는 사람'이라고 생각할 수도 있다.

하지만 아이에게 엄마는 신적인 존재와 같다. 나의 기본 생활을

가능하게 해줄 뿐만 아니라 세상의 이치를 가르쳐주기 때문에 존경받아야 마땅하다. 그러므로 엄마의 능력을 보여줘서 스스로 권위를 세워야 한다. 놀이를 할 때 그냥 지켜보지 말고 블록으로 멋진 성을 만들어준다든지 색종이로 예쁜 꽃을 접어주는 것도 능력을 발휘하는 일이다. 훈육을 할 때도 아이가 생각하지 못한 대안을 제시하면 된다.

아이와 함께 지시를 따라 하는 놀이를 하는 것도 좋다. '날 따라 해봐요' 노래에 맞춰 엄마가 시키는 행동을 따라 하게 하는 놀이나, 엄마는 장군이 되고 아이는 병사가 되어 "앞으로 가. 뒤로 가." 하면서 엄마가 명령하는 대로 움직이는 놀이도 괜찮다. 또 엄마는 경찰, 아이는 자동차가 되어 경찰의 신호에 맞게 움직이는 놀이도 좋다. 재미있게 놀다 보면 아이도 엄마의 지시를 따르는 것을 즐겁게 받아들인다.

아이가 엄마를 만만하게 보거나 무시하는 경우, 엄마는 양육 효능감이 떨어진다. 아이를 잘못 키우고 있다는 생각이 드니까 잘 키울 자신도 없어진다. 그렇게 되면 더욱더 무기력해지고 그런 모습을 본 아이가 엄마를 더 만만하게 볼 수도 있다.

그럴 때는 칭찬 일기를 쓰는 것을 권한다. 하루를 정리하며 못 해준 것만 생각하지 말고, 엄마로서 아이에게 잘해준 것을 부각시켜나 자신을 칭찬하는 것이다. 맛있는 간식을 만들어줬다거나, 화가 나도 꾹 참았다거나, 많이 안아줬다거나, 숙제를 도와줬다거나, 집에 놀러 온 아이의 친구를 친절하게 맞이해줬다거나 하는 것이 모두 칭찬 일기의 소재가 될 수 있다. 생각해보면 분명 잘못한 것보다 잘해준 것이 훨씬 많을 것이다. 그렇게 스스로를 칭찬해주면서 자신감을 회복해야 마음이 편안해지고 여유로워진다. 그리고 그런 엄마의 긍정적인 에너지가 아이에게 고스란히 전해지면 아이의 정서도 훨씬 안정되고 편안해진다.

엄마를 무시하는 아이를 위한 훈육 Tip

① 아이와의 애착 관계를 살펴보고 안정 애착을 형성한다.

② 제대로 된 방법으로 훈육한다.

③ 엄마의 유능함을 보여준다.

④ 아이와 함께 지시를 따라 하는 놀이를 한다.

⑤ 칭찬 일기를 쓴다.

05

무조건 싫다는 아이, 의도를 파악하고 유연하게 대처한다

4세 수영이가 요즘 가장 많이 하는 말은 '싫어'와 '아니야'다. 밥을 먹으라고 해도 이를 닦으라고 해도 옷을 입으라고 해도 사사건건 고개를 도리도리 흔들며 싫다고 한다. 왜 그러냐고 물으면 특별한 이유도 없다. 뭐 하나 "네." 하고 대답하며 실행하는 법이 없으니, 엄마는 일부러 그러나 싶어 약이 오르고 화도 난다. 엄마가 소리를 지르고 혼을 내면 그제야 눈물을 뚝뚝 흘리며 말을 듣는데, 계속 이렇게 하다가는 아이의 버릇도 나빠지고 아이와의 사이도 멀어질까 걱정이다. 수영이는 왜 갑자기 청개구리가 된 것일까?

• • •

만 2~3세 아이들은 자유자재로 걸을 수 있게 되고, 대소변을 가리기 시작하는 등 스스로 할 수 있는 일들이 많아진다. 스스로 뭔가를 조절할 수 있다는 것은 아이들에게 자부심을 선사한다. 또한 자신만의 생각과 의지가 생기면서 내가 좋아하는 것과 내가 싫어하는 것의 구분이 명확해지기 때문에 자율성과 독립성에 대한 갈망이 생긴다.

하지만 아직은 언어능력이 충분히 발달되지 않아 자신의 생각을 말로 다 표현하기 어렵다. 그래서 "싫어." 혹은 "아니야."와 같은 부정적인 표현으로 자기주장을 펼치곤 한다. 그러므로 이 시기에 싫다는 표현이 많아지는 것은 아이가 나이에 맞게 잘 크고 있다는 증거이기도 하다.

이때 부모가 아이의 자율성과 독립성을 제대로 키워주면 아이는 스스로에 대한 긍정적인 자아상을 갖게 되어 자존감을 발달시키고 자기 주도적인 아이로 성장한다. 전제는 당연히 적절한 훈육을 할 경우다.

만약 부모가 아이의 생각을 존중해주겠다고 너무 허용적인 양육을 하면 오히려 싫다는 소리를 더 많이 하게 될 수 있다. 부모가 해도 되는 일과 안 되는 일에 대한 선을 명확하게 가르쳐주지 않으니 자기가 하고 싶은 대로 하려는 경향이 강해지는 것이다.

민감성이 떨어져 아이의 욕구를 잘 알아차리지 못하는 부모도 같은 결과를 초래할 수 있다. 아이들은 시간을 끌기 위해, 또는 부모의 관심을 받기 위해 싫다는 소리를 하기도 한다. 그런데 부모가 그런 아이의 의도를 제대로 알아차리지 못하면 아이는 싫다는 거절을 지속하게 된다.

만 4~5세가 되어서도 싫다는 말을 많이 하는 아이라면, 부모의 일방적인 결정에 대한 반항심 때문일 수 있다. 부모가 너무 강압적이어서 아이의 의견을 자주 무시하면 아이는 부정적인 감정을 갖게 되는데, 부모의 지시에 무조건 싫다고 반항하는 표현을 통해 부모를 공격하는 것이다.

미국의 발달심리학자 에릭 에릭슨Erik Erikson은 인간은 모두 8단계의 심리사회적 발달단계를 거친다고 주장했다. 그리고 각 단계별로 극복해야 할 위기와 발달 과업을 제시했는데, 유아기(18개월~3세)는 위기를 잘 극복하면 자율성을 얻고, 그렇지 못하면 수치심을 얻게 된다고 봤다. 또 학령전기(3세~6세)에는 위기를 잘 극복하면 주도성, 그렇지 못하면 죄책감을 얻게 된다고 했다.

아이에게 수치심과 죄책감이 아닌 자율성과 주도성을 키워주기 위해서는 아이가 "싫어." 혹은 "아니야."와 같은 부정적인 표현으로

자기주장을 펼칠 때 부모가 적절하게 대처해야 한다. 아이가 "싫어." 나 "안 해."라는 말을 하면 부모의 권위에 대항한다는 생각이 들어 아이의 자유 의지를 꺾고 억지로 부모가 원하는 대로 하게 만드는 방식으로 아이를 굴복시키려고 하기도 한다. 하지만 이것은 아이의 자율성과 주도성을 훼손하는 일이 되고 만다.

아이의 자율성과 주도성을 키워주기 위해서는 먼저 아이에게 싫다고 하는 이유를 물어보고, 용인해줄 만한 이유라면 아이의 생각대로 하게 해줘야 한다. 대신 언제 어떻게 할 것인지를 약속한 뒤 아이가 그대로 실천할 수 있도록 유도함으로써 자신의 생각과 행동에 책임지는 아이로 성장할 수 있게 돕는다.

하지만 모든 일을 다 허용하는 것은 안 된다. 할 수 있는 것과 하면 안 되는 일을 명확하게 구분해줘야 한다. 지켜야 될 선을 분명하게 알려주고 일관되게 훈육해야 아이는 자기 조절 능력을 배운다. 자기 조절 능력은 이 시기에 자율성과 함께 발달시켜야 하는 기본 능력이다.

예를 들어 아이가 막대기를 들고 위험하게 놀며 부모가 그만하라고 해도 거부한다면 그때는 바로 제지하고 막대기를 빼앗아야 한다. 그리고 "너도 다칠 수 있고, 다른 사람도 다치게 할 수 있기 때문에 하면 안 돼."와 같이 안 되는 이유를 아이가 이해하는 수준으로 짧고 간단하게 설명해준다.

만약 아이가 자신의 능력에서 벗어나는 것을 무모하게 하려고 할 때는 먼저 "엄마에게 보여주고 싶어서 그러는구나."라고 아이의 마음을 인정해준다. 그다음 "그런데 지금 하는 건 위험하니까 5세 형아가 되면 하자."라고 크면 할 수 있다는 것을 알려주면 된다.

간혹 엄마로서는 도저히 아이 마음대로 하게 놔둘 수 없는 상황이 있을 수 있다. 예를 들어 유치원에서 체육 활동이 있는 날, 운동화가 아닌 구두를 신고 가겠다고 고집을 피우는 경우다. 구두는 운동할 때 불편해 발이 아플 수도 있고, 넘어져서 다칠 수도 있으니 말이다. 이때는 무조건 화부터 내지 말고 아이의 호기심을 자극할 만한 조건을 제시하거나, 선택을 했으면 하는 쪽으로 관심을 유도하는 것이 좋다. "와, 이 운동화는 가벼워서 번개같이 달려갈 수 있겠는걸. 오늘 유치원에서 달리기 한다는데 이거 신고 1등으로 달리자."라고 말해주면 된다.

만 3세 이전의 아이들 중에는 '싫다'는 말의 정확한 뜻을 모르고 쓰는 경우도 있고, 그런 말을 할 때 부모의 반응이 재미있어서 일부러 쓰는 아이들도 있다. 또 '안 먹어', '안 입어', '안 해'와 같이 말장난하듯이 '안'이라는 글자를 붙이는 아이들도 있다. 그래서 아이의 의도를 파악하고 유연하게 대처할 필요가 있다. 이럴 때는 "그럼 그렇게 해."라고 시큰둥하게 반응해 흥미가 떨어지게 하든지, 아예 함께 장난을 쳐주는 방식으로 넘어갈 수 있다. 또 때에 따라서는 아예 무시하는 것도 방법이다.

'싫어'보다 '좋아'를 많이 할 수 있는 환경을 만들어주는 것도 중요하다. 아이가 싫다는 소리를 많이 한다는 것은 아이에게 선택권이 별로 없다는 뜻일 수도 있다. 그러므로 부모가 자신의 뜻대로만 아이를 양육할 것이 아니라 아이에게 스스로 선택할 수 있는 기회를 줘야 한다.

예를 들어 아이가 추운데 점퍼를 안 입겠다고 하면 억지로 입힐 게 아니라 점퍼와 스웨터 여러 겹 중에서 선택할 수 있도록 하거나, 아이 스스로 원하는 옷을 고르게 하고 그것을 입는 대신 한 겹을 더 입어야 한다고 절충안을 주는 식이다. 그럼 아이는 자신의 의견을 수용해준다고 여겨 "좋아."라고 말하게 될 것이다.

무조건 싫다는 아이를 위한 훈육 Tip

① 용인해줄 만한 것은 아이의 의사를 존중해준다.

② 안 되는 것은 명확한 기준을 제시하고 일관성 있게 훈육한다.

③ 아이의 의도를 파악하고 유연하게 대처한다.

④ "싫어!"보다 "좋아!"를 많이 말할 수 있는 환경을 만든다.

06

1등만 하려는 아이,
비교하지 않고 과정을 칭찬한다

효진이는 1등하는 걸 참 좋아한다. 아침에도 1등으로 일어나야 하고, 밥을 먹을 때도 1등으로 먹어야 하고, 엄마 아빠와 달리기 시합이나 게임을 해도 꼭 이겨야 한다. 처음에는 이기겠다고 애쓰는 모습이 귀여워, 또 아이의 기를 살려준다고 일부러 1등을 내주기도 하고, 게임도 일부러 져주면서 1등할 수 있게 돕기도 했다. 그런데 갈수록 모든 일에 1등만 하겠다고 우기고, 그렇지 않으면 다시 하자고 울고불고 난리를 쳐 결국 1등을 해야만 상황이 종료되곤 한다. 유치원에서도 1등을 하지 못하면 금방 풀이 죽고 삐치거나 울음을 터트린다고 한다. 누가 강요하는 것도 아닌데, 도대체 왜 이리 1등에 집착하는 걸까?

• • •

만 3세부터 5세 사이는 주도성이 상당히 발달하는 시기다. 신체의 각 부위가 발달하고 조절이 가능해지면서 아이들은 주도적으로 뭔가를 해보려는 시도를 하게 되고, 성공의 경험을 통해 유능감을 얻는다.

유능감은 어려운 일을 해낼 수 있다고 생각하는 것으로, 자존감을 이루는 중요한 요소가 된다. 그러니 이때 무엇이든 혼자 해보려고 시도하는 것은 상당히 좋은 경험이 된다. 또 이를 통해 1등과 같은 성공의 경험을 많이 쌓으면 자존감 형성에도 좋은 영향을 미친다.

하지만 1등이라는 결과에 너무 집착하는 것은 문제가 될 수 있다. 자존감의 또 다른 요소 중 하나는 바로 '자신에 대한 호감'이다. 힘든 상황이 생겨도 자신에 대해 실망하지 않고 자기 스스로를 믿는 힘이다. 살다 보면 성공하는 경우보다 실패하는 경우가 더 많은데, 그때마다 좌절하거나 포기하지 않고 일어서려면 자기 스스로를 믿어야 한다. 그러므로 자존감이 제대로 형성되려면 유능감 못지않게 자신에 대한 호감이 중요하다.

그런데 1등에 집착하는 아이들은 실패의 상황을 잘 받아들이지 못하고 두려워하는 경향이 크다. 1등을 못 하는 것을 실패라고 생각하여 두려워하는 것이다. 자신에 대한 호감이 낮은 상태라 할 수 있다.

자존감을 키워주는 가장 좋은 방법은 칭찬인데, 아이러니하게도 아이들의 1등 욕심은 부모들의 잘못된 칭찬에서 비롯되는 경우가 많다. 자존감이 중요하다는 것을 모르는 부모는 없기 때문에 아이의 자존감을 키워주기 위해 시도 때도 없이 칭찬을 남발한다. 아주 사소한 일에도 "어머나, 진짜 잘했다.", "너무 멋져, 최고야!", "네가 1등이야. 정말 대단해!"라고 과장되게 칭찬한다. 그렇게 하면 자존감이 높아질 것이라고 생각하는데, 오히려 과도한 칭찬은 자존감이 아닌 자만심만 높일 뿐이다. '내가 제일 잘해.'라는 생각에서 '내가 제일 잘해야만 돼.'라는 생각으로 변질되면 1등에 대해 집착하기 시작한다.

부모들의 과한 칭찬뿐만 아니라 결과 중심으로 칭찬하는 것도 문제가 된다. "1등했네. 최고야!", "100점 맞았네. 잘했어."라고 결과만을 중요하게 여기는 칭찬을 하면, 아이 역시 결과만 중요하게 여겨 결과가 좋지 못할 때는 심하게 위축될 뿐만 아니라 부모에게 칭찬받지 못할 것이라는 생각에 불안해진다. 또 때로는 스스로 과도한 패배감을 느끼면서 그 감정을 화를 내거나 물건을 집어던지는 등의 분노로 표출할 수 있다. 1등을 하기 위해 부정한 방법을 쓰는 경우도 있다.

그러므로 1등에 대한 압박감에서 벗어나게 하려면 결과가 아닌 과정을 칭찬해야 한다. "힘들었을 텐데 끝까지 해내서 잘했어.", "어려운 문제인데 포기하지 않아서 멋져."와 같이 아이가 잘한 행동과 노력한 부분에 대해 구체적으로 칭찬하는 것이 중요하다.

실패했을 때도 "결과는 아쉽지만 괜찮아. 열심히 노력한 것으로 충분해."라고 결과보다 과정이 중요하다는 것을 알려줄 필요가 있다. 그래야 아이도 결과에 얽매이지 않고 도전하는 것 자체를 즐길 수 있게 된다. 1등을 했을 때도 "1등을 해서 잘했어."가 아닌, "네가 노력했는데 좋은 결과가 나오니까 기쁘지?"라고 과정과 노력에 대해 칭찬을 해준다.

1등에 너무 집착하는 아이들은 되도록 경쟁 상황에 노출시키지 않는 것이 좋다. 놀 때도 순위가 정해지는 것보다 함께 힘을 합쳐 해결해야 하는 놀이가 필요하다. 또 줄넘기 10번 하기, 리코더로 노래 한 곡 불기 등 경쟁을 해서 이기는 것보다 자신의 기록을 갱신하는 도전을 하게 해주면 경쟁심을 줄이면서 만족감은 키울 수 있다. 아울러 실패해도 다시 도전하는 힘도 키울 수 있다.

간혹 무슨 일을 하든 경쟁 구도를 만드는 부모가 있다. 아이가 밥을 잘 안 먹으면 "빨리 먹어야 1등하지."라고 말하고, 아이가 숙제를 열심히 안 하면 "형은 벌써 다 했는데."라고 말하며, 아이가 원하는 것을 사줄 때도 "1등하면 사줄게."라고 말하는 식이다. 물론 아이의 흥미나 의지를 돋우기 위해 적당한 경쟁은 필요하지만, 1등만 하려는 아이를 계속 경쟁 상황에 노출시키다 보면 아이는 더 조급해지고 1등을 해야 직성이 풀리는 사람이 되고 만다. 그러므로 1등에 집착하는 아이에게는 경쟁 구도가 독이 될 수 있다.

형제자매나 친구들과 비교하지 않는 것도 중요하다. 적당한 비교는 아이들에게 하고자 하는 동기나 의지를 키워준다. 하지만 적당한 선을 넘어서게 되면 아이들은 결과만을 중요하게 여기게 되고, 남들보다 잘해야 된다는 강박을 갖게 된다. 그래야 부모에게 사랑받을 수 있을 것이라고 생각하기 때문이다. 또 결과가 좋지 않으면 부모의 기대에 미치지 못했다는 생각에 크게 좌절하면서 극복하는데 어려움을 겪는다.

경쟁 상황을 줄이는 것도 중요하지만, 실패했을 때 다시 도전하는 용기를 주는 것은 그보다 더 중요하다. 앞에서 언급했듯이 1등만 하기를 원하는 아이들은 실패를 두려워하는 마음이 크다. 그러므로 아이들에게 "꼭 1등을 하지 않아도 괜찮아.", "실패해도 괜찮아."라고 말해줘야 한다. 아이들은 아직 어려서 부모가 괜찮다고 하면 정말 그런 줄 안다. 그렇게 모든 일에 꼭 성공해야 한다는 부담감에서 자유로워져야 아이들도 마음이 편해진다. 그리고 실패해도 포기하지 않고 다시 도전할 수 있는 용기를 갖게 된다.

경쟁적인 놀이 말고 정서적인 놀이를 많이 해주는 것도 도움이 된다. 아이와 함께 산책을 나가 자연을 관찰한다든지, 나뭇잎이나 돌멩이 같은 것들을 주워 와서 꾸미기를 하는 등의 자연을 이용한 놀이는 아이의 스트레스를 풀어주고 경쟁 심리를 낮춰준다. 집에서는 찰흙이나 밀가루 반죽과 같이 부드러운 촉감의 것들을 이용한 놀이를 해주면 아이를 정서적으로 편안한 상태로 만들어줄 수 있다. 또 엄마와 함께 밥상 차리기나 역할놀이를 하면서 서로 돕는 즐거움을 느끼게 해주는 것도 좋다.

아울러 자신의 욕구를 조절할 수 있는 능력도 길러줘야 한다. 아이에게 너무 허용적인 부모는 아이가 상황 판단을 못 하고 과도한 요구를 해도 다 들어주는 경향이 있다. 예를 들면 엘리베이터에 탔을 때 꼭 자기가 버튼을 눌러야 하는 아이들이 있다. 사람이 없을 때는 누르게 해주겠지만 사람이 많거나 이미 다른 사람이 눌렀을 경우는 포기도 할 줄 알아야 한다. 하지만 어떤 부모는 다른 사람에게 민폐를 끼치면서까지 아이가 버튼을 누를 수 있게 해준다. 사소한 것처럼 보일지 몰라도 이런 상황들이 지속되면 아이는 욕구를 조절하는 능력을 키우지 못하게 된다.

이때는 버튼을 누르고 싶은 마음은 읽어주되 안 되는 이유를 설명해주고, 대신 내려서 현관문은 아이가 열게 해주겠다는 식의 대안 행동을 알려줘야 한다. 그래도 떼를 쓰면 단호하게 내려서 계단으로 걸어 올라가는 쪽을 택해야 한다. 아직 어린 아이인데 너무 야박하게 구는 것 같다는 느낌이 들 수도 있겠지만, 상황에 맞게 자신의 욕구를 조절하는 능력은 일상생활에서 아주 작은 것에서부터 시작돼야 한다.

1등만 하려는 아이를 위한 훈육 Tip

① 결과가 아닌 과정을 칭찬한다.
② 경쟁 상황에 자주 노출시키지 않는다.
③ 실패해도 다시 도전하는 용기를 키워준다.
④ 정서적인 놀이를 많이 해준다.
⑤ 욕구를 조절할 수 있는 능력을 길러준다.

07

의욕 없는 아이,
성공의 경험을 쌓아준다

7세 영훈이는 텔레비전을 보거나 스마트폰으로 동영상 보는 것, 그리고 게임하는 것 말고는 하고 싶어 하는 게 없다. 놀이터에 가는 것도 좋아하지 않고, 친구와도 별로 놀고 싶어 하지 않는다. 어떤 것에 대해 의견을 물어봐도 좋고 싫은 게 분명하지 않다. 내년에 초등학교에 가려면 한글 공부도 하고 덧셈 뺄셈도 어느 정도 할 줄 알아야 할 텐데 뭔가를 배우고자 하는 의지도 전혀 없다. 어쩌다 새로운 일을 하도록 시키면 안 한다고 생떼를 부린다. 부모가 왜 그러느냐고 이유를 물어보면 그냥 재미없고 귀찮다고만 대답한다. 영훈이는 왜 이렇게 의욕이 없는 것일까?

• • •

아이들이 의욕이 없는 이유는 참 다양하다. 먼저 감각 통합에 어려움이 있는 경우다. 오감을 통해 입력된 자극은 뇌로 전달돼 판단을 하게 되는데, 이 자극을 실제보다 너무 높게 해석하는 것이다. 그래서 감각 통합 능력이 떨어지는 아이들은 뭔가를 하려고 할 때 무섭고 두려운 마음부터 든다. 결국 무서워서 못 하는 것인데, 그걸 부모는 하기 싫어한다고 생각해 나무라게 된다.

소심하고 걱정이 많은 성향의 아이들도 새로운 상황에 적응하는 것을 어려워하기 때문에 선뜻 뭔가를 하려고 하지 않는다. 그런데 부모 입장에서는 아이가 뭐든지 나서서 열심히 하는 것이 바람직하다고 생각하기 때문에 아이의 성향을 고려하지 않고 의욕이 없는 아이라고 단정 지어버리곤 한다.

부모가 아이에 대해 과한 기대감을 갖고 있거나 결과만을 중요하게 여겨 자주 혼을 냈다면 이 또한 아이를 무기력하게 만든다. 이는 미국의 심리학자 마틴 셀리그만Martin Seligman이 주장한 '학습된 무기력' 상태다. 이것은 어떤 일을 시도하여 여러 번 실패하게 되면 어떻게 해도 그 상황을 극복할 수 없다고 생각하는 무기력이 학습된다는 이론이다. 어떻게 해도 부모의 기대를 채워줄 수 없다는 것을 알게 되면 아이는 학습된 무기력 상태에 빠지게 되고, 결국 의욕을 잃어 아무것도 하지 않으려는 모습을 보인다.

부모가 지나치게 아이를 과잉보호하는 경우도 아이의 의욕을 떨어뜨릴 수 있다. 아이는 실수를 통해 문제를 해결하는 능력을 배우고 유능감을 키운다. 유능감은 자존감을 구성하는 중요한 요소다. 그런데 부모가 모든 걸 완벽하게 해주면 스스로 알아서 해야 할 필요성을 느끼지 못하게 되어 만사 의욕 없는 아이가 되고 만다. 아이에게 실수를 할 기회를 줘야 문제 해결력과 유능감을 키울 기회도 얻을 수 있다.

유아기와 아동기는 하고 싶은 것이 많은 나이다. 그런 시기에 아이가 무기력한 모습을 보인다면 '그게 겁난다', '나는 힘들다', '너무 지쳤다'라는 메시지를 보내고 있는 것일지도 모른다. 그러므로 아이와 진지한 대화를 나눠 원인을 찾아야 한다. 그 일을 하는 게 무서워서 그런 것인지, 결과가 좋지 않으면 혼날까 봐 그런 것인지, 아니면 스스로 동기를 찾지 못해 그런 것인지 알아내야 문제를 해결할 수 있다.

자신감이 떨어진 아이에게 "너는 왜 하고 싶은 일이 없냐.", "그렇게 해서 뭐가 되겠냐." 등의 꾸중이나 야단을 치는 것은 아이를 더 위축시킨다. 그러면 어쩌다 하고 싶은 일이 생겨도 평가나 비교가 두려워 망설일 수 있다. 의욕이 없는 아이에게는 평가보다 격려의 말이 더 필요하다. 아이가 용기 내 뭔가를 해내면 작은 일이라도 칭찬해주고 격려해줘야 새로운 일에 도전할 수 있다. 물론 결과가 아닌 과정을 칭찬해야 한다.

아이가 잘할 수 있는 일을 찾아 성공의 경험을 많이 하게 해주는 것도 중요하다. 의욕이 없다고 잘하는 게 없는 건 아니다. 그러므로 아이가 잘하는 것을 찾아보자. 잘하는 게 없으면 좋아하는 것도 상관없다. 잘하거나 좋아하는 것부터 작은 목표를 정해 하나씩 성취해나가는 연습을 해보도록 한다. 피아노를 좋아하면 하루에 10분씩 치기, 노래 한 곡 마스터하기 등의 목표를 정하면 된다. 아이가 해낼 수 있는 수준으로, 또 적은 시간에 해낼 수 있는 양으로 정해야 성공의 경험을 할 수 있다.

의욕적으로 만들려면 내적 동기도 키워줘야 한다. 아이가 하기 싫어하는 일을 시키기 위해 부모들이 주로 이용하는 방법은 보상이다. 맛있는 것을 사준다거나 게임을 하게 해준다거나 하는 보상은 외적 동기인데, 외적 동기는 보상이 끝나면 힘을 잃게 마련이다. 반면 스스로 뭔가를 해낸 경험을 통해, 또 그 노력을 인정받으면 내적 동기가 생긴다. 내적 동기는 스스로 해내고 싶은 성취욕을 불러일으키기 때문에 아이에게 적극적이고 성실하게 목표를 향해 나아가는 자세를 갖게 한다.

아이가 의욕이 없다는 것을 부모가 알아차릴 정도가 되면 이미 오래전부터 무기력한 상태였을 수 있다. 그런 아이가 하루아침에 의욕적으로 바뀔 것이라고 기대해서는 안 된다. 아이가 변화할 수 있는 충분한 시간과 기회를 줘야 한다.

게다가 의욕이 없는 아이는 소극적이거나 불안이 높은 경우가 많기 때문에 쉽게 자신을 내보이지 않을 수 있다. 그래서 나름 열심히 노력했는데 좋은 성과가 나오지 않으면 마치 노력하지 않은 것처럼 굴 수도 있다. 그런 모습에 속아 못마땅한 표정으로 아이에게 잔소리를 하면 이전보다 더 크게 의욕을 잃게 된다.

이것이 심해지면 소아 우울증을 유발할 수도 있다. 아이가 무슨 우울증이냐고 하겠지만 실제로 소아 우울증 환자는 갈수록 늘어나고 있다. 소아 우울증에 걸리면 매사에 자신감이 없고 놀이나 활동에 흥미를 보이지 않아서 부모는 자칫 아이가 의욕이 없다고 판단할 수 있다.

또 아이들은 우울하다는 감정을 스스로 알아차리지 못하기 때문에 성인 우울증 환자들과는 다른 모습을 보인다. 이유 없이 머리나 배가 아프다고 자주 통증을 호소하는 경우도 있다. 아직 어려 스스로의 감정을 인지하지 못하기 때문에 우울감이 아픈 증상으로 나오는 것이다. 밥 먹는 양이 갑자기 줄거나 반대로 갑자기 폭식해 살이 찌는 경우, 잠을 잘 못 자거나 자다가 자주 깨서 우는 경우, 아침에 유난히 일어나지 못하는 경우도 우울증의 한 증상일 수 있다. 어른들은 우울증이 주로 슬픔으로 표현되는 반면, 아이들은 자주 짜증을 내거나 화를 내는 것으로 표현될 수 있다.

그러므로 이러한 증상이 자주 나타나는 아이들은 소아 우울증이 아닌지 검사해봐야 한다. 소아 우울증은 아동 학대나 방임뿐 아니라 지나친 꾸중이나 체벌, 과도한 학습, 그리고 부모의 이혼과 같은 급작스런 환경의 변화 때문에도 발생할 수 있다. 소아 우울증으로 진단되면 전문가의 도움을 받아 적절한 치료를 해줘야 하고, 아이가 생활 속에서 어떤 스트레스를 받는지 파악해 스트레스 요인을 없애주거나 줄여줘야 한다.

의욕 없는 아이를 위한 훈육 Tip

① 아이와 진지한 대화를 나눠 원인을 찾는다.

② 평가보다 격려의 말을 해준다.

③ 아이가 잘할 수 있는 일을 찾아 성공의 경험을 하게 한다.

④ 내적 동기를 키워준다.

⑤ 변화할 수 있는 충분한 시간과 기회를 준다.

08

완벽주의 성향의 아이, 과정의 중요성을 가르친다

수연이는 아주 꼼꼼한 아이이다. 한번 말해준 것은 절대 잊어버리지 않고, 책가방을 쌀 때도 준비물이나 숙제를 빠뜨리지 않으려고 계속 확인한다. 또 숙제를 하다가 글씨가 마음에 안 들면 몇 번이고 다시 지우고 쓰기를 반복하는 등 아이답지 않게 모든 일에 철저하고 완벽하려는 습성이 있다. 문제는 인형놀이 하나를 해도 자기가 생각한 대로 되지 않으면 짜증을 낸다는 것이다. 또 별것 아닌 일에도 "난 안 돼.", "다신 안 해."라고 하면서 자신을 지나치게 책망하고 기가 죽는다. 수연이의 완벽주의적인 성향이 언제 터질지 몰라 부모는 늘 신경을 곤두세우고 있다.

• • •

산만하거나 덜렁거려 실수가 잦은 아이의 부모는 부러워할 수도 있겠지만, 완벽주의 성향의 아이를 키우는 부모도 나름의 고충이 있다. 뭘 해도 꼭 자기가 생각하는 대로 해야만 하고, 그렇지 않은 상황은 받아들이기 힘들어하며 지나치게 좌절하거나 짜증을 내는 모습을 보이기 때문이다. 또 잘 못할 것 같은 일은 시도조차 안 하기도 한다.

완벽주의가 나쁘다는 건 아니다. 그런데 세상 모든 일에 완벽이란 있을 수 없다. 게다가 너무 완벽하려고만 하면 실패할까 봐 불안하고 초조해져 과도한 스트레스를 받기 때문에 오히려 실패의 순간을 더 많이 만날 수 있다.

완벽주의 아이들 중에는 실패했을 때 과도한 수치심을 느끼거나 자신을 향한 질타를 너무 무겁게 받아들여 폭력적인 모습을 보이기도 한다. 완벽주의가 지나치면 결국 강박증이나 불안증으로 넘어갈 수도 있다.

완벽주의 성향의 아이들 중에는 기질적으로 예민한 경우가 많다. 예민한 아이들은 불안감이 높기 때문에 자신이 정해놓은 틀 안에 머무려는 경향이 크고, 그 틀을 벗어나면 큰 두려움을 느낀다. 그래서 그 틀을 사수하기 위해 꼼꼼하고 깐깐하게 따지고 든다. 시험 보는 날이면 꼭 배가 아프다 머리가 아프다 하는 아이들 중에는 예민한 성격에 완벽주의 성향을 가진 아이들이 많은데, 잘해내고 싶은데 잘하지 못할 것 같은 불안감에 결국 회피하고 싶은 생각이 들어 절로 몸이 아픈 것이다.

하지만 타고난 기질 외에도 후천적인 양육 환경이 완벽주의 성향을 가진 아이로 성장하게 만들 수 있다. 무엇보다 부모의 완벽주의 성향은 아이에게 대물림될 수 있다. 완벽주의 성향을 가진 부모는 아이를 키우는 데도 완벽하기 위해 최선을 다한다. 자신이 계획한 대로 아이를 위해 모든 것을 준비한다. 그러면서 아이도 그에 맞게 완벽하게 행동하기를 바란다. 아이는 부모의 기대에 부응하기 위해 열심히 노력하면서 저도 모르게 완벽주의 성향을 가지게 된다.

지나치게 도덕적이고 융통성 없는 사고를 가진 부모도 아이를 완벽주의 성향으로 만들 수 있다. 아이가 자유롭게 생각하고 느끼도록 두지 않고 부모의 생각과 감정대로 움직이기를 원하기 때문에 "그렇게 하면 나쁜 아이야.", "착한 아이는 어떻게 해야 되는지 알지?"라는 말을 자주 한다. 그러다 보니 아이는 부모가 정해놓은 틀 안에서 살아남기 위해 스스로 엄격해질 수밖에 없다.

또 너무 경쟁적이거나 불안도가 높은 부모도 아이의 완벽주의를

부추긴다. 아이에게 늘 더 해라, 조심해라 잔소리를 하기 때문에 아이 역시 불안도가 높아지고 더 완벽해져야 한다는 강박이 생기는 것이다.

이유가 어떻든 완벽주의 성향을 가진 아이는 앞에서 설명한 것처럼 실패가 두려워 도전을 하기 꺼려 하거나, 자신의 실패에 대해 수치심을 느껴 폭력적인 행동까지 할 수 있기 때문에 부모가 도움을 주는 것이 좋다. 무엇보다 아이의 실수에 지나치게 반응하거나 잘하라고 압박하지 말아야 한다. "괜찮아. 다음에 잘하면 되지.", "잘하고 있어. 걱정하지 마."라고 말하며 도전과 경쟁에 대해 커다란 스트레스를 받고 있을 아이를 격려해줘야 한다.

완벽주의 성향의 아이는 자신의 성에 차지 않으면 화를 내거나 심하게 자책할 수 있기 때문에 "잘하고 싶었는데 잘 안 돼서 속상하구나."라고 아이의 불안한 마음을 충분히 읽어주고 인정해줘야 한다. 그러면서 "시험 때문에 불안하구나. 그럴 수도 있어. 엄마도 그랬단다."라고 말해줌으로써 누구나 다 불안감을 느끼며, 그것은 극복할 수 있는 감정임을 알려준다. 아이가 불안 같은 자신의 부정적인 감정을 잘 다뤄 빨리 긍정적인 감정으로 변환할 수 있도록 도와주는 게 핵심이다.

또한 결과보다 과정을 중요하게 여기도록 가르치는 것도 중요하다. 완벽주의 성향을 가진 부모나 아이는 과정보다 결과를 더 중요하게 여기는 경향이 있다. 그러다 보니 결과에 너무 민감하고 작은 실패에도 크게 낙담하며 도전하는 것을 꺼리게 된다. "열심히 했으니까 됐어.", "실패할 수도 있어. 더 중요한 건 다시 힘내서 도전하는 거야."라고 말하면서 부모가 먼저 결과에 연연해하지 않는 모습을 보여주도록 한다.

자신을 긍정적으로 바라볼 수 있도록 자존감도 키워야 한다. 자존감은 스스로를 괜찮은 사람이라고 생각하는 마음이다. 좀 부족하고 실패해도 낙담하지 않고 더 나아질 것이라고, 나는 결국 해낼 것이라고 믿는 힘은 자존감에서 나온다. 그러므로 실패를 두려워하는 완벽주의 성향의 아이들이 꼭 키워야 하는 부분이다.

놀이가 해결 방법이 될 수도 있다. 하루에 한 번은 놀이를 통해 확 풀어져서 즐겁게 웃고 떠드는 시간을 가지면, 완벽한 모습도 좋지만 조금 흐트러진 모습이 때로는 더 즐거운 일이 될 수 있다는 사실을 깨닫게 해줄 것이다. 함께 코미디 프로그램을 보면서 웃긴 모습을 따라 하거나 이야기 나누면 편안하고 여유 있는 마음을 가질 수 있다.

자유자재로 변형이 가능한 재료를 갖고 노는 것도 도움이 된다. 완벽주의 성향의 아이들은 놀 때도 자유롭지 못하다. 블록이나 퍼즐이 한 조각이라도 사라지면 짜증을 내면서 놀이를 계속하지 못하고, 만들기를 할 때도 꼭 매뉴얼대로만 하려고 한다. 그러므로 찰흙이나 지점토, 모래, 밀가루와 같이 자유자재로 변형할 수 있는 재료를 이용해 놀면, 아이가 정형화된 틀에서 벗어나 자유롭게 상상의 나래를 펼칠 수 있게 된다.

긴장을 풀 수 있게 신체놀이를 많이 하는 것도 좋다. 신체놀이를 하면 몸을 이완시키면서 마음도 느긋해질 수 있다. 부모가 몸으로 같이 놀아주면 친밀한 관계까지 형성할 수 있다. 또 비눗방울놀이는 후 하고 불면서 호흡을 길게 내뱉을 수 있으므로 긴장을 완화시킬 수 있다. 부모와 함께 이야기 꾸미기나 역할놀이를 하는 것도 아주 좋다.

완벽주의 성향의 아이를 위한 훈육 Tip

① 아이의 실수에 지나치게 반응하거나 압박하지 않는다.

② 아이의 불안한 마음을 읽어준다.

③ 결과보다 과정을 중요하게 여기도록 가르친다.

④ 자신을 긍정적으로 바라볼 수 있도록 자존감을 키워준다.

⑤ 놀이를 통해 아이의 긴장감을 완화시킨다.

09

거짓말하는 아이, 비난하지 않고 숨겨진 의도를 파악한다

5세 원재는 요즘 자꾸 거짓말을 한다. 동생을 때리고는 안 때렸다고 딱 잡아떼고, 장난감을 부숴놓고도 자기가 안 그랬다고 우긴다. 그래도 그 정도는 혼나는 게 무서워 그랬나 보다 싶어 주의만 주고 넘어갔다. 그런데 유치원에서 간식 뭐 먹었냐고 물으면 먹지도 않은 딸기를 먹었다고 하고, 추워서 바깥놀이를 하지 않았다는데도 신나게 뛰어놀았다고 하는 것이다. 거짓말을 할 필요가 없는 부분까지 거짓말을 하는 것이 마음에 걸려 혼쭐을 내줬는데 도무지 멈출 기미가 보이지 않는다.

• • •

아이가 거짓말을 시작하면 부모 입장에서는 걱정이 될 수밖에 없다. 가만히 내버려두면 거짓말쟁이가 될 것 같은 불안감에 아이를 다그치고 혼내게 된다. 물론 혼나는 게 무서워서라도 다시는 거짓말을 하지 않게 만들려는 의도도 있다.

하지만 아이들은 언제 혼났냐는 듯 또 거짓말을 한다. 처음 한두 번은 그러려니 하지만 갈수록 거짓말이 늘고 내용도 심각해지면 걱정이 깊어진다. 천진난만한 얼굴로 천연덕스럽게 거짓말을 하는 아이를 보면 내 아이가 맞는지 회의감까지 들 정도다.

그런데 생각해보면 어른들도 작은 위기를 모면하기 위해, 또는 다른 사람의 기분을 상하지 않게 하기 위해, 또는 사실대로 말하면 귀찮은 일이 생길까 봐 종종 거짓말을 한다. 그러면서 심각한 문제를 일으키는 거짓말이 아니라면 크게 문제되지 않을 것이라 생각한다.

아이들도 비슷한 이유로 거짓말을 한다. 부모한테 혼날까 봐, 부모가 알면 속상할까 봐, 잔소리를 들을까 봐 거짓말을 하곤 한다. 때로는 마음속의 불만을 거짓말로 터트리기도 한다.

그럼 어떻게 하면 거짓말하는 것이 나쁜 행동임을 깨닫게 하고 진실한 사람으로 성장하게 할 수 있을까? 보통 만 4세 정도 되면 거짓말을 하기 시작한다. 이는 아이가 상당히 높은 수준의 인지적 능력을 갖게 됐다는 뜻이기도 하다.

거짓말을 하려면 자신이 한 과거의 행동에 논리적인 회상을 해낼 수 있어야 하고, 자신의 행동이 드러났을 때 어떤 일이 벌어질지 예측할 수 있는 능력도 갖춰야 한다. 아울러 다른 사람의 마음을 읽는 능력도 필요하다. 내가 한 일을 엄마 아빠가 좋아하지 않을 것이고, 그래서 화를 낼 것을 알고 있는 것이다.

그러므로 아이가 거짓말을 시작하면 너무 걱정하거나 나쁘게 보지 않아도 된다. 성장 과정 중에 거쳐야 하는 단계 중 하나라고 생각하면 된다. 그렇다고 그냥 넘어가라는 뜻은 아니다. 거짓말은 좋지 못한 행동이며, 거짓말을 하고 싶어도 꾹 참고 진실을 말해야 한다는 것을 가르쳐야 한다.

그렇다고 "넌 거짓말쟁이야.", "벌써부터 거짓말을 하면 커서 뭐가 되겠니."와 같은 모진 말들을 쏟아내는 것은 금물이다. 체벌도 절대로 안 된다. 비난의 말이나 체벌은 아이에게 상처만 준다. 상처 입어 아픈 마음이 아이의 감정을 압도하기 때문에 후회하고 반성하는 이성적 사고를 하기 어렵다. 그래서 말로는 잘못했다고 하지만 진심으로 그렇게 생각하지 않으며, 오히려 부모의 행동이 지나치다고 생각해 불만을 갖게 된다. 다시 말해 훈육은커녕 반항심만 키우는 꼴이 된다.

가장 우선적으로 해야 하는 일은 거짓말에 숨겨진 의도를 파악하는 것이다. 아이들이 거짓말을 하는 데는 여러 이유가 있다. 혼날까 봐 그럴 수도 있고 관심을 받고 싶어서 그럴 수도 있다.

만약 혼나는 것이 두려워 거짓말을 했다면 너무 심하게 질책하거나 나무라면 안 된다. 혼나는 것에 대한 두려움이 커져 다음에는 더 완벽하게 거짓말을 하려는 시도를 할 수 있기 때문이다. 관심을 받고 싶어서 멀쩡한 배가 아프다고 하거나 동생이 때리지도 않았는데 때렸다고 거짓말을 했다면 아이에게 어떤 어려움이나 욕구불만이 있는지 확인해봐야 한다. 이런 거짓말을 하는 아이에게 필요한 것은 아이의 마음을 알아주고 관심과 사랑을 주는 일이다.

때때로 아이들은 자신이 원하는 것을 마치 실제 있었던 것처럼 말하기도 한다. 친구들이 놀이공원 갔다 왔다고 자랑을 하면 자기도 갔다 왔다고 하는 식이다. 친구가 멋진 로봇을 가지고 있으면 나는 더 멋진 게 있다고 자랑하기도 한다. 이때 역시 아이가 원하는 것이 무엇인지 먼저 알아줘야 한다. 그래야 실제와 상상이 다르다는 것을 깨닫고 왜곡된 생각을 갖지 않는다.

아이의 숨겨진 의도를 파악할 때는 "네가 거짓말을 했을 때는 분명히 이유가 있을 거야. 왜 그랬는지 말해줄 수 있니?"와 같이 아이의 자존심을 세워주면서 이유를 물어보는 것이 좋다. 또 "엄마한테 혼날까 봐 무서웠구나. 그렇지만 거짓말을 하는 건 좋은 행동이 아니야."라고 아이의 마음을 먼저 어루만져준 다음 행동이 잘못됐음을 알려줘야 한다.

거짓말을 교정해주는 가장 좋은 방법은 솔직하게 말하는 것이 더 용기 있는 행동이라는 사실을 가르쳐주는 것이다. 거짓말이 나쁜 것임을 강조하는 훈육보다 정직한 행동이 더 좋은 것임을 가르치는 훈육이 효과적이라는 뜻이다. 그러므로 거짓말을 했을 때 혼내는 쪽보다 솔직하게 이야기했을 때 칭찬하는 쪽을 택해야 한다. "거짓말한 것은 잘못했지만, 솔직하게 고백한 네 용기를 칭찬해. 진실을 이야기하는 것은 아주 용감한 일이거든. 다음엔 처음부터 솔직하게 말해주면 더 좋을 거야."라고 말하면 된다. 그러면 아이는 어떤 행동이 더 옳은지 깨닫게 되고 진실을 말하는 쪽이 더 좋은 결과를 가져온다는 사실을 배우게 된다.

더 좋은 방법은 거짓말할 상황을 만들지 않는 것이다. 아이가 학원을 안 간 것을 알면서도 "너 학원 갔다 왔어?"라고 묻는 것은 아이의 거짓말을 부추기는 일이 되고 만다. 부모한테 혼날 것이 뻔한 상황에서 솔직하게 고백하는 건 쉽지 않기 때문이다. 그러므로 차

라리 알고 있는 사실을 그대로 전하면서 이유를 묻는 게 좋다. "선생님이 너 학원에 안 왔다고 전화하셨어. 왜 안 갔는지 말해줄 수 있니?"라고 물으면 거짓말을 차단할 수 있다.

그럼에도 불구하고 거짓말이 반복되면 정서적인 문제를 확인해 볼 필요가 있다. 영국 런던대학교 탈리 샤롯Tali Sharot 교수팀은 18세에서 65세 사이 80명의 실험 참가자들에게 동전이 담긴 유리병을 주고, 다른 곳에 있는 파트너에게 돈이 얼마나 들었는지 알려주도록 했다. 그러면서 파트너에게 거짓말을 할수록 참가자의 이익이 커지는 상황을 만들었다. 예상대로 참가자들은 거짓말을 했고, 그들의 뇌를 기능성 자기공명영상fMRI으로 촬영했더니 뇌에 있는 편도체가 활성화되어 있었다. 편도체는 부끄러움이나 공포감을 느끼거나 윤리적인 문제를 판단할 때 주로 반응한다.

그런데 거짓말을 많이 할수록 편도체의 활성도는 떨어졌다. 샤롯 교수는 "거짓말을 많이 할수록 자신에게 부끄럽거나 거리끼는 감정이 줄어들면서 각성 효과가 떨어지고 더 능숙해진다."고 해석했다. 거짓말은 하면 할수록 는다는 말이 맞는 셈이다.

그러므로 이미 반복적으로 거짓말을 하거나, 아이 수준을 넘어서는 거짓말을 하거나, 다른 사람에게 피해를 주려고 의도적으로 거짓말을 한다면 좀 더 면밀하게 아이의 심리 상태를 들여다봐야 한다. 부모와 애착 형성이 제대로 되지 않아 사랑을 못 받고 있다고 생각하기 때문은 아닌지, 부모가 평소에 작은 일에도 화를 많이 내거나 체벌을 하기 때문은 아닌지, 아이의 일거수일투족을 감시하고 아이가 원하는 것을 무시하기 때문은 아닌지, 아이를 못 믿고 늘 의심하기 때문은 아닌지 등 아이가 거짓말을 계속하게 만드는 진짜 원인을 찾아 해결해줘야 한다.

또 평소에 아이가 어렵게 자신의 속마음을 이야기했을 때 별것 아니라고 그냥 넘어가거나 잘못된 점부터 지적했던 것은 아닌지도 되돌아봐야 한다. 우리 속담에 '누울 자리 봐가며 다리를 뻗는다.'는 말이 있듯이 아이도 자신의 마음을 받아줄 만한 사람이라는 판단이 들어야 진짜 속마음을 드러낸다. 아이의 말에 귀를 기울여 진심을 다해 들어주고 이해해준다면 아이는 거짓을 말하는 쪽보다 진실을 말하는 쪽을 택하게 될 것이다.

거짓말하는 아이를 위한 훈육 Tip

① 비난하거나 체벌하지 않는다.

② 거짓말 속에 숨겨진 의도를 파악한다.

③ 진실을 말하는 것이 더 용기 있는 행동임을 가르친다.

④ 거짓말할 상황을 만들지 않는다.

⑤ 습관적인 거짓말은 정서적인 문제를 확인한다.

⑥ 평소에 아이의 말에 진심으로 귀를 기울인다.

10

물건을 훔치는 아이, 잘못을 인정하고 용서받게 한다

최근 선우 부모는 큰 충격을 받았다. 선우가 유치원 같은 반 친구의 장난감을 훔치다 들켰기 때문이다. 평소 큰 문제를 일으킨 적이 없었기에 부모는 너무 놀라 심장이 쿵쾅거릴 정도였다. 넉넉하지는 못해도 선우가 원하는 것은 되도록 사주었는데, 게다가 비슷한 장난감이 집에도 있는데 왜 남의 물건에 손을 댄 것인지 아무리 생각해도 이해할 수 없었다. 아이를 크게 혼냈지만 아이가 말도 안 되는 변명만 늘어놓아 화가 난 나머지 체벌까지 하기에 이르렀다. 바늘 도둑이 소도둑이 될 수도 있다는데, 이 당황스럽고 속상한 상황을 어떻게 해결해야 할지 선우 부모는 막막하기만 하다.

• • •

3~4세 정도 되면 아이가 친구들의 장난감이나 유치원 물건을 가져오는 일이 생길 수 있다. 그럴 때 부모는 너무 놀라 혼내게 마련이다. 하지만 이는 어떤 나쁜 의도를 가지고 하는 행동이라기보다는 아직 소유 개념이나 도덕적 개념이 발달하지 않아 발생하는 일이다.

도덕성은 만 3~4세 무렵 자아 개념이나 정서, 인지 등이 발달하면서 기초가 만들어진다. 그리고 만 6~7세부터 본격적으로 발달하기 시작하기 때문에 이때부터 도덕적 판단 능력이 생긴다. 또 만 10~11세 정도가 되면 아이들은 자율적 도덕성을 갖게 되어, 스스로 질서와 규범을 지키는 것을 올바른 행동으로 여기고 비도덕적 행위를 저질렀을 때는 부끄러움을 느낀다. 그래서 이 시기에는 아이에게 남의 물건을 훔치는 일이 잘못된 행동임을 잘 가르쳐주면 보통은 한두 번 정도에서 끝난다.

그러나 어린아이라도 남의 물건을 훔치는 것이 잘못된 행동이라고 배운 다음에도 계속 물건을 훔치거나, 10세 이후의 아이가 남의 물건을 훔치는 일이 벌어지면 그냥 넘어가면 안 된다. 물건을 훔친 이유를 명확하게 파악해 반드시 교정해줘야 한다.

아이들이 물건을 훔치는 원인을 근본적으로 살펴보면, 부모나 친구와 같이 자신을 둘러싼 환경에서 충분한 사랑과 관심을 받지 못하는 데서 비롯된 경우가 상당히 많다. 무관심이나 무시, 비난이나 비교, 심지어는 폭행 등의 부정적인 대우를 받은 아이들은 애정결핍에 대한 욕구를 충족하기 위해, 또는 부모나 친구에 대한 보복으로 물건을 훔치는 비도덕적인 행위를 저지를 수 있다.

충동이나 욕구 조절 능력이 부족해 남의 물건에 손을 대는 아이들도 있다. 기질적으로 주의가 산만하고 과잉 행동을 하는 아이들이나, 부모가 과도하게 허용적이거나 반대로 부모가 지나치게 엄격하고 인색한 경우 아이의 욕구 조절 능력이 떨어질 수 있다. 이러한 아이들은 계획적으로 물건을 훔친다기보다는 눈앞의 물건을 보고 즉흥적으로 훔치는 때가 더 많다. 또 남의 관심을 받는 것을 좋아하는 아이들 중에는 자신을 과시하고 싶은 욕구를 조절하지 못하고 물건을 훔치는 경우도 있다.

자신이 원하는 것을 자주 거절당한 아이들도 채워지지 않는 욕구를 훔치는 것으로 풀기도 한다. 물론 아이들이 원하는 것을 모두 다 해줄 수는 없다. 형편이 좋지 않은 가정에서는 더욱 그럴 것이다. 하지만 갖고 싶은 것을 갖지 못한다고 다 도둑질을 하는 것은 아니다. 그 차이는 바로 부모의 말과 행동에서 나온다. 부모가 아이에게 사줄 수 없는 이유를 충분히 이해시키고 올바른 도덕 관념을 키워주면 당연히 정직하고 바른 아이로 자란다.

그밖에도 사회성이 떨어지는 아이들 중에 친구의 환심을 사기 위해 훔친 물건을 이용하는 경우도 있고, 본인의 의사와 상관없이 친구들의 압력을 받거나 친구들에게 자신의 힘을 과시하기 위해 물건을 훔치는 경우도 있다. 공부에 대한 스트레스가 많거나 우울증과 같이 정신적인 문제가 있는 아이들도 압박감과 불안감에서 벗어나기 위해 비도덕적인 일탈 행위를 할 수 있다.

아이가 물건을 훔치는 행위를 할 때 중요한 것은 그다음에 부모가 어떻게 대처하느냐다. 그에 따라 부모와 아이와의 관계, 아이의 도덕성, 그리고 자존감까지 크게 달라질 수 있다. 아이가 남의 물건을 훔쳐 오면 부모는 크게 당황해 제대로 된 훈육을 하지 못하고 그냥 넘어갈 수 있다. 하지만 그냥 넘어가면 안 되고 즉각적으로 단호하게 잘못된 행동임을 알려주되, 화내거나 체벌을 가해서는 안 된다. 그러면 아이들은 혼나지 않기 위해 거짓말이나 변명을 하게 되고, 반성은커녕 반항심만 갖게 될 수 있다. 차분하지만 단호한 말투로 말하면서 최소한의 아이 체면은 살려줘야 한다.

일단 왜 물건을 훔쳤는지 그 이유를 파악하는 것이 우선이다. 이때는 먼저 아이 스스로 말하는 이유를 귀 기울여 들어줘야 한다. 혼날까 봐 거짓말을 하거나 아이 스스로도 그 이유를 알지 못해 제대로 말하지 못할 수도 있는데, 그래도 일단은 차분하게 아이의 말을 들어준다.

객관적인 상황을 파악하기 위해 상대방이나 선생님의 이야기를 들어볼 필요도 있다. 하지만 "선생님한테 물어봐서 아니면 진짜 혼날 줄 알아."와 같이 협박하듯이 말하지 말고 "상황을 파악해서 문제를 제대로 해결해야 하니까 선생님께 여쭤볼게."라고 말해준다. 이것은 아이의 말을 믿고 있다는 메시지를 전달하는 과정이다.

이유를 파악했다면 반드시 책임지는 단계로 넘어가야 한다. 물건을 돌려주면서 잘못을 인정하고 사과하는 데까지 이어져야 한다. 아이가 가져온 물건이 별것 아닌 작은 물건이라, 또는 아이의 잘못된 행동이 다른 사람에게 알려지는 게 두려워 아이만 훈육하고 넘어가는 경우가 있다. 하지만 그건 반쪽짜리 훈육이다. 훔쳐 온 물건을 바로 돌려주면서 아이 스스로 자신의 잘못을 인정하고 용서받게 하는 것까지 해야 비로소 제대로 된 훈육이 된다. 이미 써버렸거나 고장이 났으면 꼭 그에 대한 제값을 지불해야 한다.

만약 아이가 자신의 잘못을 인정하고 상대방에게 사과했다면 그

용기만큼은 칭찬을 해주자. 그러면서 이번 일을 잘 기억해 다시는 그런 행동을 하지 않고 올바른 판단을 하자고 함께 다짐한다. 그래야 아이의 잘못된 행동을 수정하고 그것을 성장을 위한 밑거름으로 삼을 수 있다.

이런 과정들을 처리하면서 절대로 놓치지 말아야 할 점은 아이를 지지하고 있다는 사실을 아이가 느끼게 하는 것이다. 아이도 스스로 잘못된 행동을 한 것에 대해 크게 후회하고 있을 것이고, 주변에 그 사실이 알려졌다면 창피한 마음에 심적으로 크게 위축됐을 가능성이 크다. 그러므로 아이가 충분히 반성하는 모습을 보인다면, 부모는 아이를 따뜻하게 감싸주고 지지해줘야 한다. 이번 일로 실망하긴 했지만 아이에 대한 사랑은 변하지 않았다는 것을 꼭 말과 행동으로 알려줘야 한다.

더불어 아이의 생활 관리에 더 신경을 써야 한다. 친구 관계는 어떤지, 과한 스트레스를 받는 부분은 없는지, 용돈이나 시간이나 물건을 관리하는 데 어려움은 없는지 세심하게 살피고 도와주도록 한다.

부모 스스로 그동안 아이를 키우는 방법에 문제가 없었는지도 점검해봐야 한다. 아이에 대해 너무 무심했던 것은 아닌지, 기질적 문제가 있는 것을 방치했던 것은 아닌지, 너무 허용적이거나 엄격한 양육을 한 것은 아닌지 생각해보고 이유를 찾도록 한다. 만약 부모의 사랑과 관심에 목말라 그런 행동을 한 것이라면 아이와의 관계를 개선하기 위한 노력이 필요하다. 아이와 함께하는 시간을 늘리고 진심으로 안아주고 사랑한다고 말해주면 된다.

이렇게 제대로 된 훈육을 했음에도 불구하고 아이의 도벽이 고쳐지지 않으면, 도벽을 일으키는 원인이 제대로 해결되지 않은 탓일 수도 있지만 충동 장애 같은 심각한 정신적 장애일 수도 있다. 이런 경우는 훈육만으로는 개선할 수 없으니 전문가의 도움을 받는 것이 좋다.

물건을 훔치는 아이를 위한 훈육 Tip

① 화내지 말고 단호하게 잘못된 행동임을 알려준다.

② 왜 물건을 훔쳤는지 원인을 파악한다.

③ 물건을 돌려주면서 잘못을 인정하고 용서받게 한다.

④ 아이를 지지하고 있다는 것을 알려준다.

⑤ 아이의 생활 관리에 더 신경 쓴다.

4장

사회성 발달을 위한 훈육의 법칙

미국의 심리학자 밀드레드 파튼Mildred Parten에 따르면 아이들은 만 3세에서 만 4.5세 정도가 돼야 친구들과 함께 어울려 놀 수 있는 '연합놀이' 단계에 접어든다. 즉 만 3세 정도는 돼야 친구들과 함께 뭔가를 해낼 수 있게 된다. 그리고 본격적으로 함께 노는 '협동놀이'는 만 4세에서 만 5.5세가 돼야 가능해진다.

이 시기의 아이들은 대부분 유치원에 다니기 시작하는데, 아이들이 단체 생활을 시작하면서 부모들은 또 다른 고민에 빠지게 된다. 집에서 자신에게만 집중되는 환경에서 성장하다가 배려하고 양보하고 인내해야 하는 단체 생활에 잘 적응할 수 있을지 걱정이 되는 것이다. 아무리 만 3세 이후부터는 연합놀이가 가능해지고 만 4세 이후부터는 협동놀이가 가능해진다고 하지만 개인적인 기질 차이도 있고 단체 생활을 하다 보면 생각지 못한 변수도 많이 발생하기 때문에 늘 긴장의 연속이다.

유치원에 가면 친구들과 잘 어울려 노는 아이들이 있는 반면, 친구들을 보면 쭈뼛대며 엄마 뒤에 숨어버리는 아이들도 있다. 친구 무리에 쉽게 끼지 못하고 혼자 떨어져 노는 자녀를 둔 부모는 속상해 가슴이 무너져 내린다. 또 친구들과 잘 어울려 놀다가 자기 맘에 들지 않으면 삐치거나 화를 내는 자녀를 둔 부모 또한 마음이 편치 않다.

친구들과 원만하게 어울리지 못하는 아이도, 마음에 안 든다고 친구들에게 화를 내는 아이도 모두 사회성이 부족한 상태다. 사회성은 상당히 다양한 능력이 갖춰져야만 발달할 수 있는 고도의 자질이다. 일단 다른 사람의 마음을 읽고 받아들이는 공감 능력이 있어야 하고, 자기 자신을 당당히 표현할 수 있는 자기표현 능력이 있어야 한다. 친구들의 의견을 조율하고 타협하려면 마음에 안 드는 것이 있어도 참고 견디는 자기 조절 능력과 대인 관계 기술이 필요하다. 또 옳고 그름을 판단하고 행동하는 도덕성도 갖춰져 있어야 한다. 그리고 이러한 것들이 가능하기 위해서는 그 기저에 자존감이 자리 잡고 있어야 한다. 한마디로 사회성은 신체, 인지, 정서 발달의 종합판이라 말할 수 있다.

참 다행인 점은 사회성은 타고나는 능력이 아니라는 것이다. 기질적인 영향이 전혀 없는 것은 아니지만, 처음부터 사회성이 뛰어난 아이로 태어나는 것이 아니라 부모와 주변 사람들과 관계를 맺으며 배우고 전수받을 수 있다. 당연히 가장 처음, 그리고 가장 강력한 영향을 미치는 것은 부모와의 관계다. 그래서 아이가 사회성에 문제를 보이는 경우, 부모는 먼저 자신의 양육 태도를 돌아봐야 한다. 그리고 부족한 면을 채워주고 적극적인 도움을 줘야 한다. 유아기와 아동기의 사회성은 아이가 더 큰 사회로 나아가 사회의 일원으로, 그리고 한 인간으로 행복하게 살아가는 데 초석이 되기 때문이다.

01

또래 관계에 어려움을 겪는 아이,
상호작용 기술을 가르친다

초등학교 1학년 진석이는 학교에서 돌아올 때마다 잔뜩 풀이 죽어 있다. 왜 그러냐고 물으면, 친구들이 안 놀아준다며 한숨을 푹 쉰다. 유치원 때도 친구 관계가 원만한 편은 아니었지만, 그래도 두세 명 정도 같이 어울려 노는 친구들이 있어서 크게 문제라고 생각하지 않았다. 그런데 초등학교에 들어가자 친구들과 어울리는 것을 더 힘들어하고 있다. 자기 고집이 있어서 맘대로 안 되면 삐치거나 화를 내곤 하는데, 그런 행동이 친구들의 마음에 안 들었던 것일까? 어떻게 하면 또래 관계를 좋게 만들어줄 수 있을지 알 길이 없어 부모로서 안타깝기 그지없다.

• • •

또래 관계는 어떤 아이들에게는 일상의 기쁨이고 즐거움이지만, 또 어떤 아이들에게는 너무 어렵고 힘든 문제다. 어떤 아이들은 친구들 사이에서 인기가 많다. 놀이나 모둠 활동을 할 때 아이들을 이끌기 때문에 대부분의 아이들이 좋아하고 따른다. 이런 아이들이 인기 있는 이유는 사회적 상호작용 기술이 뛰어나기 때문이다. 처음

만난 친구들에게도 긍정적인 반응을 보이는 열린 태도를 갖고 있으며, 친구들의 의견에 귀 기울여주고 자신의 의견을 잘 표현하며 타협도 잘한다. 뛰어난 부분이 있어도 친구들 앞에서 대놓고 잘난 척을 하지 않는 겸손함도 갖추고 있기 때문에 친구들에게 호감을 얻는다.

반면 있는 듯 없는 듯 존재감 없이 무시당하는 아이들도 있다. 수줍음이 많고 소극적인 아이들이 이런 상황에 처하곤 하는데, 선뜻 나서서 같이 놀자는 말도 못 하고 놀이를 할 때도 자신의 의견을 잘 표현하지 않기 때문에 친구들이 같이 놀고 싶어 하지 않는다. 친구들이 자신을 좋아하지 않는다는 생각에 자신감이 떨어져 점점 더 또래 관계에 어려움을 겪게 되는데, 누군가 적극적으로 도와주면 잘 어울려 놀기도 한다.

그보다 더 문제가 되는 경우는 친구들로부터 거부당하는 아이들이다. 친구들로부터 은근히 또는 노골적으로 거부당하는 아이들 중에는 보통 자기 멋대로 하거나 화를 잘 내거나, 또는 산만하면서도 공격적이고 과잉 행동을 하는 아이들이 많다. 이런 아이들은 어떻게 해야 친구들과 어울릴 수 있는지 잘 모르는 데다가, 자신의 행동을 제어하지 못해 친구들을 불편하게 만들기 때문에 친구들이 같이 놀기를 꺼려한다.

나머지는 평균 정도의 사회성을 가진 아이로, 특별히 인기가 있지도 않지만 무시당하지도 않는다. 좋아하는 친구들도 있고 싫어하는 친구들도 있다. 자신의 성격이나 또래 집단의 구성원에 따라 집단 내에서의 지위가 오르락내리락하며 일시적인 어려움을 겪을 수는 있지만, 그것이 큰 문제로 이어지지는 않는다. 가장 많은 분포를 보이는 유형이다.

만약 아이가 또래 관계에 어려움을 겪으면, 먼저 아이가 또래 집단에서 어떤 위치에 있는지 점검해봐야 한다. 아이가 친구들과 함께 있는 장면을 유심히 살피면 또래 관계에서 아이의 위치를 알아낼 수 있다.

또 아이가 어떤 기질을 가지고 있는지 파악한 뒤 아이에게 어떤 어려움이 있는지, 친구들이 아이를 어떻게 대하는지 물어봐야 한다. 이때 아이의 말만 들어서는 정확한 판단을 할 수 없으므로, 선생님이나 주변 친구들, 학부모들의 말을 듣고 종합적으로 판단하는 게 좋다.

만약 아이가 거부당하거나 무시당하는 유형에 속해 있다면 부모가 나서서 문제를 해결해줘야 한다. 계속적으로 또래에게 거부당하고 무시당하면 아이들은 심각한 정신적 충격을 받게 된다. 그러다 보면 자존감이 크게 떨어져 점점 더 대인 관계에 어려움을 겪는다. 올바른 사회적 기술을 터득하지 못해 초등학교 시기에 그치지 않고 이후 계속해서 또래 관계에 문제가 생기면서 외톨이, 또는 반항아로 성장할 수도 있다.

이는 우울이나 외로움 등의 정서적 장애를 유발할 수 있고, 이에 대한 불만이 때로는 반사회적 행동으로 표출될 수도 있다. 그러므로 되도록 빨리 아이의 부족한 능력을 채워주고 잘못된 행동을 수

정해 아이가 안정적인 또래 관계를 형성하게 도와줘야 한다.

또래 관계에 어려움을 겪는 가장 큰 이유 중 하나는 상호작용 기술이 부족하기 때문이다. 아직 초등학교에 입학하지 않은 미취학 아동의 경우는 부모가 먼저 긍정적으로 상호작용을 하는 모습을 자주 보여줘서 그것을 아이가 따라 하게 할 수 있다. 새로운 사람을 만나면 어떻게 다가가 인사해야 하는지, 관계를 유지하기 위해서는 어떻게 관심을 표현하고 양보하고 타협하는지, 또 갈등 상황에서는 자신의 의견을 어떻게 피력하고 다른 사람의 의견을 어떻게 받아들이면서 타협하는지 구체적으로 보여주는 것이다. 초등학생이라면 여기에 더해 친구들과 있었던 상황을 되짚어보면서 그에 맞는 행동 방법을 코칭해주면 된다.

이때 중요한 것은 부정적인 말을 삼가고 긍정적인 피드백을 주는 것이다. 아이가 친구들과 있었던 일을 솔직하게 얘기했을 때 "그렇게 하면 나도 싫어하겠다.", "네가 그러니까 애들이 짜증이 나는 거야."와 같은 부정적인 말을 하거나 혼내면 아이들은 말을 점점 안 하거나 안 괜찮아도 괜찮다고 거짓말을 하게 된다. "네가 양보를 잘한다는 것을 친구들이 알면 좋을 텐데.", "너 십자수 잘하잖아. 친구한테 보여주면 좋아하지 않을까?"라고 아이가 잘하는 것, 장점 등을 부각시키면서 친구들에게 다가갈 수 있는 방법을 제시해주는 게 효과가 좋다.

아이가 잘못된 행동을 해서 또래 관계에 나쁜 영향을 끼쳤을 때는 친구들의 마음을 알려주는 과정이 필요하다. "그때 ○○이는 기분이 안 좋았을 것 같아. 그런데 네가 화를 내니까 속상했겠지."라고 말해줌으로써 아이가 미처 생각하지 못한 부분이 있음을 깨닫게 해야 한다.

아이가 친구를 사귀는 것을 너무 힘들어한다면 부모가 개입해서라도 친구와 함께하는 시간을 만들어주는 게 좋다. 아이와 기질이 맞는 친구를 부모와 함께 초대해 1대 1로 놀 기회를 주면 친한 친구도 만들 수 있고 또래와 함께 노는 기술을 익힐 수도 있다. 처음에는 부모가 적절히 개입해 상호작용하는 방법이라든지 타협하는 방법을 알려주는 것도 괜찮다. 이때 친구에게 아이의 장점을 은근슬쩍 말해주면 아이의 기를 살려주고 아이에 대한 좋은 이미지를 만들어줄 수 있다.

또 선생님께 부탁해 아이를 또래 집단에 잘 끼워줄 수 있는 인기 있는 친구와 짝을 맺어주는 것도 방법이 될 수 있다. 인기 있는 친구들은 대체적으로 선생님 말씀을 잘 듣고 다른 사람의 어려움에 공감하는 능력이 뛰어나기 때문에 어려움에 처한 아이를 나서서 도와주려 할 가능성이 크다. 인기 있는 친구가 나서서 또래 집단 안에 아이를 끼워주면 여러 친구들과 자연스럽게 어울리는 기회를 만들 수 있다.

친구를 사귀는 방법을 바꿔보는 것도 필요하다. 수줍음이 많은 아이에게 무조건 놀이터에 나가 친구를 사귀어 놀라고 하면 큰 스트레스를 받을 수 있다. 그러므로 살짝 방법을 바꿔 놀이터에서 놀이를 주도하는 친구에게 넌지시 부탁해서 아이에게 함께 놀 것을 제안해달라고 하는 것은 어떨까? 부모가 아이와 재미있게 놀아주면서 주변에 있는 친구들을 하나둘 끼워주는 것도 괜찮다. 아이가 친구들과 어색해하지 않고 놀이를 즐기게 되면 그때 부모는 슬며시 빠지면 된다.

또래 관계에 어려움을 겪는 아이를 위한 훈육 Tip

① 아이가 또래 집단에서 어떤 위치에 있는지 점검한다.

② 상호작용 기술을 가르친다.

③ 부정적인 말을 삼가고 긍정적인 피드백을 준다.

④ 또래와 함께하는 시간을 만들어준다.

⑤ 친구 사귀는 방법을 바꿔본다.

02

이기적인 아이, 타인의 마음을 공감하는 연습을 시킨다

아름이는 몇 번의 유산 끝에 어렵게 얻은 외동딸이다. 부모는 금지옥엽 아름이의 행복을 위해서라면 하늘의 별도 따다 줄 마음이었다. 그래서 원하는 것은 다 해주고, 싫다는 것은 되도록 안 시켰다. 그러다 보니 집에서 아름이는 자신이 제일 높은 사람인 줄 안다. 하지만 부모는 큰 걱정을 안 했다. 그런데 유치원에 들어가면서부터 조금씩 문제가 드러나기 시작했다. 놀 때도 갖고 싶은 장난감은 꼭 자기가 가지고 놀아야 하고, 간식을 먹을 때도 제일 먼저 고르겠다고 떼를 부렸다. 초등학교에 들어가서는 모둠 활동을 자기 마음대로만 하려고 하고 놀 때도 술래가 되거나 지면 하기 싫다고 토라지는 일이 빈번하여 결국 친구 없는 외톨이가 돼버렸다.

• • •

부모에게 자식은 자기 목숨보다 더 소중한 존재다. 그런 아이에게 좋은 것만 주고 싶고 행복한 일만 만들어주고 싶은 마음은 당연한 것이다. 하지만 지나친 사랑은 자기만 아는 이기적인 아이로 만들 수 있다. 그리고 그것은 또래 관계를 어렵게 만들고 사회 적응력을 떨어뜨릴 수 있다.

사실 이기심은 인간의 본성이다. 인간은 누구나 이기심을 가지고 있으며, 이기심은 나를 보호하는 수단이자 발전을 가능케 하는 원동력이 되기도 한다. 아이들은 만 2세가 되면 자의식이 생기는데, 이때부터 부모의 도움 없이도 혼자서 무언가를 스스로 해내려는 자립심이 나타남과 동시에 자기중심적인 태도가 드러난다. 그래서 어린아이들이 이기적으로 행동하는 것은 발달 과정 중 당연히 나타나는 일이다.

하지만 인간은 사회적 동물이기도 하다. 만 3~4세만 돼도 거의 대부분 유치원에 가고, 학령기가 되면 누구나 다 초등학교에 다닌다. 그리고 단체 생활을 할 때 다른 사람들과 잘 어울리기 위해서는 자신에게 이익이 되지 않더라도 다른 사람에게 도움을 주려 하는 이타심이 필요하다.

아동발달학자들의 연구에 의하면, 다행히 아주 어린 아이들도 이타심을 가지고 있다고 한다. 하지만 이타심이 사회성의 핵심 요소인 다른 사람의 마음을 읽고 공감할 수 있는 능력으로 발전하는 데는 부모와 사회의 교육이 필요하다. 그러니까 사회성은 저절로 키워지는 능력이 아니라, 부모가 말과 행동으로 보여주고 가르쳐줘야 하는 능력이다. 부모로부터 배운 것을 사회 속에서 경험하고 학습하며 다져나가는 것이다.

당연히 과잉보호 속에서 응석받이로 자란 아이들은 이러한 사회적 기술을 배우기 힘들다. 부모가 아끼고 사랑할 줄만 알았지 다른 사람의 마음을 이해하고 공감하고 나누는 것은 가르치지 않았기 때문에 결국 아이는 남을 배려할 줄 모르는 이기적인 사람이 되고 만다.

뿐만 아니라 응석받이로 자란 아이들은 대체적으로 욕구 충족에 대한 자제력이 약하다. 부모가 늘 넘치도록 채워줬기 때문에 욕구가 충족되지 않는 상황을 참지 못한다. 남을 배려하기 위해서는 자신의 욕구를 적절하게 자제할 수 있어야 하는데, 그런 걸 할 수 없으니 남들로부터 밉상이 되기 쉽다. 그러므로 아이가 너무 이기적이라면, 그래서 또래 집단과 잘 어울리지 못한다면 부모는 이제라도 양

육 태도를 바꿔야 한다.

먼저 아이가 원한다고 뭐든지 다 해주면 안 된다. 집에서나 아이가 원하는 대로 다 해줄 수 있지, 사회에 나가면 모든 사람들이 내 아이만을 위해 움직이지 않는다. 그래서 아이가 자신의 욕구를 적절하게 자제할 수 있도록 교육시키는 것은 사회 적응력을 위해서 꼭 필요한 일이다.

사람은 자기가 하고 싶은 것, 갖고 싶은 것을 다 충족시키며 살 수 없기 때문에 참고 기다릴 줄도 알아야 한다는 사실을 가르쳐야 한다. 그러기 위해서는 아이 수준에 맞춰 들어줄 수 없는 것은 단호하게 거절해야 한다. 또 들어줄 수 있는 것이나 들어줄 필요가 있는 것도 즉각적으로 해주지 말고 아이가 어느 정도 참고 기다릴 만한 기간을 설정하는 것이 좋다. 이렇게 아이에게 자제력을 키워줘야 아이는 다양한 사회적 상황에 적응하고 불만족한 상황에서도 자신의 감정을 잘 조절할 수 있게 된다.

또한 아이가 이기적인 행동을 할 때는 그냥 넘어가지 말아야 한다. 지나친 이기심은 잘못된 행동이며, 다른 사람에게 피해를 줄 수 있다는 사실을 분명하게 가르쳐야 한다. 아이가 친구들과 노는 장면을 주의 깊게 살펴 어느 때 이기적으로 행동하는지 알아내 그것이 잘못된 일임을 이야기해주는 것도 필요하다. 아이는 이미 익숙해진 상황이라 어떤 행동이 잘못된 것인지 인식하지 못할 가능성이 크기 때문이다.

하지만 아이의 모든 행동을 다 잘못했다고 하거나 "네가 그러니까 친구들이 같이 안 놀지. 나 같아도 너 같은 애는 싫겠다."와 같이 아이를 비난하는 말은 하면 안 된다. 아이로서는 그동안 그렇게 살아왔기 때문에 당연하고 자연스럽게 하는 행동일 가능성이 크다. 그러므로 이때는 "네가 먼저 하고 싶은 마음은 알겠는데, 친구들도 너와 같은 마음이 아닐까?"라고 아이의 마음을 먼저 읽어주고 다른 사람의 마음을 읽을 수 있게 도와주면 된다. 그러면서 "그럴 때는 네가 한번 양보해봐. 그럼 다음에 친구들도 양보해줄 거야."라고 대안을 제시해주면 더 좋다.

사람들과 원만하게 잘 어울리기 위해서는 공감 능력이 필요하다. 그런데 이기적인 아이는 자신의 마음이 가장 중요하기 때문에 다른 사람의 마음을 잘 보지 못한다. 그래서 공감 능력을 키우면 다른 사람의 마음도 소중하다는 것을 알게 되어 언제나 자신 위주로 선택하는 모습에서 탈피하게 된다.

공감 능력은 연습을 통해 충분히 기를 수 있다. 평소에 아이의 기분만 살피지 말고, 엄마 아빠의 기분이 어떤지 아이에게 알려주는 것만으로도 효과가 나타난다. 부모들 중에는 아이에게 자신의 기분을 들키면 권위가 떨어진다고 생각하는 경우가 있다. 그래서 강한 모습만을 보여주려고 힘들어도 안 힘든 척하고 슬퍼도 안 슬픈 척한다. 하지만 부모는 아이에게 가장 가까운 타인이다. 그래서 부모의 마음을 읽는 연습부터 하는 것이 가장 쉬우면서도 확실한 훈련이 된다. 부모의 마음을 잘 읽는 아이는 다른 사람의 마음도 잘 읽을 수 있다.

더불어 친구들과 함께 협동하는 경험을 많이 하게 해주면 공감 능력을 키워나가는 데 아주 큰 도움이 된다. 두세 명의 친구들을 집으로 초대해 혼자 해서는 절대 이길 수 없는 게임이나 미션을 주는 것이다. 물론 아이 스스로 양보할 마음을 가지고 임하게 하기 위해서는 사전에 이번 활동의 의미와 주의할 점을 미리 알려주는 게 좋다.

만약 아이가 이기심을 보이지 않고 친구들과 원만하게 잘 어울려 활동을 마치면 칭찬을 듬뿍 해준다. 그럼 아이는 서로 이해하고 양보하고 타협하는 것이 훨씬 더 좋은 결과를 낳는다는 사실을 스스로 깨닫게 된다.

이기적인 아이를 위한 훈육 Tip

① 원한다고 다 해주면 안 된다.

② 이기심을 보일 때는 잘못된 행동임을 가르친다.

③ 다른 사람의 마음을 읽고 공감하는 연습을 시킨다.

④ 친구들과 협동하는 경험을 많이 하게 한다.

03

자기 의견을 말하지 못하는 아이, 자기표현을 키우는 활동을 한다

이제 막 초등학교 4학년이 된 민아는 밝고 활달한 아이이다. 친구들과도 잘 어울려 다니고 집에서도 학교에서 있었던 일들에 대해 조잘조잘 말도 잘한다. 그런데 이상하게도 자기 의견을 말해야 할 때는 한참을 머뭇거린다. 물건을 고를 때도 자기는 다 괜찮다고 하고, 친구들과 어울릴 때는 하기 싫은 것이 있어도 티내지 않고 친구들이 하자는 대로 한다. 왜 네 생각이 없냐고 혼도 내고, 네가 싫은 건 싫다고 말하라고 충고도 해줬지만 그런 일이 닥치면 또 아무 말도 못 한다. 엄마는 민아가 당당하게 자신의 의견을 말할 수 있는 날이 오기를 손꼽아 기다린다.

• • •

말을 많이 하고 잘하는 아이들 중에도 진짜 자신의 감정과 의견을 솔직하게 표현하지 못하는 경우가 의외로 많다. 오히려 자신의 생각과는 정반대로 말하고 행동하는 아이들도 있고, 말로 표현하지 않고 화를 내거나 폭력을 쓰는 아이들도 있다.

자기표현력, 즉 자신의 생각과 감정을 드러내는 능력은 생각보다 상당히 많은 기본 능력을 필요로 한다. 일단 자신의 생각과 감정에 대해 잘 파악하고 이해하는 인식 능력이 있어야 하며, 내가 느끼는 생각과 감정이 옳다고 생각하는 자신에 대한 신뢰감, 그리고 그것을 표현할 때 상대방이 귀 기울여 들어줄 것이라 생각하는 타인에 대한 신뢰감까지 갖춰야 한다. 또한 주어진 조건과 환경에 맞게 적당한 수위로 표현하는 능력까지 있어야 제대로 된 자기표현력을 갖췄다고 할 수 있다.

자기표현력이 부족한 아이들은 무엇을 물어보면 "몰라요." 혹은 "까먹었어요."라는 말을 자주 한다. 또 다른 사람들 앞에서는 아무 말도 못 하면서 가족들 앞에서는 자기주장만 내세우는 아이들도 있다. 목소리가 지나치게 작아지면서 얼버무리거나, 긴장해서 말하기 전에 잔기침을 하거나, 표정뿐만 아니라 몸까지 경직되는 등 나타나는 모습들도 참으로 각양각색이다.

자기표현은 욕구를 충족시킬 수 있는 가장 좋은 수단이다. 내가 원하는 것, 내가 생각하는 것을 직접 표현하면 그것을 얻을 수 있는 확률이 높아진다. 그래서 자기표현력이 부족하면 자신의 욕구를 제대로 충족하지 못해 불만족한 상태가 될 수 있다. 표현하지 않으면 아무도 자신의 마음을 알 길이 없으니, 당연히 욕구를 충족할 기회가 적어지면서 불만이 쌓일 수밖에 없다.

자기표현을 어려워하는 아이는 아무래도 기질적인 영향을 무시하지 못한다. 유난히 표현이 없고 어려움이 닥쳐도 잘 참는 아이들이 있는데, 이런 아이들은 키울 때는 참 좋다. 엄마 말도 잘 듣고 곤란한 상황에서도 잘 참아내는 모습은 육아를 하는 입장에서는 참

기특하고 고마운 일이다. 그래서 칭찬을 많이 받곤 하는데, 이런 기질의 아이들은 칭찬에 민감하기 때문에 자신의 감정을 드러내지 않고 시키는 대로 잘 따르는 행동이 더욱 강화된다. 그런데 성장하면서 바로 그런 모습들이 부모를 걱정하게 만들고야 만다.

기질뿐만 아니라 양육 환경도 큰 영향을 미친다. 평소에 부모가 "그것밖에 못하냐.", "내가 너 그럴 줄 알았어."와 같이 억압하거나 비난하는 말을 많이 하면 아이는 자기표현에 자신이 없어질 수밖에 없다. "해, 안 해?", "좋아, 나빠?"와 같이 유연하고 융통성 있는 사고를 할 수 없게 만드는 질문도 아이의 자기표현력을 저해시킨다. 또 아이가 미처 자신의 생각을 말하기도 전에 부모가 다 결정하는 경우도 마찬가지다.

부모가 감정과 의견 표현에 인색한 환경도 아이의 자기표현력을 떨어뜨린다. 부모 중에도 자기의 생각이나 의견을 표현하는 데 어려움을 겪거나 어색해하는 사람이 많다. 그럼 아이들은 다양한 감정과 의사표현 방법을 배울 수 없다. 또 이런 성향의 부모는 대체적으로 아이의 감정과 생각을 읽어주는 부분이 부족하기 때문에 아이가 부모에게 자신을 표현하는 것을 더 어려워한다.

아이를 자기표현에 능숙한 아이로 키우기 위해서는 먼저 가정에서부터 아이가 말할 수 있는 분위기를 만들어야 한다. 아이의 말과 행동을 잘 관찰해 아이의 의도나 감정을 잘 파악하는 것부터 시작하면 된다. 아이가 학교에 가기 싫다고 하면 공부가 어려워 그러는 건지 친구와 싸운 건지 선생님께 혼난 건지, 아니면 또 다른 이유가 있는지 살펴봐야 한다. 선생님한테 혼났어도 창피해서 그런 건지 선생님한테 미움받을까 봐 그런 건지 세심하게 살펴보도록 한다. 아이가 진심을 말하지 않더라도 행동이나 표정 같은 비언어적인 메시지를 유심히 관찰하면 아이의 마음을 읽을 수 있다.

그다음은 아이의 감정과 생각을 그대로 인정하고 받아들여준다. 아이가 선생님한테 혼나 선생님이 밉다고 하면 "네가 잘못했는데 그러면 되니?"라고 말할 게 아니라, "선생님이 미울 수도 있지."라고 먼저 인정해주는 것이다. 그래야 아이는 자신의 생각과 감정이 받아들여진다는 느낌을 받아 좀 더 편안하게 속마음을 털어놓을 수 있다.

이때 아이의 감정과 생각을 무시하는 말을 하지 않도록 주의해야 한다. "그렇게 말하면 네가 나쁜 아이야."와 같이 아이를 평가하는 말이나 "뭐가 속상해. 울지 마."와 같이 아이의 정서를 무시하거나 부정하는 말이나 "형은 너처럼은 안 해."와 같이 비교하는 말이나 "넌 그렇게 안 할 거지?"와 같이 단정 짓는 말이나 "하나도 안 아프잖아."라고 아이의 반응을 부정하는 말들은 아이가 자신의 생각이나 의견을 말하는 데 걸림돌이 될 수 있다.

자기표현력이 부족한 아이들은 부정적인 감정을 숨기려고 하는 경향이 크기 때문에 진심을 털어놓는 데 상당히 큰 용기가 필요하다. 그래서 어떤 때는 과격한 행동으로 표현하기도 한다. 그때는 과격한 행동 자체에 초점을 맞추지 말고 행동 이면의 아이의 마음을 들여다봐줘야 한다.

또 7세 이전의 아이들은 언어능력이 미숙해 자기표현이 잘 안 되는 경우가 많다. 아이가 자신의 생각이나 감정을 잘 표현하지 못하면, 부모가 대신 정확하게 표현해주면 된다. 반면 7세 이상의 아이들은 자신의 마음을 파악하는 능력은 충분하지만 혼날까 봐, 아니면 쑥스러워서 등등 여러 가지 이유로 자신의 감정을 감추거나 축소하려는 경향이 있다. 아이가 편안하게 마음을 터놓으려면 평소에 아이의 감정을 그대로 인정해주는 것이 중요하다.

부모가 먼저 자신의 생각이나 감정을 잘 표현하는 것도 도움이 된다. 자기표현력이 떨어지는 아이들은 다양한 감정을 느끼고 그것을 표현하는 언어적 감각이 떨어지는 경향이 있다. 그래서 부모가 일상의 일이나 어린 시절의 일들을 다양한 감정 단어를 사용해 표현해주면, 아이도 자신의 감정을 파악하고 그것을 표현하는 데 훨씬 수월해진다.

부정적인 표현은 가급적 삼가는 것이 좋다. 부모의 부정적인 표현을 아이가 그대로 배울 수 있기 때문이다. 같은 상황에서 어떻게 말하느냐는 자기표현 역량의 수준을 결정하므로, 부정적인 표현보다 긍정적인 표현을 많이 배워야 사람들의 호감을 사는 표현법을 습득할 수 있다.

연령이나 발달 상황에 맞는 적절한 대안 행동을 알려주는 것도 필요하다. 블록이 무너져 속상한 마음을 블록을 던지는 것으로 표현하면 "블록이 무너져서 속상하구나. 그래도 블록을 던지는 건 좋지 않은 행동이야. 그럴 때는 엄마한테 속상하다고 말하면 돼. 그럼 엄마가 같이 쌓아줄 수 있어."라고 제안하면 다음번에 같은 상황이 닥쳤을 때 대안 행동을 통해 적절히 대처할 수 있다.

자기표현력을 키울 수 있는 다양한 활동도 큰 도움이 된다. 책은 아주 좋은 도구다. 책에는 다양한 표현과 어휘가 있고, 다양한 상황과 사람들의 반응이 들어 있다. 그러므로 책을 읽고 함께 이야기 나누면서 아이의 생각을 자주 물어보면, 표현력뿐만 아니라 논리적 사고력도 키울 수 있다.

가족회의를 하는 것도 추천한다. 주제를 정하고 의견을 말할 수 있게 해주면 표현력도 기르고, 다른 사람의 말에 귀를 기울이며 타협하는 방법까지도 배울 수 있다. 또 부모와 역할을 바꾸거나 형제자매끼리 역할을 바꿔 각자의 입장에서 이야기를 나누는 것도 재미있다. 그럼 서로가 가진 생각을 알 수 있고, 자신의 생각과 감정을 표현하는 것이 얼마나 중요한지도 깨달을 수 있다.

자기 의견을 말하지 못하는 아이를 위한 훈육 Tip

① 아이의 말과 행동을 관찰해 의도나 감정을 파악한다.

② 아이의 감정과 생각을 그대로 인정하고 받아들여준다.

③ 부모가 먼저 자신의 감정이나 생각을 표현한다.

④ 적절한 대안 행동을 알려준다.

⑤ 자기표현력을 키울 수 있는 다양한 활동을 한다.

04

상황 파악을 잘 못하는 아이, 구체적인 대처 방법을 가르친다

준이는 공부도 잘하고 아는 것도 많다. 그런데 친구들은 준이를 분위기 파악 못하는 눈치 없는 아이로 평가한다. 수업 시간에 궁금한 게 있으면 계속 혼자만 질문하고, 자기가 아는 것이 나오면 아는 척을 하느라 다른 친구들은 안중에도 없다. 친구들과 놀 때도 자기가 좋아하는 것만 하려고 하고, 친구들이 기분 나빠하는 상황에서도 그걸 모르고 함박웃음을 터트릴 때도 있다. 그래서 친구들은 준이를 대놓고 따돌리지는 않지만 은근히 멀리하고 같이 놀기를 거부한다. 준이 부모는 똑똑하고 영리한 아들이 왜 이렇게 아이들과 어울리지 못하는지 이해할 수가 없다.

• • •

'눈치가 있다 없다.'라는 말은 '사회적 상황 파악이 된다 안 된다.'로 바꾸어 표현할 수 있다. 사람들과 어울려 살다 보면 수많은 상황이 벌어지는데, 그런 순간에 지금 어떤 상황이 벌어지고 있는지 재빨리 파악하고 사람들의 마음을 제대로 읽어서 그 상황에 맞는 적절한 행동을 할 줄 알아야 한다. 이러한 사회적 상황 파악 능력이 부족하면 분위기 파악 못하는 사람, 눈치 없는 사람이 되고 만다. 그래서 사회성이 좋은 아이로 키우려면 사회적 상황 파악 능력을 꼭 신경 써야 한다.

이 능력은 타인의 마음을 읽는 것으로부터 시작된다. 9개월 정도 되면 아이들은 자기에게 마음이 있고, 엄마에게도 마음이 있다는 것을 알게 된다. 또 12개월쯤이면 엄마의 표정을 보고 엄마의 마음을 읽을 수 있다. 만 2세 전후의 아이들은 엄마가 하지 말라는 짓을 할 때면 엄마 눈치를 본다. 상황 파악을 하는 것이다. 그리고 이때부터 아이들은 일상생활의 순간순간마다 상황을 파악하여 스스로의 행동을 결정하는 수많은 경험을 하게 된다.

하지만 이러한 능력은 쉽게 키워지는 것이 아니라서 상황 파악 못하고 떼를 쓰다 혼쭐이 나는 경우도 심심치 않게 일어난다. 또 7세 이전까지는 자기중심성이 강한 시기이기 때문에 상황 파악이 돼도 자기가 하고 싶은 대로 하려는 경향이 있다. 7세 이후부터는 자기중심성에서 벗어나 공감 능력이 발달할 뿐만 아니라 단체 생활을 하면서 사회적 경험을 많이 하기 때문에 사회적 상황에 맞게 대처하는 능력이 빠르게 발달한다.

물론 7세 이후에도 사회적 상황 파악 능력이 떨어지는 아이도 있다. 먼저 ADHD가 있는 아이는 특유의 자기중심성을 가지고 있기 때문에 다른 사람의 감정이나 생각을 유추할 수 있는 능력이 떨어질 수 있다. 그래서 상황 파악을 하지 못하고 자기 멋대로 행동하기 일쑤다. 다른 사람을 배려하는 행동이 부족해 눈치 없는 아이가 되기도 한다.

또 자폐적인 성향을 가진 아이도 다른 사람의 말에 담겨 있는 감정이나 어감을 잘 헤아리지 못한다. 그래서 사회적 상황 파악이 어려울 수 있다.

이러한 질병적인 문제가 아니라면, 부모의 잘못된 양육 태도로 인해 상황 판단을 잘하지 못하는 아이로 키워진 것이라 할 수 있다. 아이가 하고 싶은 것, 갖고 싶은 것을 다 해주는 허용적인 양육 태도는 자기중심적인 아이로 만들 수밖에 없다. 자기중심적인 아이는 다른 사람의 감정을 읽는 능력과 배려심이 떨어지기 때문에 상황 파악 능력이 부족할 수밖에 없다.

반대로 부모가 아이에게 너무 무관심한 경우도 아이의 상황 판단 능력이 떨어지게 만들 수 있다. 아이가 사회적 상황을 파악하는 능력은 상당 부분 부모와의 상호작용을 통해 키워진다. 상호작용을 통해 해도 될 행동과 하면 안 될 행동을 배우기 때문이다. 그런데 상호작용이 부족하면 아이들은 이러한 사회적 상황을 파악하는 방법을 배울 수 없고, 판단 기준도 제대로 확립할 수 없게 된다. 그래서 눈치 있는 아이가 아니라, 눈치만 보는 아이로 자랄 수 있다.

그러므로 사회적 상황 파악이 부족한 아이는 무엇보다 먼저 부모의 양육 태도를 점검하고 수정해야 한다. 지금까지 과잉보호를 해서 너무 허용적으로 아이를 키웠다면 이제라도 아이에게 자율성을 주고 무엇이든 스스로 해낼 수 있게 해야 한다. 아이가 부모의 손에서 벗어나 사회적 경험을 할 수 있도록 해야 한다. 반면 아이에게 너무 무관심한 부모였다면 상호작용 시간을 늘리고 행동의 기준을 알려줘야 한다.

아이가 사회성이 떨어지고 친구가 없으면 부모는 조급해져서 한시라도 빨리 친구들과 어울리라고 무조건 또래 집단에 끼워 넣는 실수를 저지르기도 한다. 하지만 아직 준비가 안 된 아이에게 이러한 방법은 역효과가 날 수 있다. 친구들과 어울리지 못하는 경험만 더 많이 쌓이게 해서 아이를 낙담하게 만들고 자신감을 떨어뜨릴 수 있다. 비슷한 또래의 친구들도 아직 자기중심적인 사고에서 벗어나지 못한 상태이기 때문에 내 아이를 배려하며 도움을 주기는 쉽

지 않다.

그러므로 아이가 또래 집단에 참여하기에 앞서 상황을 파악하고 대처할 수 있는 구체적인 기술부터 가르쳐줘야 한다. 취학 전의 어린아이라면 부모가 함께 인형놀이나 역할놀이를 하면서 친구 역할을 해주는 게 좋다. 부모와 함께 놀면서 갈등 상황을 인지하고 풀어가는 방법, 타협을 해야 할 때를 알고 타협하는 방법, 또 상대방의 마음을 읽고 공감하고 위로하는 방법 등을 터득해나갈 수 있기 때문이다.

초등학생이라면 한두 명의 작은 그룹의 친구들과 자주 만나게 한다. 너무 많은 인원과 어울리면 상황 판단이 잘 안 되는 아이는 금방 외톨이가 되기 쉽기 때문이다. 또 가급적 아이에 대해 잘 알고 배려심이 깊은 친구들과 놀게 해주는 게 좋다. 처음에는 친구들과 노는 모습을 관찰하고 각각의 상황에서 아이가 하는 행동을 눈여겨본 뒤 아이가 분위기 파악을 잘 못하는 것 같으면 조금씩 개입해 조정해줄 필요가 있다.

친구들이 돌아간 다음 아이와 그날 있었던 일에 대해 이야기 나누는 것도 중요하다. 이때는 아이가 잘못했다고 지적하거나 혼을 내서는 안 되고, 친구들과 잘 지낼 수 있는 방법을 알려준다는 느낌을 받을 수 있도록 신경 써야 한다. 만약 아이가 상황 파악을 잘 해냈다면 작은 부분이라도 반드시 칭찬해준다.

상황 파악을 잘하지 못해 또래 친구들과 잘 어울리지 못한다고 해도 아이의 부족한 사회성에 과도하게 집착해서는 안 된다. 아이에게 친구가 없는 것을 부모가 너무 큰 문제로 만들어버리면, 아이가 대인 관계를 매우 어렵고 힘든 문제로 생각하면서 더욱 자신감이 떨어질 수 있다.

친구는 꼭 필요하지만 모든 아이들과 다 친하게 지낼 필요도 없고, 또 그럴 수도 없다. 아이와 기질이 잘 맞는 단짝 친구를 만들어 주는 것이 더 좋은 방법이 될 수 있다.

상황 파악을 잘 못하는 아이를 위한 훈육 Tip

① 양육 태도를 점검하고 수정한다.

② 무조건 또래 집단에 끼워 넣지 않는다.

③ 상황을 파악하고 대처할 수 있는 구체적인 기술을 가르친다.

④ 아이의 부족한 사회성에 과도하게 집착하지 않는다.

05

새 환경에 적응하지 못하는 아이, 단계적으로 도전하게 한다

6세 수빈이의 집에서는 아침마다 엄마와 수빈이의 힘겨루기가 벌어진다. 어린이집을 졸업하고 새로운 유치원에 등원한 지도 벌써 두 달째인데, 수빈이가 아직까지도 아침마다 유치원에 안 가겠다고 버티기 때문이다. 달래기도 하고, 혼을 내보기도 하지만 결국 울고불고 난리를 치는 바람에 억지로 유치원 버스에 밀어 넣는 게 매일 아침의 일상이 돼버렸다. 어린이집도 처음 적응할 때 어려움을 겪었지만 다행히 시간이 지나면서 잘 다녔다. 이제 좀 컸으니 유치원 적응은 수월할 줄 알았는데, 수빈이는 오히려 더 힘들어하고 있다. 매일같이 등원 전쟁을 치르면서라도 억지로 유치원에 보내는 게 맞는지 수빈이 엄마는 심란하기 그지없다.

• • •

유치원이나 학교가 개학하는 3월이면 아이들의 적응 문제로 골머리를 앓는 부모들이 많다. 그래도 대부분의 아이들은 한 달 정도의 시간이 지나면 별다른 문제없이 적응하는데, 유독 그렇지 못한 아이들이 있다.

그럴 때는 먼저 아이의 기질적 특성을 살펴봐야 한다. 까다로운 기질의 아이는 자극을 받아들이는 데 상당히 예민하기 때문에 새로운 환경에 처하면 높은 긴장감을 갖는다. 특히 오감이 예민한 아이들은 새로운 환경의 냄새나 선생님 또는 친구들과의 접촉, 익숙하지 않은 목소리 등에도 신경이 날카로워지고 불안해진다. 그러한 불안감이 적응력을 떨어뜨리고 새로운 환경을 거부하는 행동으로 나타날 수 있다.

또 느린 기질의 아이는 소심하고 수동적이고 활동량이 많지 않기 때문에 새로운 환경이나 낯선 사람에 적응하는 데 어려움을 보인다. 특히 유치원이나 학교는 갑자기 많은 사람들과 관계를 맺어야

하고 지켜야 할 규칙도 많다. 그런 것들을 빨리빨리 해내지 못하니 아이 스스로 수치심이나 열등감을 느끼면서 낯선 상황에 대한 적응력이 떨어지게 된다. 또 소심한 성격 때문에 친구들에게 적극적으로 다가가지 못해 친구 문제 등으로 새로운 환경을 거부하는 일도 생긴다.

산만한 아이들도 유치원이나 학교 적응에 어려움을 겪을 수 있다. 산만한 아이들은 기질상 쉽게 흥분하고 충동성이 크기 때문에 규칙을 위반하고, 돌출 행동을 하고, 친구들에게 지나친 행동을 하는 경우가 많다. 선생님의 지시를 어기고 독단적으로 행동하는 경우도 많다.

그렇게 되면 선생님이나 친구들에게 부정적인 인상을 심어줄 수 있어 자존감이나 또래 관계에 나쁜 영향이 미치고 적응에 어려움을 겪을 수 있다. 3, 4월이면 아동상담센터나 소아정신과에 초등학교 1학년 아이들이 많이 찾아오는데, 그중에는 산만한 아이들이 꽤 많이 포함돼 있다.

기질 이외에 부모의 양육 태도도 영향이 있다. 가장 먼저 애착 형성이 잘 안 된 경우에는 낯선 환경에 처하면 불안감이 커지기 때문에 적응하는 데 어려움을 겪게 된다. 부모의 과보호로 인해 의존적인 아이로 성장한 경우에는 스스로 해낼 수 있는 일이 적고, 다른 아이들의 속도를 따라가지 못하게 되면서 단체 생활에 흥미를 잃고 자신감이 떨어지게 된다.

너무 허용적인 환경에서 자란 아이도 적응에 어려움을 겪을 수 있다. 새로운 곳에 가면 그곳에서 지켜야 할 기본 규칙이 있는데, 자기가 하고 싶은 대로 다 하면서 자랐던 아이들은 자신의 행동을 제어하는 규칙 자체를 부담스러워하기 때문에 규칙을 지키는 것에 어려움을 겪는다.

아이가 새로운 환경에 잘 적응할 수 있도록 하기 위해서는 먼저 원인부터 파악해야 한다. 아이들마다 적응에 어려움을 겪는 이유는 다 다르다. 그러므로 아이의 기질적 특성을 잘 이해하고, 부모의 평소 양육 태도를 점검해 어떤 이유로 적응에 어려움을 겪는지 알아내야 한다.

아이의 부적응이 속상하고 답답하더라도 "다른 아이들은 다 하는데 너는 왜 못해.", "그것도 못하면 뭘 할 수 있겠니."라고 말하면서 아이를 비난하거나 다그치거나 화를 내면 안 된다. 가뜩이나 자신감이 떨어져 있는 아이를 더 위축시키고 불안감을 높이기 때문이다. "친구가 없어서 유치원에 가기 싫구나.", "선생님이 빨리 하라고 하니까 조금 힘들구나."와 같이 아이의 마음을 읽어주고 이해해주는 것부터 시작해야 한다.

그렇다고 무조건 다 받아주라는 것은 아니다. 아이 스스로 이겨내야 한다는 것도 분명히 알려줘야 한다. 아이가 아침마다 유치원에 가기 싫어한다고 "한 번만 가면 안 될까? 갔다 오면 맛있는 거 사줄게."라고 하며 끊임없이 아이의 의사를 물어보거나 회유하려고 하거나 타협하려고 하면 아이의 떼만 더 늘릴 수 있다. 그럴 때는 "울어도 소용없어. 유치원은 꼭 가야 하는 곳이야."라고 짧고 단호하게 말해줘야 한다. 그리고 아이가 화를 진정시킬 때까지 기다려준다. 두렵고 힘든 마음은 수용해줄 수 있지만, 안 가겠다고 떼를 쓰거나 우는 행동은 수용해줄 수 없다는 메시지를 확실하게 전달하는 것이 중요하다.

새로운 환경에 적응하는 것을 힘들어하는 아이들에게는 단계적으로 도전하게 하는 것도 좋은 방법이다. 두려움을 이겨낼 만한 충분한 시간을 주면서 자신감을 가질 수 있도록 하는 과정이다. 처음에는 엄마가 함께 가서 아이 옆에 있어주고, 다음 날은 교실 앞까지만 데려다주고, 다음 날은 정문 앞까지 데려다주는 등 시간을 두고 단계적으로 적응하게 도와주면 된다. 이때 "잘했어. 내일은 교실 앞까지만 데려다줄 거야. 할 수 있지?"라고 칭찬해주면 아이로 하여금 도전의식을 고취시킬 수 있다.

또 유치원이나 학교 등 아이가 새로 적응해야 하는 곳에 미리 가서 장소를 둘러봄으로써 환경에 익숙해지게 하는 것이 좋다. 그 과정에서 불안감을 자극하는 말은 절대 금물이다. 불안감이 높은 아이에게 "엄마는 네가 학교에 가서 친구들이랑 잘 지내지 못할까 봐 걱정이야.", "이번에도 적응 못하면 안 돼."와 같이 부모의 불안감을 그대로 전하거나 "유치원 가서 잘해야 돼.", "학교에서 그렇게 하면 혼난다."는 말로 아이에게 부담감을 주면 안 된다. "유치원에 가면 친구들 많아서 좋겠네.", "학교 급식이 아주 맛있다고 소문났더라."와 같이 아이가 새로운 환경에 대한 기대감을 갖게 해주는 말이 필요하다.

아이와 함께하는 시간을 늘리는 것도 중요하다. 적응하는 데 시간이 걸리는 아이는 새로운 환경에 있는 동안 많은 스트레스를 받는다. 그래서 집에 돌아오면 부모와 그날 있었던 일에 대해 이야기하고 어려웠던 감정들을 쏟아내면서 격려도 받고 스트레스를 해소하는 과정이 필요하다. 특히 애착 형성이 잘 안 돼 부모와 떨어지는 것을 무서워하는 아이라면 따뜻한 대화와 다정한 스킨십이 더욱더 절실하다.

새로운 환경에 적응하지 못하는 아이를 위한 훈육 Tip

① 원인을 파악하고 아이의 마음을 이해해준다.

② 스스로 이겨내야 한다는 것을 가르친다.

③ 단계적으로 도전하게 한다.

④ 불안감을 자극하는 말은 하지 않는다.

⑤ 아이와 함께하는 시간을 늘린다.

06

따라쟁이 아이,
주도성과 자율성을 키워준다

5세 윤주는 친구 따라쟁이다. 유치원에 가면 좋아하는 아이들의 말과 행동을 그대로 따라 하고, 친구들이 갖고 노는 장난감을 똑같이 갖고 놀려고 한다. 처음 친구들을 따라 하기 시작한 것은 또래 친구를 만나기 시작한 4세 즈음부터였다. 그때는 친구가 좋아서 그럴 것이라는 생각에 별 문제라고 생각하지 않았다. 그런데 자꾸 친구들을 따라 하니 엄마는 그 모습이 보기 싫어 그만 좀 하라고 짜증을 부릴 때가 있다. 그럼 윤주는 뭐가 어떠냐고 도리어 화를 낸다. 엄마가 무엇보다 걱정이 되는 것은 이렇게 친구들만 따라 하다가는 자존감이 낮고 사회성도 떨어지는 아이가 되지 않을까 하는 것이다.

• • •

이탈리아의 저명한 신경과학자 자코모 리촐라티Giacomo Rizzolatti는 원숭이 실험을 통해 타인의 행동을 보는 것만으로도 자신이 그 행동을 할 때와 똑같이 반응하는 신경세포가 있음을 발견하고, 이를 '거울뉴런Mirror Neuron'이라 이름 지었다. 즉 모방은 뇌 안에서 이루어지는 지극히 자연스러운 행동인 것이다.

아이들은 모방을 통해 학습한다. 모방에 의한 학습은 신생아 때부터 이루어진다. 엄마가 맘마 하고 입을 벌리면 아이들도 그 모습을 따라 하면서 밥을 먹으려면 입을 벌려야 한다는 사실을 알게 된다. 또 엄마가 씹는 시늉을 하면 아이들도 그대로 따라 하며 음식물을 씹는다. 엄마가 웃으면 아이들도 따라 웃고, 엄마가 울상을 지으면 아이들도 금방 울상이 된다. 이런 모방의 과정을 통해 아이들은 인간의 다양한 감정을 학습한다. 뿐만 아니라 한글을 익힐 때도, 춤을 배울 때도, 노래를 배울 때도 모방은 필수적인 학습 방법이다.

어린아이들은 부러운 마음에 따라 하기도 한다. 특히 손위 형제자매들을 많이 따라 하는데, 이는 언니나 형이 가진 것이 더 좋아 보이고 그들이 하는 행동이 더 멋져 보이기 때문이다. 그래서 남자아이들이 누나가 입은 예쁜 치마가 부러워 자기도 입겠다고 떼를 쓰기도 한다. 손위 형제자매를 따라 함으로써 좀 더 빨리 생활에 필요한 기술을 터득하는 아이들이 있는 반면, 나쁜 버릇을 배워 부모를 난처하게 하는 아이들도 있다.

아무튼 어린아이가 누군가를 따라 하는 것은 지극히 자연스러운 행동이다. 그러므로 이 시기의 모방 행동은 어느 정도 시간이 지나면 저절로 해결될 수 있으니 너무 예민하게 접근하지 않아도 된다. 하지만 사례에 등장한 아이처럼 과도하게 친구를 따라 한다거나, 그로 인해 친구 관계가 원만하지 않게 되는 경우는 따라 하는 원인이 무엇인지 살펴봐야 한다.

아이가 따라쟁이가 되는 원인 중 하나는 주도성과 자율성이 주어지지 않는 양육 환경 때문일 수 있다. 평소 부모가 아이를 너무 과보호해서 모든 것을 다 해준다거나, 반대로 너무 통제적이고 지시적이어서 아이가 자기 마음대로 할 수 있는 것이 하나도 없는 경우가 여기에 속한다.

아이들은 만 2세 전후부터 7, 8세까지는 주변의 환경을 적극적으로 탐험하고 도전하면서 주도성과 자율성을 키운다. 그런데 이때 부모가 너무 아이를 과보호하거나 엄격하게 단속하면 부모가 시키는 것만 하는 아이로 자라 주도성과 자율성을 발달시킬 수 없다. 이러한 습성은 친구들과의 관계에서도 그대로 이어진다. 부모가 시키는 대로 하면 큰 문제가 없었으니, 친구들 사이에서도 주도적으로 뭔가를 해내지 못하고 시키는 대로 하거나 따라 하는 행동을 하게 된다.

또 다른 이유로 친구와 잘 지내는 방법을 알지 못하기 때문일 수도 있다. 친구와 같이 놀고 싶은데 어떻게 다가가야 할지, 친구가 뭘 좋아하는지 잘 파악이 안 되면 아이들은 일단 따라 하는 행동을 하기도 한다. 실제로 어린아이들의 경우는 그러한 방법이 친구를 사귀고 같이 노는 데 도움이 되기도 한다. 아이들은 자기의 행동을 따라 하는 사람에게 더 관심을 보이기 때문이다.

남을 따라 하는 아이의 버릇을 고쳐주고 싶다면 먼저 따라 하지 말라는 말은 안 하는 게 좋다. "너 바보니? 왜 그렇게 친구들을 따라 해.", "자꾸 똑같이 따라 하면 친구가 싫어해."와 같은 말을 하면 가뜩이나 친구 관계를 어려워하는 아이의 자신감을 더욱 떨어뜨릴 수가 있다.

그 대신 친구와 잘 지낼 수 있는 방법이 무엇인지 알려주면 된다. 따라 하기는 친구와 동화하고 싶은 마음에서 일어나는 행동이다. 동화는 서로에게 친밀감을 느끼게 하고 관계를 깊게 만드는 방법이기도 하다.

하지만 친구 관계는 동화만으로는 불완전하다. 친구에게 내 주장도 할 수 있어야 하고, 거절도 할 수 있어야 원만한 친구 관계가 이루어질 수 있다. 즉 친구 간에도 힘의 균형이 잘 이루어져야 서로 만족하는 바람직한 관계가 된다. 그러므로 "친구랑 같이 놀고 싶을 때는 '같이 놀자.'라고 말하면 돼.", "네가 좋아하는 블록 쌓기를 같

이 하자고 말해봐. 친구도 좋아할 거야."라고 구체적인 방법을 알려주면 아이에게 많은 도움이 될 것이다.

친구를 집으로 초대해 놀이를 할 때는 역할놀이를 가장 추천할 만하다. 역할놀이는 각자의 역할에 따라 해야 할 말과 행동이 있기 때문에 무조건 친구를 따라 하는 행동을 하지 않을 수 있다. 그렇게 친구와 즐겁게 놀고 나면 친구와 대등한 관계를 만드는 방법을 배울 수 있다.

나쁜 행동을 따라 하는 것은 확실하게 고쳐줘야 한다. 아직 어린 아이들은 어떤 행동이 옳은지 그른지 판단할 수 없다. 더군다나 나쁜 행동이 더 유혹적이기도 하다. 그래서 친구의 나쁜 행동을 모방하다 진짜 나쁜 길로 들어서는 아이들도 적지 않다. 아직 어린 아이에게는 너무 앞선 걱정을 하지 않아도 되지만, 나쁜 행동이 버릇이 될 수도 있으니 그 행동이 왜 나쁜지 아이가 이해하기 쉽게 설명해주고 다시는 하지 않도록 단호하게 제지해야 한다.

궁극적으로는 주도성과 자율성을 키워주는 게 중요하다. 의외로 방법은 간단하다. 주도성과 자율성은 스스로 뭔가에 도전하고 그것을 해내는 과정에서 성취감을 느끼며 발달한다. 그러므로 일상생활에서 아이가 할 수 있는 일은 스스로 해내도록 내버려두고, 잘해냈을 때는 사소한 것이라도 칭찬해주면 된다. 어렵지 않은 심부름을 시키거나 새로운 놀이에 도전하게 하는 것도 좋은 방법이다.

또 "너는 어떻게 생각하니?"와 같이 아이의 의견을 묻는 질문을 하고 아이가 자신의 생각을 말하면 경청해줘야 한다. 아이 스스로 생각하고 자신의 의견을 말할 수 있어야 친구 관계에서도 주도적인 아이가 될 수 있다.

따라쟁이 아이를 위한 훈육 Tip

① 따라 하지 말라는 말은 하지 않는다.

② 친구와 잘 지내는 방법을 알려준다.

③ 나쁜 행동을 따라 하는 것은 확실하게 고쳐준다.

④ 주도성과 자율성을 키워준다.

07

융통성 없는 아이, 타협하는 기술을 가르친다

재우는 동네에서 인사 잘하는 아이로 유명하다. 모르는 어른이 지나가도 꼭 90도로 허리를 숙여 인사를 하니, 어른들 보기에는 참 예의 바르고 착한 아이이다. 그런데 친구들한테는 영 인기가 없다. 친구들이 다투거나 잘못된 행동을 하면 바로 선생님한테 일러바치거나, 그러면 안 된다고 일장 훈계를 한다. 친구들의 작은 장난도 웃으며 넘기지 못하고 기분 나쁘게 생각하며, 친구들이 모르고 살짝 건드리기라도 하면 미안하다는 말을 안 했다고 따지고 든다. 재우는 도덕적이고 예의 바른 모범생이지만 너무 고지식하고 융통성이 없는 것이 문제다. 엄마도 그게 큰 걱정이다.

• • •

도덕적이고 예의 바른 것은 참 좋은 자질이다. 그런데 이것이 지나쳐 너무 고지식하고 융통성이 없으면 여러 가지 문제가 생긴다. 가장 큰 문제는 재우같이 사회성이 떨어진다는 것이다. 아이들이 어울려 놀다 보면 다양한 상황이 발생하는데, 그때마다 따지고 들고 원리 원칙대로만 하는 아이가 있으면 분란이 자주 일어난다.

또 고지식하고 융통성 없는 아이들은 정해진 규칙과 틀 안에서는 모범적으로 잘 행동하지만, 새로운 일이나 예기치 못한 상황에서는 크게 당황하면서 적응하는 데 어려움을 겪는다. 유연성과 상황대처 능력이 떨어지기 때문이다.

고지식하고 융통성 없는 아이 또한 부모의 양육 태도에서 비롯되는 경우가 많다. 부모가 아이의 행동에 지나치게 간섭하고 지시하는 경우, 아이는 자신의 생각이나 감정보다는 부모가 정해놓은 규칙과 규범을 따라야 한다고 생각하게 된다. 그렇지 않으면 혼이 나거나 사랑받지 못하기 때문이다. 그렇게 부모의 지시대로만 살다 보면 다른 사람들의 의견을 받아들이지 못해 다양한 방식으로 생각할 줄 모르는 고지식하고 융통성 없는 아이가 될 수 있다.

부모가 너무 도덕적이어도 아이가 고지식해질 수 있다. 아이가 옳지 않은 말이나 행동을 할 때마다 "그렇게 하는 건 나쁜 행동이야. 내가 너를 그렇게 가르쳤니!"라고 꾸짖으며 도덕적인 행동을 하라고 강요하다 보면, 아이도 도덕적인 잣대에서 약간의 예외적인 행동을 하는 것을 견딜 수 없어 한다.

아이의 작은 실수나 잘못을 용납하지 못하는 완벽주의자 부모도 아이를 고지식하고 융통성 없게 만들 수 있다. 아이가 실수나 잘못을 하면 "그것밖에 못해! 너한테 실망이야."라고 말하며 아이 앞에서 지나치게 실망하는 모습을 보이거나 처벌하는 부모들 말이다. 그럼 아이 역시 규칙이나 규범에 맞는 행동을 해야만 안전하다고 믿게 된다.

물론 사람은 도덕적이어야 하고 규칙과 규범에 맞게 살아가야 하는 게 옳다. 그러나 살다 보면 예외적인 상황도 발생하고 여러 사람이 모여 있다 보면 서로 다른 생각들이 충돌할 수도 있기 때문에 융통성을 발휘해야 하는 순간들이 생긴다. 그런데 이런 상황에서도 옳은 것만 추구하고 그렇지 못한 사람들을 비난하면 그 외의 사람들로부터 소외당할 수 있다. 그래서 융통성은 사회성을 키우는 데 중요한 요소가 된다.

그럼 어떻게 하면 좀 더 유연하고 융통성 있는 아이로 키울 수 있을까? 우선 부모가 먼저 너그럽고 여유 있게 아이를 대해야 한다. 아이의 실수나 잘못에 크게 혼내거나 압박감을 주지 말고 "누구나 다 실수는 할 수 있어. 실수하면서 크는 거야."라고 말하며 너그럽게 용서하고 보듬어줘야 한다.

아이가 변명을 하면 "또 변명이야?", "그래서 지금 네가 잘했다는 거야?"라는 말로 면박을 주거나 비난하지 말고 그냥 들어주면 된다. 부모가 먼저 여유롭게 대하면 아이도 편안하고 여유로운 마음을 갖게 된다.

아이의 생각을 자주 물어보고 받아들여주는 것도 중요하다. 아이에게 부모의 생각을 너무 강요하고 그대로 따르게 하면 부모가 정해준 틀 안에서만 생각하게 되어 사고의 유연성이 떨어질 수 있다. 일상생활에서 아이의 의견을 자주 물어보고 존중해줘야 아이도 생각이 많아지고 유연해진다. 이때 부모가 아이의 의견에 덧붙여 좀 더 발전된 아이디어를 말해주면 사고를 확장시킬 수 있으므로 더 좋은 결과를 가져온다.

고지식한 아이들이 융통성을 발휘하지 못하는 이유 중 하나는 자신만의 눈으로 세상을 바라보기 때문이다. 그래서 세상을 바라보는 방식은 사람마다 다를 수 있다는 것과 같은 상황에서도 사람마다 각자 다른 처지가 있다는 것을 이해하지 못한다. 친구가 잘못을 저질렀을 때 선생님께 곧장 달려가 고자질을 하는 것도 친구의 감정을 헤아리지 못하기 때문이다. 그러므로 다른 사람의 마음을 헤

아리는 능력을 키워주는 것도 필요하다. 아이가 고자질했을 때 부모가 친구를 대변해 친구의 마음을 알려주거나 선생님한테 혼났을 때 친구가 어떤 마음이 들었을지 이야기 나누면서 친구의 마음을 헤아려보는 연습을 하면 된다.

이때 조심해야 할 점은 아이가 고자질한 것을 혼내거나 질책해서는 안 된다는 것이다. 그럼 자기는 잘못했고 친구가 잘했다는 걸로 받아들일 수 있기 때문이다. 같은 상황도 여러 이유가 있을 수 있다는 것을 알려주는 게 핵심이다.

다양한 문제 해결 방법을 생각해보게 하는 것도 필요하다. "선생님께 말씀드리지 않고 해결하는 방법도 있지 않을까?"라고 질문을 던져보자. 그리고 아이와 함께 이야기를 나누며 문제를 해결하는 데는 여러 방법이 있다는 것을 알려준다.

또한 타협하는 기술도 가르쳐줘야 한다. 고지식한 아이들 중에는 고집이 센 아이들이 많다. 한번 하고 싶다고 생각하면 꼭 해야 하고, 하기 싫은 건 아무리 어르고 달래도 잘 안 한다. 이럴 때는 "게임을 하는 건 좋은데, 하루에 한 시간씩만 할 수 있어. 그 대신 시간은 네가 정해."와 같이 타협안을 제시하도록 한다.

물론 아이가 반대하며 자신의 의견을 내세울 수도 있다. 그럼 적당한 선에서 타협하면 된다. 이런 과정을 통해 서로의 의견을 절충하고 타협해나가는 방법을 배우면 친구들과의 관계에서도 적용할 수 있다.

모험적인 일을 경험하게 하는 것도 도움이 될 수 있다. 새로운 일이나 예상치 못한 일이 닥쳤을 때 유연하게 대처하는 능력을 키워 주는 데는 모험적인 놀이나 경험만 한 게 없다. 캠핑이나 자전거 일주, 등산, 숲 체험처럼 변수가 많은 활동을 통해 생각의 폭도 넓히고 대처 능력도 키우는 것이다. 그러다 보면 융통성도 높아지고 고지식한 면이 줄어들 수도 있다.

융통성이 없는 아이를 위한 훈육 Tip

① 부모가 먼저 너그럽고 여유 있게 아이를 대한다.
② 아이의 생각을 자주 물어보고 받아들여준다.
③ 다른 사람의 감정을 헤아리는 능력을 키워준다.
④ 다양한 문제 해결 방법을 생각해보게 한다.
⑤ 타협하는 기술을 가르친다.
⑥ 모험적인 일을 경험하게 한다.

08

따돌림당하는 아이, 마음을 위로하고 자존감을 키워준다

영석이는 내성적이고 말수가 없다. 사람들 앞에 나서는 법도 없고, 친구들 사이에도 잘 끼지 못한다. 그래도 1, 2학년 때는 조금 외롭긴 해도 별 무리 없이 지냈다. 그런데 3학년이 되자 한 명의 아이가 나서서 영석이를 따돌림의 대상으로 삼더니 몇몇 아이들이 동조하여 드러내놓고 무시하는 바람에 어느 순간부터 외톨이로 지내야 했다. 모둠 활동을 할 때도 아무도 영석이와 함께하고 싶어 하지 않고, SNS에 영석이를 초대해놓고 모두 나가는 이른바 사이버불링을 행하기도 했다. 맞벌이로 바빴던 영석이의 부모는 뒤늦게 그 사실을 알고 하늘이 무너지는 듯한 절망감을 느끼고 있다.

• • •

따돌림을 당한 아이는 상당히 큰 정신적 충격에 빠진다. 자존감에 심각한 손상을 입고 사람들과의 관계 맺음에 어려움을 느끼게 될 뿐만 아니라 학습과 생활 전반에도 문제가 발생한다. 그러다 보니 지속적인 따돌림을 당한 피해자들 중에는 그 상처를 잊지 못해 평생을 고통받는 경우가 많다. 때로는 심한 고통을 견디지 못해 자살이라는 극단적인 선택을 하는 아이들도 있다.

따돌림은 어떠한 이유로도 정당화될 수 없는 행동이다. 가해자는 잘못된 행동에 대해 책임을 져야 하며 피해자는 제대로 된 사과를 받고 빨리 따돌림의 고통에서 벗어나야 한다. 하지만 그 과정이 쉽지만은 않다. 가해자와 가해자 부모는 나름의 논리로 자신을 방어하려 할 테고, 피해자는 보복이나 창피함 때문에 또는 이미 반복된 피해 상황에 무기력해져서 제대로 자신의 피해를 알리지 못하기도 한다.

학교폭력위원회가 열리더라도 피해자와 가해자뿐만 아니라, 학교와 선생님까지 서로의 이해관계가 복잡하게 얽혀 혼란스러움이 가중된다. 심지어는 잘못된 결론이 도출돼 피해자에게 더 큰 상처를 주기도 한다.

하지만 호랑이에게 물려가도 정신만 차리면 산다는 속담이 있지 않은가. 어렵고 절망스러운 상황에서 부모가 자신을 도와주려 한다는 것과 위기의 상황에서 부모가 언제나 버팀목이 되어줄 것이라는 믿음을 심어준다면 아이가 상처를 극복하는 것이 가능해진다.

일단 부모는 아이가 따돌림을 당하고 있다는 것을 아는 순간부터 최대한 차분한 자세를 유지해야 한다. 그러면서 아이에게 무슨 일이 있었는지 듣고 아이의 마음부터 어루만져줘야 한다. "마음이 너무 아팠겠구나. 엄마도 마음이 아파.", "네가 부족하다고 생각하거나 너 자신을 미워하면 안 돼. 너는 너 자신에게도, 엄마 아빠에게도 제일 소중한 존재야."와 같은 말로 아이의 마음을 충분히 위로해주고 공감해주면 아이는 따돌림으로 무너진 자존감을 회복하고 피해자와 싸울 용기를 얻을 수 있을 것이다.

아이를 비난하거나 섣불리 가해자를 혼내주겠다는 말은 하지 않는 게 좋다. 아이를 취조하듯이 다그쳐 묻는 것도 아이에게 부담감을 줘서 더욱 입을 닫게 만든다. 따돌림을 당하는 아이들 중에는 자기가 못난 탓에 그런 일을 당한 것이라 생각해서 말하지 않으려 할 수도 있다. 그럴 때는 너는 피해자이고 가해자가 잘못한 일이라는 사실을 되새겨주면서, 상황을 확실히 알아야 일을 해결할 수 있다고 잘 달래야 한다.

아이와 이야기를 나눈 다음에는 선생님의 도움을 받아 가해자의 사과를 받아야 한다. 아이들은 창피한 마음에, 또는 가해자에게 보복을 당할까 봐 두려워 어른들, 특히 선생님이 개입하는 것을 극도로 꺼린다. 그러나 이러한 문제를 방치할 경우 더 심해질 수 있다는 것과, 아이들끼리 해결이 안 되는 문제는 어른들의 도움을 받아야 한다는 것을 알려주고 아이의 동의를 얻어야 한다.

선생님으로부터는 상황에 대한 정확한 자료와 증거를 얻어야 하는데, 선생님에 따라서는 아이들 사이에서 벌어진 일을 잘 모르는 경우도 있고, 일이 커질 것을 우려해 조심스러워 하는 경우도 있다. 선생님의 말을 듣고 어떤 선택을 할 것인지는 부모가 심사숙고해서 결정해야 한다. 또 가해자의 부모와도 대화를 나눠 함께 일을 해결할 수 있도록 해야 한다.

여기서 중요한 것은 가해자의 공식적인 사과를 받는 것이다. 그것이 피해를 당한 아이가 상처를 이겨내는 첫 단추가 된다. 가해자를 처벌하는 수위는 사건의 경중과 가해자의 반성 정도, 아이들의 앞날을 고려해 신중히 결정돼야 한다. 또 가해한 아이에게 피해자의 부모가 언제나 옆에서 지켜보고 있다는 사실을 강력하게 인지시켜 주는 것도 필요하다.

사건을 정리하는 과정에서 아이가 따돌림을 당한 이유를 확실하게 알아보는 과정도 거쳐야 한다. 따돌림은 가해자가 무조건 잘못한 행동이지만, 재발 방지를 위해서라도 내 아이가 왜 따돌림을 당했는지 알아볼 필요가 있다.

저마다 다 다른 이유로 따돌림을 당하는 형편이지만, 따돌림 당하는 아이들을 살펴보면 비슷한 유형이 관찰되기도 한다. 너무 내성적이고 위축된 아이, 신체적으로 왜소하고 허약한 아이, 친구들이 놀리거나 괴롭혀도 당하고만 있는 아이, 친구들에게 불편을 줄 정도로 지나치게 산만한 아이, 이간질을 해서 관계를 피곤하게 만드는 아이, 별일 아닌 일에도 화를 자주 내거나 폭력적인 아이, 잘난 척을 너무 해서 친구들의 미움을 사는 아이, 눈치가 없거나 친구들이 이해할 수 없는 행동을 하는 아이, 지능이 낮거나 장애가 있는 아이, 혼자 자신만의 세계에 빠져 있는 아이, 지저분하고 위생 상태가 좋지 않은 아이 등이다.

이유를 알아냈으면 당연히 그 부분을 수정할 수 있도록 도와줘야 한다. 또 부모와 아이와의 관계나 양육 태도도 되짚어보면서 잘못된 부분은 고치도록 노력해야 한다.

아울러 긍정적인 대인 관계를 경험하게 해주는 것도 필요하다. 따돌림을 당한 아이들은 대인 관계에서 상당히 위축적인 행동을 할 수 있다. 그러므로 아이와 비슷한 가치관이나 흥미를 가진 친구들과 어울릴 수 있는 기회를 만들어줌으로써 긍정적인 경험을 할 수 있게 해줘야 한다. 이를 통해 상처를 치유할 수 있을 뿐만 아니라 사회성 기술도 연습할 수 있다. 또 타인에 대해 부정적이었던 인식을 긍정적으로 전환시키는 계기가 될 것이다.

남을 괴롭히는 아이들은 대체적으로 괴롭힘을 당하는 아이가 괴로워하는 것을 즐긴다. 그런데 따돌림을 당하는 아이들은 그 상황 자체가 창피하고 두려운 데다 자존감이 떨어져 있기 때문에 울거나 아무 소리를 못 하고 당하고만 있는 경우가 많다. 그래서 집단 따돌림을 당하지 않게 하기 위해서는 평소에 아이의 자존감을 키워주기 위해 노력을 많이 해야 한다.

자존감은 아이가 어려운 일을 당했을 때 자기 자신을 믿고 어려움을 이겨낼 수 있는 힘의 원천이 된다. 자신을 괴롭히는 친구들로부터 자기 자신을 지켜낼 수 있는 힘 역시 자존감에서 나온다. 그러므로 평소에 아이에게 성공의 경험을 많이 하게 해주고, 자신이 세상에서 가장 소중한 존재라는 것을 끊임없이 알려줘서 스스로 자신의 가치를 높이 평가하고 자신을 긍정적으로 바라볼 수 있도록 해야 한다.

만약 아이가 따돌림으로 인해 심각한 정신적 충격을 받았다면 전문가와 상의하는 게 좋다. 아이의 행동을 수정하고 대인 관계 역량을 키워주는 적절한 치료를 받으면 상처를 극복하고 세상을 긍정적으로 보는 마음을 갖게 할 수 있다.

따돌림당하는 아이를 위한 훈육 Tip

① 무슨 일이 있었는지 듣고 아이의 마음을 위로한다.

② 선생님의 도움을 받아 가해자의 사과를 받는다.

③ 아이가 따돌림당한 이유를 파악한다.

④ 긍정적인 대인 관계 경험을 하게 해준다.

⑤ 아이의 자존감을 키워준다.

09

친구를 괴롭히는 아이, 공감 능력을 키워준다

5학년 정원이는 공부도 잘하고 리더십도 있는 아이다. 학급에서도 소위 말하는 실세다. 그러던 어느 날 선생님으로부터 정원이가 학급 친구 한 명을 지속적으로 괴롭히고 있다는 전화를 받고 부모는 충격에 빠졌다. 평소 집에서는 그럴 만한 기미를 전혀 보이지 않았기 때문이다. 정원이를 엄격하게 키운 부모는 정원이가 밖에 나가서 그런 행동을 할 것이라고는 한 번도 생각하지 않았다. 정원이에게 이유를 물었더니 그냥 장난이었다고, 다음부터는 절대로 안 그런다고 하는데 그 말을 믿어도 될지, 피해자에게는 어떻게 해야 할지 걱정이다.

• • •

친구를 괴롭히는 아이들에게 이유를 물으면, 가장 많이 하는 대답이 바로 장난이었다는 것이다. 그런데 장난으로 던진 돌에 개구리가 맞아 죽듯이 당하는 아이 입장에서는 지옥 같은 일이 아닐 수 없다.

보통 학교 폭력이 발생하면 피해 학생이 당한 상처에만 초점을 맞춰 사후 처리가 이뤄진다. 그러나 가해 학생의 문제 역시 원인을 파악해 제대로 고쳐주지 않으면 가해하는 행동이 습관이 될 수 있기 때문에 그냥 넘어가면 안 된다.

보통 누군가를 괴롭히는 아이들은 겉보기에도 분명히 문제가 있을 것이라고 생각하지만, 사례에 등장하는 정원이처럼 겉으로 보기에는 모범생인 경우도 많다. 사랑스런 나의 아이가 약자를 괴롭히고, 거기에서 희열을 느끼는 아이로 성장하기를 바라는 부모는 아무도 없을 것이다. 그러므로 아이가 친구를 괴롭혔다는 사실을 알게 되면 즉각적으로 원인을 파악하고 문제를 해결해야 한다.

아이가 왜 그런 행동을 하는지 알기 위해서는 아이의 속마음을 자세히 들여다봐야 한다. 먼저 자신의 힘을 과시하고 싶은 욕구가 잘못된 행동으로 이어진 경우다. 이런 아이들은 남을 조정하고 지배하는 것에서 희열을 느낀다. 다른 사람에게 막강한 영향력을 끼치고 싶어 하고, 피해자가 자신의 행동에 대해 괴로워하거나 무서워하는 반응을 재미있다고 느끼기도 한다.

이런 모습은 부모의 잘못된 양육 방식에서 비롯되는 경우가 많다. 우선 부모의 엄격한 양육 방식으로 인해 형성된 욕구불만이 원인이 되기도 한다. 집에서는 꼼짝 못 하고 당한 것들을 다른 아이에게 푸는 것이다.

반대로 적절한 통제를 받지 못하고 자란 아이들도 같은 모습을 보일 수 있다. 잘못된 행동이나 공격적인 행동을 했어도 별다른 처벌을 받지 않고 자라 자신의 힘을 과시하는 것을 문제 행동이라 여기지 않는 것이다.

또 부모가 아이를 자주 무시하는 경우, 아이는 자신을 무능하고 인정받지 못하는 사람이라고 느낀다. 그럼 자기가 동원할 수 있는 힘을 이용해 약한 아이들을 통제하면서 힘 있는 사람임을 확인하고자 한다. 부모가 아이에게 충분한 사랑을 주지 않거나 무관심한 경우에도 아이는 관심을 받고 싶은 마음에 친구를 괴롭히는 행동을 할 수 있다.

하지만 가장 문제가 되는 것은 폭력적인 양육 환경이다. 아이들은 부모의 말과 행동을 그대로 모방한다. 부모가 아이를 훈육할 때 폭언이나 폭력을 사용하면 아이들은 무의식 속에 공격성을 저장한다. 그리고 무서운 부모에게는 대들 수 없으니, 밖에 나가 만만한 친구들에게 자신의 공격성을 표출하는 것이다.

아이가 친구를 괴롭히는 행동을 고쳐주기 위해서는 무엇보다 먼저 내 아이도 그럴 수 있다는 사실을 인정해야 한다. 아이가 친구를 괴롭혔다는 이야기를 들으면 많은 부모들은 "우리 아이가 그럴 리가 없다."라고 말한다. 하지만 학교는 수많은 아이들이 다양한 관계를 맺으며 생활하기 때문에 갖가지 사건사고가 벌어지곤 한다. 그러므로 집에서 보이는 아이의 모습이 전부라고 생각해서는 안 된다. 부모는 절대적으로 아이를 믿어줘야 하지만, 내 아이가 관여된 문제가 발생했을 때는 좀 더 객관적인 시각으로 아이를 바라볼 필요가 있다.

양육 환경을 점검한 뒤에는 아이가 어떤 친구를 어디서 어떻게 괴롭히는지 행동 패턴을 파악해야 한다. 상대는 대부분 힘이 없는 약한 친구거나 도와줄 사람이 없는 외톨이인 경우가 많지만, 그 안에서도 내성적이고 말이 없는 아이, 몸이 아픈 아이, 다른 아이들도 다 싫어하는 아이 등으로 세세하게 분류할 수 있다. 아이가 어떤 친구를 괴롭히느냐는 아이가 어떤 마음으로 잘못된 행동을 하는지를 알려준다. 또 장소와 방법도 아이의 폭력성의 정도를 알 수 있는 척도가 될 수 있으니 파악할 필요가 있다.

양육 환경과 행동 패턴을 분석하여 상황이 파악됐다면 그다음은 아이에게 친구를 괴롭히는 행동은 잘못된 것임을 알려주고 피해자에게 반드시 사과시켜야 한다. 피해자가 느꼈을 고통에 대해 이야기 나누는 것도 중요하다. 간혹 아이의 문제를 자신의 자존심과 연결시켜 지나치게 반응하는 부모도 있는데, 아이의 올바른 성장을

위해서라면 부모의 자존심은 접어둬야 한다.

또 내 아이에게 굴욕적인 상황이 연출될까 봐 상대방에게 사과를 안 하고 넘어가는 부모도 있다. 그러나 반드시 피해자에게 찾아가 진심으로 잘못을 빌고 용서를 구하는 과정을 거치게 함으로써 자신의 잘못은 스스로 책임질 수 있게 해야 한다.

하지만 피해자에게 사과를 한다고 해도 아이가 진심으로 반성하지 않을 수도 있다. 친구를 괴롭히는 아이들 중에는 다른 사람의 아픔을 공감하는 능력이 떨어지는 아이들이 많기 때문이다. 그래서 '장난'이었다고 말하는 것이다.

아이가 진심으로 자신의 잘못을 뉘우치고 다시는 그런 행동을 하지 않게 하려면 아이의 공감 능력을 키워줘야 한다. 하지만 공감 능력은 갑자기 완성되는 것이 아니다. 어렸을 때부터 부모로부터 공감받은 경험을 차곡차곡 쌓으며 다른 사람의 감정을 느끼고 이해할 줄 아는 공감 능력을 완성해나간다. 다른 친구에게 폭력을 가하는 아이들은 공감 능력이 떨어질 가능성이 크기 때문에 더욱더 피해자의 마음을 읽고 피해자가 느꼈을 고통을 되짚어보는 과정이 필요하다.

이런 노력과 더불어 일상생활에서 아이의 욕구불만과 스트레스를 야기하는 원인을 찾아내 그것을 해소해주도록 한다. 부모의 양육 태도에 문제가 있다면 아이를 너무 엄격하게 통제한 것은 아닌지, 반대로 너무 허용적으로 양육해 문제점을 고쳐주지 못했는지, 또 아이에게 사랑과 관심을 쏟지 못했는지 잘 살펴보고 부모가 먼저 바뀌어야 한다. 과도한 학업 때문에 스트레스를 받고 있는 건 아닌지도 살펴봐야 한다. 과도한 학업 스트레스를 약한 아이를 괴롭히는 것으로 푸는 아이들도 종종 있기 때문이다.

물론 갖은 노력을 다 기울인다고 해도 아이의 잘못된 행동이 하루아침에 바뀌지 않는다. 감정을 바꾸고 행동을 다스리는 데는 오랜 시간이 걸린다. 그래도 다행인 것은 부모가 먼저 바뀌면, 아이도 반드시 바뀐다는 사실이다.

친구를 괴롭히는 아이를 위한 훈육 Tip

① 내 아이도 그럴 수 있다고 생각한다.

② 친구를 괴롭히는 행동의 패턴을 파악한다.

③ 잘못된 행동임을 알려주고, 피해자에게 사과하게 한다.

④ 공감 능력을 키워준다.

⑤ 욕구불만을 해소해주고, 양육 태도를 수정한다.

10

형제자매와 자꾸 싸우는 아이, 욕구를 충분히 채워준다

8세 예준이와 5세 예은이 남매가 사는 집은 매일 24시간이 전쟁터다. 오빠 예준이는 자기 것을 마음대로 만지는 예은이 때문에 화가 나고, 동생 예은이는 오빠랑 놀고 싶은데 안 놀아주고 화만 내니 서운하다. 엄마는 나름 공평하게 중재하려고 하지만 아이들은 엄마가 서로 상대방 편만 든다고 서운해한다. 혼자면 외로울까 봐 평생 서로에게 의지하며 살라고 둘을 낳아 키우고 있는데, 허구한 날 싸우고 서로를 미워하기만 하는 남매 때문에 한숨이 멈추질 않는다.

• • •

형제자매는 아이들이 세상에서 태어나 부모 말고 가장 먼저 만나는 가족이기도 하지만, 최초이자 평생의 경쟁자이기도 하다. 부모의 사랑과 관심과 시간을 나눠야 하고, 먹을 것과 장난감을 나눠야 하기 때문이다.

첫째의 입장에서는 온통 자신의 것이었던 세상에 갑자기 침입자가 나타난 상황이고, 둘째의 입장에서는 태어나자마자 이미 떡하니 자리를 차지하고 있는 터줏대감이 있어서 모든 권력을 움켜쥐고 있는 상황에 직면한 것이다. 그래서 아이들의 다툼은 상당 부분 부모의 사랑과 관심을 차지하기 위한 기 싸움에서 시작된다.

부모 입장은 또 다르다. 첫째에게는 어린 동생 때문에 잘 봐주지 못하고 너무 일찍 맏이가 되게 한 것 같아 미안하고, 둘째에게는 처음부터 온전한 사랑을 주지 못해 또 미안하다. 부모도 사람이기 때문에 때로는 이러한 미안한 마음이 한쪽으로 치우쳐 불공평한 애정을 주기도 한다. 다툼이 일어나면 무조건 형이니까 참으라고 하거나, 반대로 동생이니까 형 말을 들으라고 하는 것이다.

부모, 특히 엄마와 아이들 사이는 일종의 삼각관계라고 할 수 있다. 엄마가 첫째와 다정하면 둘째가 시샘하게 되어 있고, 둘째에게 더 애정을 쏟으면 첫째가 속상하게 마련이다. 그러니 형제자매 간의 다툼은 어쩌면 숙명과도 같은 일이다.

어차피 사회는 경쟁과 타협을 통해 움직이며 발전하기 때문에 가정이라는 작은 사회는 사회적 기술을 배우는 가장 좋은 학습의 장이 될 수 있다. 그래서 형제자매 간에 사이가 좋은 아이들은 유치원이나 학교에 가서도 대체적으로 또래와 좋은 관계를 맺는다. 반대로 사이가 좋지 않은 아이들은 친구들과도 잘 부딪친다.

문제는 어떻게 형제자매 간의 다툼을 서로 큰 불만 없이 해결할 수 있느냐다. 당연히 다투지 않고 평화롭게 해결하면 더욱 좋을 일이다. 그러기 위해서는 형제자매 간에 싸움이 벌어졌을 때 먼저 4단계 싸움 조정법을 사용하는 게 좋다.

1단계는 작은 다툼의 단계다. 큰 소리 없이 서로 약간의 언쟁이 오고가는 때다. 이때는 좀 지켜보는 게 좋다. 부모가 개입하면 아이들은 부모를 서로 자기편으로 만들고 싶은 마음에 싸움이 커질 수 있다. 아이들끼리 시간을 주면 다시 조용해질 수도 있으니 잠시 모른 척 기다려준다.

2단계는 경보 단계다. 큰 소리가 빠르게 왔다 갔다 하면 이때는 빨리 개입해야 한다. 순간을 놓치면 진짜 싸움 단계로 넘어갈 수 있다. 부모는 먼저 "둘 다 화난 것 같은데."라고 말해줘서 아이들이 자신의 감정을 인지하게 해준다. 그리고 아이들 각자의 관점에서 마음을 읽어줘야 한다. "동생이 물건을 마음대로 써서 화가 났구나.", "형이랑 놀고 싶은데 안 놀아줘서 화가 났구나."와 같이 아이들의 행동 이면에 있는 마음까지 읽어주면 된다. 그럼 아이들도 자신이 왜 화가 났는지 한 번 더 들여다보게 되고 자신의 입장을 차분하게 말할 수 있다. 그러고 나서 "그런데 장난감이 하나밖에 없네. 어떻게 하면 좋을까?"라고 아이들끼리 해결 방법을 찾을 수 있는 시간을 주면 아이들은 나름대로 방법을 잘 찾는다.

물론 여기에서 해결이 안 되고 3단계인 싸움 단계로 넘어갈 수도 있다. 그때는 부모가 단호하게 "싸움은 안 돼."라고 말려야 한다. 그럼에도 불구하고 싸움이 끝나지 않으면 두 아이를 분리해 각자 진정하게 해야 한다.

그리고 4단계, 아이들이 화를 가라앉힌 진정 단계가 되면, 그때 서로를 불러 잘못된 행동에 대해 이야기하는 시간을 갖는다. 이때는 "네가 잘못한 거야."라는 표현보다, 어떤 행동은 되고 어떤 행동은 안 된다는 기준을 전달하는 게 좋다. 그리고 서로의 입장을 충분히 헤아리게 해서 타협하고 화해할 수 있게 한다.

이때 주의해야 할 점은 부모가 재판관이 되지 않는 것이다. 공평한 재판관이 되면 좋겠지만 형제자매의 싸움을 중재할 때 그것은 쉽지 않은 일이 된다. 또한 최선을 다해 공평하게 잘잘못을 가려줘도 둘 중 한 아이는 불만을 가질 수 있다. 형제자매 간의 싸움은 당

장 벌어진 일뿐만 아니라, 평소 마음속에 담아뒀던 불만이 원인이 되는 경우가 많기 때문이다.

그러므로 이럴 때는 재판관이 아닌 그냥 '엄마'가 되는 게 더 낫다. 아이들이 싸우면 "엄마는 너희 둘을 똑같이 사랑하는데, 너희 둘이 싸우니까 너무 마음이 아파."라고 얘기하는 것이다. 그럼 부모의 사랑을 바랐던 아이들의 1차적인 욕구가 채워지기 때문에 화난 마음이 좀 누그러진다.

싸움이 잦은 아이들은 근본적으로 불만이 많다는 뜻이다. 그러므로 싸움을 잘 해결해주는 것도 중요하지만, 평소에 아이들이 원하는 것을 파악하고 욕구를 충족시켜주는 것이 더 중요하다. 형은 동생 때문에 엄마의 사랑을 빼앗겼다는 생각을 늘 갖고 있을 수 있다. 그러니 하루에 30분이라도 시간을 내서 함께하는 시간을 만들어주면 좋다. 또 동생이 형 것을 자꾸 탐낼 때는 똑같은 것을 사주면 된다. 엄마, 아빠가 각각 한 명씩 책임져 각자의 시간을 갖는 것도 좋은 방법이다.

평소에는 부모가 좋은 롤 모델이 돼야 한다. 형제자매 간에 싸움이 많은 집은 부부간에도 사이가 좋지 않은 경우가 많다. 물론 부부간에도 형제자매 간에도 싸울 수 있다. 문제는 어떻게 싸우고 화해하느냐 하는 것이다. 부모의 싸움이 잦고 싸울 때 고성이나 폭력이 오간다면 아이들은 그것이 싸움의 방식이라고 생각하고 그대로 배운다. 반면에 부모가 목소리를 높이지 않고 자신이 잘못한 부분을 순순히 인정하면서 잘 타협하는 모습을 보여주면 아이들도 그대로 따라 한다. 그러므로 아이들이 보는 앞에서는 부부 싸움도 품격 있게 할 필요가 있다.

형은 동생을 사랑으로 돌보고, 동생은 형을 좋아하고 따르는 것이 바로 부모들이 원하는 관계일 것이다. 그렇게 되기 위해서는 서로의 부정적인 면을 부각시키지 말고, 긍정적인 면을 부각시켜 칭찬해주는 방법을 써야 한다. 자주 싸운다고는 하지만, 그렇다고 365일 매일 싸우기만 하는 것은 아니다. 서로를 위하고 양보하는 순간도 분명히 있다. 바로 그런 순간을 포착해 칭찬하면 된다. "형이 양보해줬구나. 멋지다.", "동생이 형을 참 좋아하는구나."라고 잘한 행동을 자꾸 칭찬해주면 아이들은 서로에 대한 긍정적인 생각을 갖게 된다. 그럼 자연스럽게 싸움도 줄어들게 되고 우애도 키울 수 있다.

형제자매와 자꾸 싸우는 아이를 위한 훈육 Tip

① 4단계 싸움 조정법으로 화해시킨다.

② 재판관이 되지 않는다.

③ 평소 아이들의 욕구를 충족시켜준다.

④ 부모가 롤 모델이 된다.

⑤ 아이들의 긍정적인 면을 부각해 칭찬한다.

5장

나쁜 습관을 고쳐주는 훈육의 법칙

습관은 후천적으로 습득하는 행동 양식으로, 반복되는 행위에 의해 고정화된 것이다. 누구나 다양한 습관을 가지고 있고, 그중에는 좋은 습관도 있지만 나쁜 습관도 있다. 나쁜 습관의 위험성을 말할 때 가장 많이 거론되는 '세 살 버릇 여든까지 간다.'는 속담은 유아기에 형성된 습관이 평생의 삶에 상당한 영향을 미칠 수 있다는 사실을 알려준다.

사람은 누구나 같은 행동을 반복하려는 경향이 있다. 아무리 도전 의지가 강한 사람이라도 낯설고 새로운 것에 대해서는 일단 두려움과 불안감을 느끼기 때문이다. 반복적인 행동을 불러일으키는 데는 첫 경험이 상당히 큰 영향을 미친다. 처음 어떤 행동을 했을 때 이전과는 다른 편안함을 느꼈거나 자극적이었거나 즐거웠거나 위안이 됐을 때 그 행동을 반복하고 싶어 한다.

다른 사람의 평가도 중요한 요인이 된다. 칭찬은 당연히 반복할 이유가 되지만, 지나친 비판도 반항심을 불러일으켜 행동을 강화할 수 있다. 특히 어린아이들의 습관 형성에는 부모의 평가가 큰 영향을 미친다. 아이들의 가장 큰 목표는 부모에게 인정받고 사랑받는 것이다. 그래서 아이가 좋은 습관을 익히고, 나쁜 습관을 고치는 데는 부모의 지지와 노력만큼 중요한 것이 없다.

미국 펜실베이니아대학교에서는 좋은 습관 형성과 자기 조절의 관계를 알아내기 위해 2,200명을 대상으로 운동, 학습, 수면 등 다양한 습관의 형성과 자기 조절 능력을 비교하는 연구를 했다. 그 결과 자기 조절을 잘할수록 좋은 습관이 형성돼 있었다. 특히 청소년 132명을 대상으로 5일간의 명상캠프를 운영한 뒤, 그로부터 3개월이 지나 명상 습관 형성 여부를 측정하고 아이들의 자기 조절 능력과 비교했더니, 자기 조절 능력이 뛰어날수록 명상 습관을 갖게 되는 경향이 높게 나타났다.

결국 자기 조절 능력이 좋은 습관을 형성하는 것이다. 실제로 나쁜 습관을 많이 갖고 있는 사람은 대체적으로 자기 조절 능력이 떨어진다. 좋지 않은 습관인 줄 스스로도 충분히 알지만 자신을 통제하지 못해 쉽게 고치지 못하는 것이다. 반면 일단 좋은 습관을 가지고 있는 사람은 일시적으로 나쁜 습관이 들더라도 빨리 수정할 수 있다.

적절한 훈육은 자기 조절 능력을 키워주고, 이는 좋은 습관을 형성하는 것으로 이어진다. 반대로 적절하지 않은 훈육은 자기 조절 능력을 떨어뜨려 나쁜 습관을 형성시킨다. 훈육과 자기 조절 능력, 그리고 좋은 습관은 아이의 현재와 미래를 결정하는 중요한 세 축이 된다.

그럼 어떻게 하면 자기 조절 능력을 키워 나쁜 습관을 고쳐줄 수 있을까? 다양한 유형의 사례를 통해 나쁜 습관을 고치는 데 적절한 훈육 방법을 알아보자.

01

스마트폰에 빠져 있는 아이, 즐거운 활동으로 관심을 유도한다

28개월 된 하늘이는 제일 좋아하는 놀이가 스마트폰 보는 것이다. 처음에는 밥 먹는 시간에 가만히 앉아 밥을 먹게 하려고 스마트폰으로 동영상을 틀어줬다. 집안일을 할 때도 보채지 않게 하기 위해 가끔 스마트폰을 쥐어줬다. 어느새 자기가 보고 싶은 콘텐츠를 클릭할 줄도 알고, 작은 손가락으로 화면을 넘기는 것이 귀엽기도 해서 그냥 둔 적도 있다. 한글놀이나 동요같이 아이에게 유익한 영상을 틀어줬으니 괜찮을 것이라고 생각했다. 그런데 최근 들어 하늘이가 스마트폰이 없으면 밥도 안 먹고, 시도 때도 없이 스마트폰을 달라고 난리를 쳐서 부모는 스마트폰 중독의 심각성을 깨닫고 있는 중이다.

• • •

스마트폰은 이제 우리 생활에서 빼놓을 수 없는 필수품이 됐고, 그로 인해 많은 문제들이 생겨나고 있다는 것을 누구나 알고 있다. 그런데 가장 큰 문제는 스마트폰 최초 이용 시기가 점점 빨라지고 있다는 점이다. 2019년 육아정책연구소의 '영유아의 스마트 미디어 사용 실태 및 부모 인식 분석' 연구 결과에 따르면, 최초 사용 시기는 만 1세(12~24개월 미만)가 45.1퍼센트로 가장 높았으며, 12개월 미만에 처음 시작했다고 응답한 비율도 7.8퍼센트나 됐다.

주로 유튜브와 같은 동영상 플랫폼을 이용해 장난감 소개 및 놀이 동영상을 본다고 응답한 경우가 가장 많았다. 또 사용 이유가 '아이에게 방해받지 않고 다른 일을 하기 위해서' 또는 '아이를 달래기 위해서'라고 응답한 비율이 높아 부모의 필요에 의해 스마트 기기를 육아 도우미로 사용하고 있다는 것을 알 수 있었다.

또 과학기술정보통신부와 한국정보화진흥원에서 함께 조사한 '2019년 스마트폰 과의존 실태 조사'에 의하면 유·아동(만 3~9세)의 과의존 위험군은 22.9퍼센트로, 전년 대비 2.2퍼센트포인트가 증가해 연령대 중 가장 큰 폭으로 증가했다. 나이가 어릴수록 점점 더 스마트폰에 의존하는 비율이 높아지고 있는 것이다.

영유아기에는 스마트폰을 보여주면 안 되는 이유는 너무나 많다. 먼저 뇌 발달에 악영향을 미친다. 영유아기는 뇌가 폭발적으로 발달하는 시기다. 창의적인 기능과 종합적 사고 기능을 담당하는 전두엽, 인지 기능과 기억 기능을 조절하는 측두엽, 사물을 보고 이해하게 하는 후두엽 등이 골고루 발달한다. 또한 신경세포들을 연결하는 신경회로 시냅스의 연결이 가장 활발히 일어난다.

시냅스 수는 만 1~2세에 최고조에 달하고, 그 후부터는 환경적 경험에 의해 가지치기가 이루어진다. 가지치기의 조건은 많이 사용하느냐 그렇지 않느냐다. 스마트폰을 많이 사용해 자극적인 경험을 많이 하면 그 부분만 가지치기에서 살아남게 된다. 그래서 뇌가 골고루 발달하지 못하는 결과를 낳는다. 또 3~6세에는 자기 조절 능력을 좌우하는 전두엽이 집중적으로 발달해야 하는 시기다. 그런데 스마트폰을 사용함으로써 통제력을 잃어버리는 상황이 계속 발생하면 자기 조절 능력에 악영향을 미칠 수밖에 없다.

이렇게 자극적이고 빠른 정보에만 익숙하고, 사람의 감정이나 느리게 변화하는 현실에 대해서는 무감각해진 뇌를 '팝콘 브레인'이라고 부른다. 튀기고 있는 팝콘처럼 자극적이고 즉각적인 것에만 반응한다고 해서 붙여진 이름이다. 영유아기 아이들에게 스마트폰을 사용하게 하면 아이들의 뇌를 팝콘 브레인으로 만든다. 그러므로 만 2세 이전에는 스마트폰을 절대로 쓰지 않아야 하며, 이미 노출됐다면 바로 끊어야 한다. 만 2세 이하 아이들은 약속을 지키거나 스스로 조절하는 능력이 현저히 부족하기 때문에 단번에 끊어야 한다.

2019년 세계보건기구WHO가 제시한 어린이들의 스마트폰 사용에 대한 가이드라인에 따르면 만 1세 이하 어린이는 스마트폰, 텔레비전, 게임기, 컴퓨터 등 전자 기기 화면에 노출되는 것을 삼가야 한다. 또 만 2~4세 어린이는 하루 한 시간 미만으로 사용 시간을 조정해야 한다. 부모가 의지를 가지고 아이에게 스마트폰을 보여주지 않는다면 충분히 가능한 일이다. 처음에는 떼를 부리며 힘들어하겠지만, 아이의 정상적인 뇌 발달과 정서 발달을 위해서는 지금 당장 실천해야 한다.

부모도 솔선수범해야 한다. 초등학생들에게 스마트폰을 빼앗기면 어떤 기분이 드느냐고 물었더니, "엄마의 스마트폰도 뺏어버리고 싶다."라고 대답했다고 한다. 아이들에게는 나쁘니까 쓰지 말라고 하면서 부모는 계속 쓰면 아이들이 제일 먼저 드는 생각은 '불공평하다'는 것이다. 또 아이들의 스마트폰 중독 항목을 체크하다 보면 부모들도 자신이 얼마나 심각한 스마트폰 중독 상태인지 깨닫게 되기도 한다. 그러므로 부모가 먼저 스마트폰에서 벗어나야 한다. 그래야 아이의 스마트폰 중독 문제도 해결될 가능성이 보인다.

만 2세 이전의 아이들은 엄마의 의지와 노력에 따라 단번에 끊는 것이 가능하지만, 이미 스마트폰에 과하게 노출된 초등학교 이상의 아이에게는 무조건 스마트폰을 쓰지 못하게 하는 것이 거의 불가능하다. 이때는 아이와 함께 사용 규칙을 만들고 약속을 꼭 지키게 하는 것이 더 실현 가능한 방법이다.

먼저 스마트폰 사용 일지를 만들어 하루에 얼마나 사용하는지, 주로 무엇을 하는 데 이용하는지 자세하게 분석해보자. 스마트폰을 쓰다 보면 시간이 금방 가기 때문에 아이들은 실제로 자신이 그렇게 많이 사용했는지 모를 때가 많다. 얼마나 많은 시간을 할애하고 있는지 아이들도 정확한 수치를 알고 있어야 한다. 그러면서 아이의 발달단계에 맞는 구체적인 사용 계획을 정하고 지키도록 한다.

집에 오면 스마트폰을 일정 장소에 넣어두고 약속한 시간에만 가져갈 수 있게 하는 것도 좋은 방법이다. 아이가 규칙을 잘 지켰으면 칭찬해주고, 규칙을 지키지 않으면 하루 정도 사용하지 못하게 하는 등의 벌칙을 적용하면 된다. 너무 오래 빼앗으면 아이는 불만이 쌓이고 오히려 약속을 더 안 지킬 수 있기 때문에 그 부분을 고려해 벌칙을 정할 필요가 있다. 무엇보다 중요한 것은 예외 없이 일관성 있게 꾸준히 규칙을 지키는 것이다.

스마트폰을 못 하게 하는 데서 그치지 말고 스마트폰을 대신할 즐거운 활동을 적극 유도해야 한다. 아이들은 심심한 것을 매우 싫어하기 때문에 심심하면 스마트폰에 대한 의존도가 높아질 수밖에 없다. 오감을 자극하는 여러 가지 활동이나 신체 활동, 바깥 활동 등을 통해 즐거움을 느끼고 호기심을 발휘할 수 있는 환경을 만들어줘야 스마트폰을 머릿속에서 지워버릴 수 있다.

간혹 부모들 중에는 스마트 기기로 한글을 뗐다고 자랑하는 경우가 있는데, 이것은 결코 좋은 방법이 아니다. 자극적이고 빠른 영상으로 아이를 집중시켜 한글을 빨리 익히게 할 수는 있겠지만, 이런 학습은 언어 발달에 꼭 필요한 사고력이나 이해력, 의사소통 능력을 키워주지 못한다. 언어는 소통을 위한 도구이므로 디지털 기기에 의한 일방적인 주입은 균형 잡힌 언어 발달을 방해한다.

이러한 노력들과 더불어 아이가 유해 사이트에 접속하거나 불필요한 프로그램이 저장되는 것을 차단하기 위해 일정한 기간마다 아이의 스마트폰을 청소해주는 것도 잊지 말아야 한다. 또 유해한 어플리케이션 실행을 차단해주는 프로그램, 스마트폰 이용 시간 조절을 도와주는 프로그램, 자녀 사용 관리 프로그램, 잠금 기능 설정 등을 활용해 아이가 스마트폰을 올바로 사용할 수 있게 도와준다.

바른 자세로 사용하는 습관을 들이는 것도 중요하다. 스마트폰의 장시간 사용은 근막통증증후군, 손목터널증후군, 안구건조증 등을 통칭하는 VDTVisual Dislpay Terminal증후군을 유발할 수 있다. 이것들은 성장기 아이들의 신체 발달에 상당히 나쁜 영향을 미치므로, 스마트폰을 사용할 때는 시선과 같은 높이에 화면이 위치하도록 하고 구부정한 자세나 엎드린 자세로 사용하지 말아야 한다. 또 사용 후에는 꼭 스트레칭을 해서 뭉친 근육을 풀어줘야 한다.

만약 아이의 스마트폰 중독 상태가 아주 심각할 때는 꼭 전문가와 상의해야 한다. 아이들 중에는 또래 관계나 부모와의 관계가 원만하지 않아 현실적인 문제를 회피하기 위해 스마트폰에 몰두하는 경우도 상당히 많다. 스마트폰에 빠져든 원인을 정확하게 알아내 근본적인 것부터 해결해줘야 중독 상태에서 벗어날 수 있다.

스마트폰에 빠져 있는 아이를 위한 훈육 Tip

① 만 2세 이전의 아이라면 단번에 끊어야 한다.
② 부모가 먼저 솔선수범해 사용 시간을 줄인다.
③ 발달단계에 맞는 사용 계획을 정해 지키게 한다.
④ 스마트폰을 대신할 즐거운 활동을 적극 유도한다.
⑤ 일정한 기간마다 스마트폰 청소를 한다.

02

손톱을 물어뜯는 아이, 혼내지 않고 마음을 읽어준다

초등학교 2학년 연희는 손톱을 물어뜯는 버릇이 있다. 처음 버릇이 시작된 건 5세였는데, 어릴 때는 그럴 수 있겠다 싶어 그냥 놔둔 것이 현재에 이르렀다. 걱정스런 마음에 손을 매섭게 때리기도 하고, 손을 꽉 붙잡고 못 하게도 하고, 또 더러워서 병에 걸린다고 겁도 주었지만 어느 틈엔가 또 손톱을 물어뜯고 있는 연희를 발견한다. 더 큰 문제는 친구 관계다. 내성적인 성격이라 친구도 별로 없는데 짓궂은 남자아이들이 더럽다고 놀리기까지 하니, 연희는 상처를 받고 친구 사귀는 것을 더 어려워하고 있다. 스스로도 고치고 싶어 하는데 잘 안 돼 답답해하는 연희를 위해 엄마는 어떤 도움을 줘야 하는지 고민이다.

• • •

지그문트 프로이트Sigmund Freud는 출생 후 18개월 정도까지를 구강기oral stage로 정의하고, 입을 포함한 구강 조직의 자극으로부터 아이가 쾌감을 느끼는 시기라고 했다. 그래서 무엇인가를 빨고 씹고 깨물면서 긴장을 해소시키고 즐거움을 느낀다고 보았다.

실제로 어린아이들은 입으로 참 다양한 것을 한다. 손가락을 빠는 건 기본이고, 모든 물건을 입으로 먼저 맛을 봐야 직성이 풀리는 아이도 있다. 공갈젖꼭지를 늦도록 떼지 못하는 아이도 있고, 또 손톱을 물어뜯는 아이도 있다.

손톱을 물어뜯는 버릇은 보통 3~4세 이후에 나타나는데, 이 버릇이 장기화되면 여러 가지 문제가 발생한다. 손가락 모양이나 치아, 입술 모양이 바뀔 수 있고, 세균이나 바이러스의 침입으로 장염이나 감기 같은 질병에 잘 걸리기도 한다. 또래 아이들에게 나쁜 이미지를 심어줘 친구 관계에 어려움을 느낄 수도 있다. 버릇을 고치는 것도 쉽지 않아 어른이 될 때까지도 이 버릇을 못 고치는 경우가 의외로 많다.

손톱을 물어뜯는 것 말고도 손가락을 빠는 것, 머리카락을 뽑는 것, 속눈썹을 뽑는 것, 코 후비는 것 등 아이들의 나쁜 버릇은 그 종류가 참 다양하다. 아이가 이런 버릇을 갖고 있으면 부모는 제일 먼저 애정 결핍이 있나, 아니면 스트레스가 많아서 그런가 걱정한다. 정말 그런 것일까?

이런 버릇을 유발하는 가장 흔한 원인은 불안하고 긴장된 마음이다. 불편한 마음을 1차적인 감각을 이용해 해소함으로써 정서적인 안정을 찾고자 함이다. 처음 손톱을 물어뜯었을 때나 머리카락을 뽑았을 때 불안한 마음을 위로받고 마음이 안정되는 경험을 하면, 비슷한 상황에서 반사적으로 그 행동을 하게 된다. 그래서 잠잘 때와 같이 엄마와 분리된 상황에서 그런 행동을 더 많이 하는 것이다. 대체적으로 예민한 기질을 가진 아이들, 내적 긴장도가 높은 아이들에게서 많이 나타난다.

스트레스 역시 중요한 요인이 된다. 하기 싫은 일을 하거나, 여러 가지 원인으로 스트레스를 받았을 때 이런 버릇들이 나올 수 있다. 초등학생이 돼서도 이런 버릇을 아직 가지고 있다면 학업이나 친구 관계, 또는 부모와의 갈등으로 인한 스트레스가 원인일 가능성이 크다. 특히 공부할 때 계속 손톱을 물어뜯는다든지, 머리카락을 수북이 뽑아놓는다든지 한다면 공부에 대한 스트레스가 많다는 증거다.

또 호기심 때문에, 혹은 지루하고 심심해서 어쩌다 한 번 해봤는데, 그것이 버릇이 됐을 수도 있다. 생후 15~19개월이 되면 아이들은 자기 몸에 대해 호기심을 갖게 되면서 여기저기 만져보고 탐색한다. 이때 불편한 부위나 감각적으로 이상하게 느껴지는 부위를 무의식적으로 만지다 버릇이 되기도 한다. 호기심으로 코를 후볐는데 코 안이 시원해지거나 코딱지가 신기해 자꾸 후비는 버릇이 생기는 식이다.

그럼 어떻게 하면 나쁜 버릇을 고칠 수 있을까? 일단 혼내거나 자꾸 확인하면 안 된다. 아이가 손톱을 물어뜯는 버릇이 있으면 부모는 자꾸 아이의 상태를 확인하게 된다. 그러다가 아이가 그 행동을 하고 있으면 화를 내며 "또, 또! 얼른 손 안 빼!"라고 큰 소리로 말한다.

이렇게 감시자가 되어 계속 지켜보고 혼을 내면 아이는 더 큰 스트레스를 받는다. 불안이나 스트레스로 인해 생긴 버릇인데 더 큰 스트레스를 받으면 결국 몰래 숨어서 하게 된다. 그러면서 아이는 엄마가 하지 말라는 것을 몰래 숨어 하고 있다는 생각에 죄책감이 들 수도 있다. 또 부모의 잔소리로 어떻게든 그 버릇은 고칠 수도 있지만, 다른 버릇이나 문제 행동이 생길 수도 있다. 왜냐하면 그 버릇을 유발하는 근본적인 원인이 해결되지 않았기 때문이다.

그러므로 아이의 나쁜 버릇이 시작되면 조용히 아이의 손을 잡아주거나 이름을 불러주는 게 좋다. 또 아이가 눈치채지 않게 어떤 때 그런 행동을 하는지 유심히 살펴서 원인을 찾아보려는 노력을 기울여야 한다. 잠잘 때 그러는지, 공부할 때 그러는지, 유독 집중적으로 할 때가 언제인지 알아보는 것이다. 그러면 분리 불안 때문인지, 학업 스트레스 때문인지, 왜 이런 습관이 생겼는지 알아내는 데 도움이 된다.

스트레스 때문이라면 아이와 잘 상의해 스트레스를 낮출 방법을 찾아야 한다. 공부 분량이 너무 많거나, 성적 압박을 많이 받는다면 아이 스스로 분량을 정하고 성적에서 좀 자유로워지도록 해줘야 한다. 또 분리 불안 때문이라면 아이와 더 많은 시간을 보내고 스킨십을 늘려 아이가 자신이 충분히 사랑받고 있다는 것을 깨닫게 해주는 게 중요하다.

더불어 그런 행동을 하면 안 되는 이유를 설명해줘야 한다. 무조건 하지 말라고 한다든지, 그럼 병에 걸린다고 협박하는 것이 아니라 아이 수준에 맞게 이유를 차근차근 알려주는 것이다. 아직 어린 아이라면 그림책을 활용해 설명을 대신하면 아주 좋다. 시중에 손톱 물어뜯는 버릇이나 코 후비는 버릇 등을 해결해줄 수 있는 그림책이 꽤 많이 나와 있는 편이다.

또 나쁜 버릇이 나오려 할 때마다 뭔가 대체할 수 있는 것으로 관심을 돌리는 것도 중요하다. 그림을 그리게 한다거나 고무찰흙놀이나 큐브놀이, 스티커 붙이는 놀이처럼 손을 활용한 놀이들이 알맞은 대안이 될 수 있다. 또 구강 자극을 줄 수 있는 것들, 예를 들어 오징어나 껌을 씹는 것도 도움이 될 수 있다. 심심하거나 지루할 때 아이들은 저도 모르게 불안한 감정이 불쑥 올라올 수 있는데, 이때 손이나 입을 다른 곳에 쓰게 해주면 자연스럽게 나쁜 버릇을 고칠 수 있다.

아이가 자신의 나쁜 버릇을 고치기 위해 노력하고 있다면 아낌없는 격려와 칭찬을 해줘야 한다. 버릇을 고치는 과정에서 가장 힘이 되는 건 당연히 부모의 격려와 칭찬이다. 버릇은 어떤 것이든 누구에게든 고치기가 참 힘들다. 많은 시간과 노력이 필요한 일이다. 그러므로 당장 확 달라질 것이라고 기대하지 말고 천천히 고칠 수 있도록 기다려줄 필요가 있다. 아이가 열심히 노력해 나쁜 버릇을 고쳤다면 아이는 아주 어려운 일을 해낸 것이다. 충분히 칭찬받을 만하다.

평소에 아이가 버릇으로 인해 병에 걸리지 않도록 위생에 신경 쓰는 것은 당연히 해야 할 일이다. 손톱을 물어뜯는 아이는 손톱을 자주 깨끗이 정리해주고, 코를 자주 후비는 아이라면 손을 자주 씻게 유도한다.

코를 자주 후비는 아이 같은 경우는 알레르기성 비염이나 축농증과 같은 질환으로 인해 코를 후빌 수도 있으니 증세가 심하면 검사를 받아보는 게 좋다.

손톱을 물어뜯는 아이를 위한 훈육 Tip

① 혼내거나 자꾸 체크하지 않는다.

② 언제 그런 행동을 하는지 원인을 찾아 해결해준다.

③ 하면 안 되는 이유를 아이 수준에 맞게 설명한다.

④ 나쁜 버릇이 나오려 할 때는 다른 곳으로 관심을 돌린다.

⑤ 고치려고 노력하고 있다면 아낌없는 격려와 칭찬을 한다.

03

눈을 자꾸 깜박이는 아이, 스트레스의 원인을 찾아 해소해준다

6세 승훈이는 요즘 자꾸 눈을 깜박인다. 처음에는 눈에 뭐가 들어갔나 싶어 엄마가 불어주기도 하고, 나쁜 버릇인 것 같아 그러지 말라고 혼도 냈다. 그런데 오히려 증상이 더 심해지는 것이었다. 계속 그러는 건 아니고 긴장을 하거나 짜증이나 화가 날 때 유난히 더 많이 깜박인다. 언제부터 그랬는지 생각해보니, 이사 오고 새 유치원을 다니게 되면서부터였다. 친구들이 승훈이가 눈을 깜박이는 걸 이상하다고 놀리기도 하고 재미있다고 따라 하기도 한다니, 엄마는 가뜩이나 소심한 승훈이가 더 위축되지 않을까 걱정된다. 또 혹시나 틱이 아닐까 하는 걱정도 한가득이다.

• • •

아이들이 눈을 깜박이는 건 여러 가지 이유가 있다. 먼저 알레르기 증상 때문일 수 있다. 미세먼지, 황사, 꽃가루 등으로 인해 눈을 감싸고 있는 결막에 염증이 생기면 눈이 간지럽거나 이물감이 느껴져서 자꾸 눈을 깜박이거나 손으로 만지게 되고, 눈이 충혈되거나 눈곱이 생기기도 한다. 심한 경우 눈부심이나 시력 저하가 나타날 수도 있다.

눈꺼풀이 안구 쪽으로 말려 들어가 속눈썹이 눈을 찔러서 깜박일 수도 있다. 이런 상황이면 각막에 상처가 나서 눈물이나 눈부심이 생기고 시력 발달도 저하될 수 있다. 이 경우는 증상이 갑자기 생기지 않고 오래됐을 가능성이 높다. 눈에 닿는 속눈썹이 별로 없을 때는 속눈썹을 뽑아주면 눈 깜박임이 줄어드는데, 눈을 찌르는 속눈썹이 많으면 눈꺼풀을 올려주는 수술을 해야 할 수도 있다. 하지만 아이가 자라면서 콧대가 서면 증상이 줄어들기도 하기 때문에 지켜보는 경우도 있다.

최근에는 안구건조증으로 인해 눈을 깜박이는 아이들이 많아지고 있다. 우리 눈은 1분에 15~20번 정도 깜박이면서 안구 전체에 눈물을 공급하는데, 스마트폰이나 컴퓨터를 오래 하면 한참을 눈을 깜박이지 않게 된다. 그럼 안구 표면이 마르면서 각막에 상처가 나고 염증이 생겨 눈 깜박임이 나타날 수 있다.

아무튼 눈을 계속 깜박이는 행동은 안과적 문제일 수도 있으므로 방치하면 시력 발달이 저하되기 때문에 빨리 치료해줘야 한다. 이러한 원인들은 안과에 가서 적당한 치료를 받으면 금방 호전될 수 있다.

문제는 눈 깜박임이 틱 장애로 인한 증상일 경우다. 틱은 특별한 이유 없이 신체 일부분을 빠르게 움직이는 이상행동이나 이상한 소리를 내는 질환을 말한다. 눈 깜박임뿐만 아니라 얼굴을 찡그린다든지 머리를 흔든다든지 하는 운동 틱과 음음, 킁킁과 같은 아무

의미 없는 소리를 내거나 기침을 하거나 욕을 하는 등의 음성 틱이 있다.

주로 만 2~15세 아이들에게 나타나는데, 초등학교에 들어갈 무렵인 만 7세 전후에 여자아이들보다 남자아이들에게서 더 많이 나타난다. 대부분 일시적으로 나타나 특별한 치료를 하지 않아도 어느 정도의 기간이 지나면 나아진다. 그러나 운동 틱과 음성 틱이 동시에 나타나서 1년 이상 지속되면 '뚜렛증후군'으로 발전할 수 있는데, 이는 전문적이고 장기적인 치료가 필요하다.

틱이 생기는 원인은 아직 명확히 밝혀지지 않았지만, 유전적인 요인과 환경적인 요인이 복합적으로 작용해 나타나는 것으로 알려져

있다. 대표적인 환경적 요인은 스트레스다. 틱 증상은 낯선 환경에서 스트레스를 받거나, 긴장되는 상태에 놓여 있거나, 흥분하거나 피로할 때 더 심해지기도 한다. 만 7세 전후에 틱이 많이 나타나는 것도 그 이유에서다.

대부분 자연스럽게 나아지는 경우가 많지만, 아이에게 틱이 나타나면 친구들이 놀리거나 따라 하거나 이상하다고 따돌리는 등의 부가적인 문제가 발생할 수 있다. 틱 장애의 특성을 잘 모르는 부모나 선생님으로부터 계속 지적받고 더 큰 스트레스를 받아 정서적으로 위축될 수도 있다. 불시에 나타나고 지속되는 증상으로 인해 집중력이 떨어져 학습에 어려움을 겪기도 한다. 스스로를 나쁜 버릇을 가진 아이라고 부정적으로 생각하게 되어 우울감이나 강박 등의 증세가 나타날 수도 있다.

만약 아이가 틱이라는 진단이 나오면 아이가 틱 증상을 보일 때는 예민하게 반응하지 않아야 한다. 아이가 틱을 하면 부모는 속상하고 걱정스런 마음에 자꾸 하지 말라고 하고 혼을 내기도 한다. "그러면 친구들이 싫어해."라고 말해 부담을 주거나, "참아보라니까. 참을 수 있어."라고 불가능한 요구를 하기도 한다. 안 그래도 스트레스로 인한 질환인데 더 큰 스트레스를 받게 되면 증상이 심해질 수 있다. 부모가 아이를 보고 한숨을 쉰다거나 너무 걱정스러운 눈으로 쳐다보기까지 하면 아이는 자기가 큰 잘못을 하고 있다는 생각에 점점 더 자신감을 잃게 된다.

그러므로 틱 행동 자체에 초점을 맞추기보다 스트레스의 원인을 찾아 해소하는 것이 최우선이다. 새로운 환경에 적응하기 힘들어서 그런 것이면 아이가 어떻게 생활하고 있는지 관찰하고 선생님과 의논해 빨리 적응할 수 있도록 도와줘야 한다. 친구 관계가 어려우면 아이와 성향이 비슷한 친구와 친해질 수 있는 기회를 만들어주는 것이 좋다. 학업 스트레스로 인한 경우라면 공부의 양이나 학원의 수 등을 조정해 스트레스를 줄이는 방안을 마련해야 한다.

동시에 아이가 좋아하는 활동을 통해 스트레스를 푸는 시간을 가지면 아주 좋다. 운동을 좋아하는 아이라면 신나게 운동할 수 있는 시간을 주면 된다. 규칙적인 운동은 스트레스를 해소해주고 긴장을 완화시켜줄 뿐만 아니라, 운동에 집중하는 동안 틱 증상을 줄이는 데도 도움이 된다. 부모와 함께 여행을 가거나 그림을 그리거나 노래를 부르거나 보드게임을 하는 등 아이가 좋아하는 것에 집중할 수 있는 시간을 늘리면 틱 증상이 서서히 줄어든다.

또 스트레스를 관리하는 방법을 가르쳐주는 것도 필요하다. 긴장될 때는 크게 심호흡을 해서 마음을 안정시킨다든지, 기분이 나쁘거나 화가 나면 자신의 감정을 말로 표현하는 방법 등을 가르쳐야 한다. 이때는 부모가 아이의 감정을 인정하고 공감해주는 것이 무엇보다 중요하다.

틱 장애를 갖고 있으면 주변으로부터 좋지 않은 시선을 받기 때문에 그것만으로도 아이의 자존감은 뚝 떨어진다. 그러므로 부모는 아이가 자존감을 높일 수 있도록 각별히 신경을 써줘야 한다. 가장 좋은 방법은 아이가 스스로 해낼 수 있는 일을 시키고 그것을 잘 해내면 칭찬을 많이 해주는 것이다. "어려운 일인데 끝까지 잘했어.", "네가 잘 해낼 줄 알았어. 멋져."와 같이 열심히 해낸 과정을 칭찬해주는 것이다.

틱 증상이 나타났을 때 크게 걱정하면서 좌불안석하는 것도 좋지 않지만, 그러다 말겠지 하며 너무 오래 방치하는 것도 경계해야 한다. 특히 욕을 하거나 자기 자신을 때리는 등의 특이 행동이 나타나거나, 학업이나 친구 관계에 큰 어려움을 겪는 경우, 또는 1년 이상 지속된 경우에는 전문적인 치료를 받는 게 좋다. 약물 치료를 하면 치료 효과가 좋아 대부분 호전될 수 있고, 행동 치료와 심리 치료를 같이 해주면 더욱 좋은 결과를 얻을 수 있다.

눈을 자꾸 깜박이는 아이를 위한 훈육 Tip

① 안과적 문제가 없는지 병원에 가서 확인한다.
② 틱 증상을 보일 때는 예민하게 반응하지 않는다.
③ 스트레스의 원인을 찾아 해소할 수 있게 도와준다.
④ 스트레스를 풀 수 있는 활동을 많이 하게 한다.
⑤ 자존감을 높일 수 있도록 칭찬을 많이 해준다.

04

자위행위를 하는 아이, 대체 행동을 유도한다

9세 여자아이 소정이는 한 달에 두어 번씩 자위행위를 한다. 부모가 처음 목격한 것은 6세 때였다. 당황한 부모가 이유를 묻자 그냥 간지러워서 그랬단다. 그때는 어려서 그러려니, 잠시 하다가 멈추겠지 싶어 별로 신경 쓰지 않고 넘겼다. 하지만 그 후로도 소정이는 자위행위를 멈추지 않았고, 오히려 횟수가 점점 더 늘어갔다. 혼내기도 하고 그러면 안 되는 이유를 설명해주기도 했지만, 3년이 지나도록 버릇을 못 고치고 있다. 소정이도 부모에게 혼날까 봐 눈치를 보는데, 그럼에도 불구하고 멈추질 못해 힘들어하고 있다.

• • •

아이들은 자라면서 자기 몸에 대해 많은 관심을 갖는다. 손과 발, 입과 코에 관심을 갖는 것처럼 성기에도 관심을 갖는다. 그래서 만 1세 이전에 성기를 손으로 만지거나 장난치며 노는 것은 자기 몸을 탐색하는 과정이라고 보면 된다.

만 2세가 되어 대소변 가리기가 시작되면 아이들은 성기 부위가 자극되는 경험을 하게 되고, 이때의 느낌이 좋아 자꾸 만지는 행동을 하기도 한다. 성기에는 신경세포가 많이 분포되어 있어서 만질 때 기분 좋은 자극을 느낄 수 있다. 하지만 이때 아이가 성기를 만지는 것은 손을 빠는 것과 같이 일종의 촉각 자극이라 할 수 있다. 성적 의미가 없는 단순한 행위이며, 발달 과정 중에 많이 나타나는 일이다.

소아 자위는 보통 18개월 전후로 시작되고, 4~7세 아이들에게서 가장 많이 나타나는 것으로 알려져 있다. 대개 남자아이들은 성기를 손으로 만지거나 엎드린 채 몸을 움직이는 행동을 하고, 여자아이들은 소파나 베개, 침대 모서리 등에 마찰하는 행동을 하는 경우가 많다.

만약 아이가 자위행위를 하는 횟수가 눈에 띌 정도로 증가하거나 집 밖의 장소에서, 또는 남들이 보는 앞에서 자위를 하면 이때는 자위행위의 이유가 무엇인지 잘 살펴봐야 한다. 첫 번째 원인은 어쩌다 우연히 강한 자극을 느껴 습관이 된 경우다. 어쩌다 한 번 만졌는데 기분이 좋아서 자꾸 만지는 버릇이 생길 수도 있고, 팬티나 바지가 너무 끼여 불편하거나 가려워 손을 댔다가 버릇이 됐을 수도 있다.

갑작스런 신변의 변화로 인해 스트레스를 받았을 경우, 불안한 심리 상태를 해소하기 위해 자위행위를 하기도 한다. 부모와의 놀이 시간이 부족해 혼자 노는 시간이 많아도 그럴 수 있다. 아직 언어가 발달하지 못한 아이, 불만을 잘 표현하지 않는 아이도 자위행위가 잦아질 수 있다.

부모와 안정 애착을 형성하지 못했을 때도 자위행위를 할 수 있는데, 이는 부모에게 사랑과 관심을 받고 싶은데 그 욕구가 충족되지 못하니 자위를 통해 위로받고자 하는 것이다. 간혹 성추행을 당했을 때 그 후유증으로 자위행위를 하는 아이도 있다. 이때는 단순히 만지는 행위가 아닌 구체적인 성교 행동을 보일 수 있으므로 주의 깊게 살펴봐야 한다.

아이가 자위행위를 할 때는 죄책감이나 수치심을 느끼지 않게 반응하는 것이 중요하다. 아이가 자위행위를 하는 모습을 보면, 부모들은 상당히 놀라고 당황한다. 그리고 그것을 성인들의 성적인 행

위와 동일하게 생각해 수치심을 느끼기도 한다. 그렇다고 "그건 이상한 짓이야. 하지 마.", "자꾸 그러면 벌받는다."와 같은 말을 하며 호되게 꾸짖으면 안 된다. 그럼 아이들은 자신이 큰 잘못을 했다고 생각해 수치심과 죄책감을 느낀다.

소아 자위는 성적 의미가 없는 성장 과정의 일부라는 것을 기억해야 한다. 병적이거나 비정상적인 행위가 아니며, 다그친다고 나아지지도 않는다. 과민한 반응은 오히려 부정적인 성의식을 갖게 할 수 있다.

그렇다고 그냥 두라는 의미는 아니다. 아이의 성장 과정에 맞는 적절한 대처가 필요하다. 우선 언어 발달이 충분하지 않은 3세 이전의 아이들은 무관심하게 넘기는 게 더 낫다. 지나친 반응은 호기심을 유발해 행동을 더 심화시킬 수 있기 때문이다. 장난감을 주거나 아이가 좋아하는 놀이를 해서 관심을 다른 곳으로 돌리는 것이 가장 적절한 방법이다.

말귀를 잘 알아듣는 3세 이후가 되면 부모가 모른 척했을 때 아이는 부모가 허락했다고 생각할 수도 있다. 그러므로 아이의 수준에 맞게 쉽게 설명해줘야 한다. 성기는 소중한 부위라서 자주 만지면 병균이 들어가 병이 날 수도 있다고 말해준다. 또 성기는 아무도 보지 않는 곳에서만 만지는 것이라는 사실도 알려준다.

그럼에도 불구하고 지속적으로 자위행위를 한다면, 아이가 어느 때 자위행위를 하는지 잘 관찰해봐야 한다. 정서적인 문제로 인한 것일 수 있기 때문이다. 스트레스를 받을 때 하는지, 긴장할 때 하는지, 아니면 심심할 때 하는지 살펴보고, 어떤 일에 스트레스를 받고 있는지, 어떤 때 불안한 마음이 드는지, 왜 자위로 위안을 받으려고 하는지 등에 대해 아이와 자세히 이야기를 나누도록 한다. 부모가 아이의 정서 상태를 파악하기 힘들면 전문가의 도움을 받는 것도 필요하다.

소아 자위를 자연스럽게 해결할 수 있는 가장 좋은 방법은 스트레스 관리를 해주면서 동시에 관심을 다른 데로 돌리고 대체할 행동으로 유도하는 것이다. 어린아이들은 심심할 때 성기를 가지고 노는 버릇이 생길 수 있으므로 관심을 다른 데 돌려주면 쉽게 버릇을 고칠 수 있다. 아이를 잘 관찰해 자위행위를 할 것 같으면 아이가 좋아하는 놀이로 빨리 전환시켜주면 된다.

이때 함께 뒹굴면서 놀거나 목욕을 시키는 등 부모와의 스킨십을 자주 해주면 좋다. 스킨십은 촉각 자극을 만족시키고 정서적인 안정감을 높여주기 때문에 자위행위를 줄일 수 있다. 더 재미있는 시간을 보내는 방법이 있다는 것을 알게 되면 아이들은 자위행위에 대한 관심을 줄여나간다.

아이가 자위행위를 한다고 곧바로 성교육을 시킬 필요는 없다. 소아 자위는 성적인 행동이 아니다. 그러므로 지나친 성교육은 오히려 아이로 하여금 자신의 행동을 성적인 것과 연결 짓게 하여 수치심을 유발할 수 있고 잘못된 성의식을 심어줄 수도 있다.

성교육은 5세경부터 시작하는 게 좋은데, 따로 시간을 내어 해줘야 한다. 이때는 자신의 몸뿐만 아니라 다른 사람의 몸에도 관심이 많은 시기라 가끔 친구들의 몸을 만지는 경우가 생긴다. 그로 인해 유치원 아이들 사이에 성추행이라는 불미스러운 일이 발생하기도 한다. 그러므로 다른 사람이 내 몸을 만지면 안 된다는 사실과 함께 나도 다른 사람의 몸을 만지면 안 된다는 사실을 아이에게 꼭 알려줘야 한다.

자위하는 아이를 위한 훈육 Tip

① 죄책감이나 수치심을 느끼지 않도록 반응한다.

② 하면 안 된다는 말과 함께 이유를 설명한다.

③ 정서적인 문제가 있는지 살펴보고 해결해준다.

④ 관심을 다른 데로 돌리고 대체할 행동으로 유도한다.

⑤ 곧바로 성교육을 시킬 필요는 없다.

05

밥 안 먹는 아이, 재료와 음식에 호기심을 느끼게 한다

은미는 밥을 안 먹어도 너무 안 먹는다. 밥을 먹이려면 어르고 달래고 화내고, 뒤를 졸졸 따라다니며 먹여야 할 정도다. 밥 한 번 먹는 데 한 시간은 족히 걸리는데, 먹는 양은 또래 아이들의 절반밖에 안 된다. 또 먹는 음식보다 안 먹는 음식이 더 많아서 입맛에 맞는 밥상을 차려주는 것도 이만저만 힘든 게 아니다. 게다가 밥 먹을 때만 되면 배가 아프다고 하는데 꾀병인지 진짜 아픈 건지 도무지 알 수가 없다. 상황이 이렇다 보니 은미는 살집이 없어 앙상하기 그지없고 키도 평균에 훨씬 못 미친다. 엄마는 매일같이 은미가 밥만 잘 먹으면 소원이 없겠다고 하소연한다.

• • •

밥을 먹는 일은 아이들의 건강과 성장에 직결된 문제다. 밥을 잘 안 먹으면 아이들에게 꼭 필요한 필수 영양소가 부족해 성장 발달이 늦어질 수 있고, 면역력이 약해 병치레가 잦아질 수 있으며, 에너지원이 부족해 기운도 의욕도 없는 아이가 될 수 있다. 또 부모와 계속 실랑이를 벌이다 보면 관계도 삐걱거리고, 자꾸만 '왜 못하니',

'도대체 왜 그러니' 같은 말을 듣게 되기 때문에 자존감도 떨어져 정서적인 문제까지 생긴다.

아이들이 밥을 잘 안 먹는 이유는 너무나도 많다. 먼저 미각이 너무 예민하거나 위가 작아 소화 능력이 떨어질 수 있다. 우리 몸의 감각 중에서 구강 감각은 맛을 느끼는 미각과 음식의 재료와 질감을 가려내는 촉각이 같이 관여하는 굉장히 예민한 감각이다. 특히 미각을 결정하는 미뢰가 유난히 많은 아이들이 있는데, 이런 아이들은 음식의 맛을 더 강렬하게 느껴 먹는 것에 거부감을 가질 수 있다. 그래서 편식을 심하게 하고 억지로 먹이면 구역질을 하기도 한다. 또 선천적으로 위가 작은 아이들은 소화 능력이 부족해 음식물을 받아들이는 것에 부담을 느낄 수 있다.

음식에 대한 잘못된 이미지를 갖고 있는 것도 이유가 될 수 있다. 닭이나 생선의 생김새를 보고 나서 거부감이 생겨 못 먹게 된다거나, 브로콜리나 버섯의 모양과 냄새가 이상해 싫어하는 것이 이에 속하는 경우다.

몸에 대한 잘못된 인식도 문제가 된다. 부모가 다이어트를 하느라 "살 빼야 돼.", "굶어야 돼."라는 말을 하며 음식을 먹는 것에 대해 부정적으로 생각하고 자주 굶으면, 아이도 음식이 몸을 건강하게 해주는 것이 아니라 살을 찌게 하고 마음을 괴롭게 하는 것이라는 생각을 가질 수 있다. 또 무조건 말라야 예쁘다는 생각을 하게 돼 음식을 거부할 수도 있다.

부모의 잔소리가 밥을 더 거부하게 만드는 원인이 되기도 한다.

아이가 밥을 안 먹으면 부모는 밥 먹으라고 잔소리하면서 억지로 먹이려고 한다. 은연중에 "너는 왜 그러냐.", "비쩍 말라서 어떻게 하냐."와 같이 아이를 비난하고 질책하는 말도 하게 된다. 그러면 아이는 심리적인 불쾌감이 생기고, 배가 아프다거나 머리가 아프다는 등의 스트레스성 증상을 호소할 수 있다. 이러한 악순환이 반복되면서 아이는 음식이 나를 해친다는 잘못된 인식이 생겨 밥 먹는 것을 더 싫어할 수 있다.

아이가 밥을 잘 먹지 않으면 병원에 가서 현재의 건강 상태를 면밀하게 살펴볼 필요가 있다. 맛을 느끼는 감각이 예민하지는 않는지, 위의 소화 능력은 괜찮은지, 또 체중이나 키 같은 신체 발달 상태는 어떤지 확인해봐야 한다. 그래야 먹는 걸로 아이와 씨름을 계속할지, 하지 않아도 될지를 결정할 수 있다.

만약 건강에 큰 이상이 없고 신체 발달도 정상적으로 이루어지고 있다면 너무 다그치지 말고 기다려주는 것이 좋다. 보통 영유아의 경우 미뢰의 수가 성인보다 3배 정도 많기 때문에 음식의 맛을 더 강렬하게 느껴 편식을 많이 한다. 그러나 만 8세 이상이 되면 미뢰 수가 점차 줄어들어 편식도 줄어들게 된다.

음식을 골고루 먹이겠다는 마음이 앞서 싫어하는 음식을 좋아하는 음식 속에 몰래 숨겨 먹이는 방법은 오히려 역효과가 날 수 있다. 그것보다는 다양한 조리법으로 재료와 음식에 대한 좋은 이미지를 만들어주는 것이 좋다. 아이가 미각에 예민하다면 특히 채소를 싫어할 수 있는데, 재료의 예쁜 색과 모양을 살려 음식을 만들어 아이의 호기심을 자극하면 재료와 음식에 대한 좋은 이미지를 갖게 되어 먹어볼까 하는 기대감이 생길 수도 있다.

간단한 음식은 아이와 함께 요리를 하면 아주 좋다. 아이가 직접 요리에 참여하면 그 재료에 좀더 편안하고 익숙하게 다가갈 수 있을 뿐만 아니라, 자신이 직접 만든 것이라 애정을 갖고 더 잘 먹을 수 있게 된다.

규칙적인 시간에 가족이 함께 즐거운 식사를 하는 것도 중요하다. 아이가 있는 집에서는 아이 먼저 밥을 먹이고 부모는 나중에 따로 먹는 경우가 많다. 하지만 이것은 아이에게 식사의 즐거움을 반만 느끼게 하는 것이다. 식사 시간은 밥을 먹는 시간이기도 하지만, 가족이 함께하는 시간이기도 하다. 적어도 하루에 한 번은 온 가족이 함께 모여 앉아 밥을 먹으면서 재미있었던 일, 아이가 잘했던 일을 이야기하며 즐거운 시간을 보내도록 한다.

아이도 당당한 가족 구성원으로 참여하게 하면서 부모가 맛있게 밥을 먹는 모습을 보여주면 아이로 하여금 밥은 정해진 시간에 함께 모여 맛있게 먹는 것이라는 인식을 심어줄 수 있다. 만약 가족과의 식사 시간에 아이가 밥을 먹지 않고 돌아다니려고 하면 단호하게 밥상을 치워 이 시간에 먹지 않으면 먹을 수 없다는 것을 알려준다.

아이가 밥을 잘 먹지 않는 이유가 필요 이상의 간식 때문일 수도 있으니 간식을 줄여보는 것도 시도해볼 만하다. 유아들은 씹는 능력이나 소화기관의 발달이 미숙해서 한 번에 많은 양의 음식을 먹을 수 없으므로 세 끼만으로는 영양소를 충족시키기 어렵기 때문에 반드시 간식이 필요하다. 그러나 지나친 간식은 아이들이 밥을 잘 안 먹게 만드는 주요 요인이 된다. 밥을 잘 안 먹으니 간식으로라도 영양소를 채워줘야 한다고 생각하겠지만, 간식을 먹으면 또 밥을 안 먹게 되는 악순환이 계속된다. 특히 간식은 달콤한 것이 많은데, 단것을 먹으면 식욕이 떨어진다. 또 잠들기 직전이나 아침 식사 전에 주는 간식은 식욕부진이나 편식의 원인이 되기 때문에 안 주는 게 좋다.

놀이를 활용해 먹는 것에 대한 호기심을 키워주는 것도 권장하는 방법이다. 아이와 함께 냉장고에 있는 재료들을 꺼내 무엇이 있는지 살펴보고, 다트판이나 돌림판에 재료 스티커를 붙이거나 직접 재료 이름을 써서 붙인다. 그리고 아이가 직접 다트를 던지거나 돌림판을 돌려 재료를 뽑게 한 다음, 그 재료로 맛난 음식을 해주는 것이다. 요리를 하면서 어떤 음식이 완성될지 궁금증을 유발하면 더 좋다.

또 아이들에게 편식의 문제점에 관한 책이나, 음식물을 섭취하면 우리 몸이 건강해진다는 내용의 책들을 보여주는 것도 큰 도움이 될 수 있다. 음식에 대해 친숙해지는 것은 물론 음식을 섭취하는 것이 왜 중요한지 스스로 깨달을 수 있기 때문이다.

적당한 운동도 중요하다. 밥을 잘 안 먹는 아이들은 일상생활에 활력이 없고, 성장 발달이 늦어질 수 있으므로 꼭 운동을 시켜야 한다. 또 입맛을 돋우기 위해서는 기초대사량을 올려야 하는데, 기초대사랑을 올리는 데는 윗몸 일으키기나 철봉 매달리기, 팔굽혀펴기 같은 근육을 키우는 운동이 좋다. 또 트램펄린이나 줄넘기는 키가 크는 데도 도움이 될 수 있다. 이때 아이만 시키지 말고 부모가 함께하면 더 즐거운 시간이 된다.

밥 안 먹는 아이를 위한 훈육 Tip

① 현재의 건강 상태와 신체 발달 상태를 살펴본다.

② 재료와 음식에 대한 좋은 이미지를 만들어준다.

③ 규칙적인 시간에 가족이 함께 즐겁게 식사한다.

④ 간식을 줄인다.

⑤ 놀이나 책을 활용해 음식에 대한 호기심을 키운다.

⑥ 적당한 운동을 시킨다.

06

잠 못 자는 아이, 낮 생활을 잘 관리한다

은서는 밤에 잠을 잘 못 잔다. 일단 최소 한 시간 이상을 누워 있어야만 겨우 잠이 든다. 하지만 잠귀가 밝아서 작은 소리에도 금세 깨어버리니 다시 재우는 데 또 긴 시간이 걸린다. 자면서도 계속 뒤척이며 깊이 자지 못하고, 새벽에 한두 번씩은 꼭 깨서 운다. 그러다 보니 아침에는 10시가 다 되도록 일어나지 못해 어린이집에 매번 지각을 한다. 엄마도 밤새 푹 자지 못하니 늘 피곤하고 신경이 날카로워진 상태로 하루를 보낸다. 하지만 엄마의 가장 큰 걱정은 은서가 이렇게 계속 잠을 못 자면 성장에 문제가 생기지 않을까 하는 것이다.

• • •

아이들에게 잠을 자는 것은 상당히 중요한 일과다. 우리 몸은 자는 동안 아주 많은 일을 한다. 세균을 물리치는 백혈구를 만들어 면역력을 높이고, 몸 안에 쌓인 피로물질을 분해해서 다음 날 쓸 영양분을 준비한다. 또 뇌는 낮에 이루어진 다양한 활동을 통해 생성된 각종 노폐물을 제거함과 동시에 깨어 있는 동안 보고 배운 것을 기억으로 저장한다.

특히 아이들은 잠자는 동안 성장호르몬이 분비되기 때문에 성장을 위해서라도 잠은 꼭 필요하다. 성장호르몬은 잠들고 나서 한두 시간 뒤부터 분비되기 시작해서 중간쯤에 많이 분비되기 때문에 총 수면 시간이 얼마나 되느냐가 중요하다. 보통 생후 1주에는 18~20시간, 만 1세에는 12~14시간, 만 10세까지는 10시간 정도를 자는 것을 권장한다.

수면 장애는 잠자는 것을 거부하거나, 잠자는 데 드는 시간이 오래 걸리거나, 자다 깨서 다시 잠드는 것을 어려워하는 상태를 말한다. 잠을 잘 자지 못하면 아이는 운동 행동 문제가 생길 수 있고 더 예민해질 수 있다. 집중력과 기억력이 떨어져 학습 능력도 떨어질 수 있다. 또 아이들이 잠을 잘 못 자면 부모, 특히 엄마의 생활에도 큰 영향을 미친다. 아이들이 자는 시간은 엄마가 미뤄뒀던 일을 하거나 쉴 수 있는 금쪽같은 시간이기 때문이다.

아이들이 잠을 잘 못 자는 이유는 여러 가지가 있다. 먼저 수면 질환이 있는 경우다. 코를 골다가 숨을 잠깐 동안 멈추는 무호흡증도 수면 질환 중 하나다. 보통 10초 이상 숨을 쉬지 않는 횟수가 시간당 5번 이상이면 심각한 수면 무호흡증으로 판단한다.

자다가 다리가 불편하다고 주물러달라는 말을 자주 하면 소아하지불안증후군을 의심해볼 수 있다. 이때는 다리가 저리거나 벌레가 기어가는 느낌과 같은 불편함을 호소하는데, 성장통이나 ADHD로 오해하기 쉽다.

잠든 지 한두 시간 정도 지나서 갑자기 깨어 자지러지게 울거나 소리를 지르는 야경증을 보이는 아이들도 있다. 야경증은 보통 3세 이후에 저절로 없어진다. 아이가 밤에 너무 늦게 자거나 자극적인 TV 프로그램이나 영상물을 보다 자는 경우에는 야경증이 더 심해질 수 있으니 주의해야 한다.

유전적인 요인도 수면 습관에 영향을 미친다. 유난히 잠이 없는 아이 중에는 부모를 닮은 경우가 많다. 밤늦게까지 잠을 안 자는 올빼미형 부모의 아이들 역시 일찍 잠드는 걸 힘들어하기도 한다. 또 기질적으로 예민하고 까다로운 아이들은 각성 상태가 높기 때문에 작은 소리나 분위기 변화에도 금방 잠이 깨고 깊은 잠에 빠져들지 못한다.

심리적인 요인도 잠을 못 드는 이유 중 하나다. 아이들에게 잠자는 시간은 엄마와 헤어지는 시간이다. 그래서 불안감을 느끼고 잠을 못 잘 수 있다. 잠을 자다 서너 시간이 지난 뒤 깨어나서 운다면 악몽을 꿨을 수도 있다. 낮에 심하게 야단을 맞았거나 하고 싶은 일을 못 했을 때, 또 잠자기 전 본 책이나 TV의 무서운 장면이 악몽을 꾸게 한다.

이러한 이유가 아니라면, 수면 환경이나 수면 패턴이 잘못 만들어진 데서 그 원인을 찾을 수 있다. 부모는 아이의 수면 습관이 저절로 생성되거나, 아이의 타고난 습성에 따르는 것이라고 생각해 그냥 내버려두는 경우가 많다. 그런데 전문가들은 태어날 때부터 수면 교육이 이루어져야 하고, 생후 3~4개월이면 수면 습관을 어느 정도 완성시켜야 한다고 말한다. 또 늦어도 9개월 정도 되면 밤중

수유를 끊어야 아이도 엄마도 제대로 잠을 잘 수 있다. 이때까지 수면 교육이 제대로 되지 않으면 아이들은 수면 습관을 들이기가 더 힘들어진다.

제대로 된 수면 습관을 들이기 위해 가장 중요한 것은 규칙적으로 재우고 깨우는 일이다. 아빠가 늦게 오는 날은 기다렸다 늦게 자고, 어떤 날은 피곤하다고 일찍 자게 하면 아이의 수면 습관이 엉망이 될 수밖에 없으므로 반드시 일정한 시간에 자고 일어나게 해야 한다. 하루에 10시간 정도를 자야 한다고 생각하면 밤 9~10시에는 잠자리에 들어야 한다.

매일 일정한 수면 의식을 반복하는 것도 필요하다. 양치질을 하고 잠옷을 입고 화장실에 갔다 와서 불을 끄고 자는 등 취침을 준비하는 행동을 매일 똑같이 하는 것이다. 수면 의식은 너무 길지 않게 15분 정도로 끝내는 것이 좋다. 샤워는 잠자기 1시간 전에 끝내고 가급적 미지근한 물로 해야 한다. 너무 따뜻한 물로 하거나 잠자기 직전에 하는 것은 오히려 신체를 흥분시켜 숙면을 방해한다.

또 저녁을 먹고 난 뒤에는 되도록 자극적인 놀이나 행동을 하지 않는 것이 좋다. 온몸을 이용해 신나게 뛰어놀면 금세 흥분을 가라앉히는 것이 어려워 수면에 방해가 될 수 있다. 열심히 놀아서 피곤할 테니 곯아떨어질 것 같지만, 아이들은 한 번 흥분하면 그 흥분을 가라앉히기 쉽지 않기 때문에 잠잘 때까지 이어지는 경우가 많다. 그러면 자면서도 자꾸 깨거나 악몽을 꿀 수 있다.

전자 기기는 뇌에 강한 자극을 주므로 잠자기 3시간 전부터는

TV나 휴대전화를 보여주지 말아야 한다. 간식이나 자극적인 음식은 위에 부담을 줘서 숙면을 방해하므로 밤에는 되도록 안 주는 게 좋다. 물도 많이 마시면 소변이 마려워 자다 깰 수 있으니 적게 주거나 안 주는 게 더 좋다.

자다가 깼을 때는 아이가 스스로 다시 잠들 시간을 줘야 한다. 아이가 깨면 엄마가 더 놀라 달려가서 "왜 깼어? 꿈꿨어?" 하며 자꾸 말을 시키는데, 그것 때문에 잠이 더 깰 수도 있다. 완전히 깨지 않은 상태에서 그대로 두면 다시 잘 수도 있으니, 엄마를 불러도 못 들은 척하고 좀 기다려보도록 한다. 아이가 뒤척일 때마다 토닥여 주면 아이는 혼자 다시 잠드는 습관을 들일 수 없다.

무엇보다 밤에 잠을 잘 재우기 위해서는 낮 생활을 잘 관리해줘야 한다. 일단 낮잠을 너무 많이 재우지 않는 게 좋다. 18개월 이전에는 낮잠을 두 번 정도 자지만, 18개월이 지나면 한 번 정도로 줄여야 된다. 그리고 만 5세가 넘으면 하루에 20분 정도만 재워도 낮의 피로를 해결할 수 있고, 그래야 밤잠에도 영향을 주지 않는다. 또 오후 늦게는 되도록 잠을 재우지 않아야 하는데, 어쩔 수 없이 잠들었다면 4시 전에는 깨우는 게 좋다.

한 번 자리 잡은 수면 습관은 쉽게 고쳐지지 않는다. 그래서 최소한 몇 달 정도 똑같은 방법을 일관성 있게 반복해야만 고쳐진다. 몇 번 해보고 별 효과 없다고 바꾼다면 수면 습관을 더 망칠 수 있다. 수면 습관을 고치기 위해서는 충분한 시간을 갖고 똑같은 방법을 반복하면서 아이의 몸이 새로운 방법에 충분히 익숙해질 수 있도록 기다려줘야 한다.

그럼에도 불구하고 아이가 영 잠을 못 잔다면 수면다원검사를 받아보는 것도 좋다. 병원에서 아이를 하룻밤 재우면서 뇌파와 심전도, 비디오 등 다양한 기기를 이용해 수면 중의 근육의 긴장도나 심장 활동, 호흡량, 코골이 정도, 다리의 움직임 등을 측정하고 관찰해 수면의 질과 문제점을 파악하는 검사다. 이를 통해 수면 무호흡증이나 야경증, 소아하지불안증후군 등의 증상이 있는지 알아낼 수 있다. 또 아이의 심리 상태나 낮 동안의 생활 습관 등에 대한 전반적인 검사를 통해 아이가 잠 못 드는 이유를 알아내고 치료할 수도 있다.

잠 못 자는 아이를 위한 훈육 Tip

① 규칙적으로 재우고 깨운다.
② 자기 전에는 자극적인 놀이나 행동을 하지 않는다.
③ 자다 깨면 스스로 잠들 시간을 준다.
④ 낮 생활을 잘 관리해준다.
⑤ 충분한 시간을 갖고 같은 방법을 반복해 습관을 들인다.

07

물건을 자주 잃어버리는 아이, 순서대로 일을 처리하게 한다

하온이는 물건을 자주 잃어버린다. 연필이나 지우개를 잃어버리는 건 거의 매일 있는 일이고 필통이나 책, 물병, 우산, 옷, 심지어는 학교 갔다 오면서 책가방을 두고 온 적도 있다. 점퍼도 어디에 벗어놨는지 기억을 못 하는 경우가 많아 지금껏 새로 사준 점퍼가 손가락으로 셀 수 없을 정도다. 매번 깜박했다고 하는데, 어린아이가 왜 이렇게 깜박하는 건지 이해할 수가 없다. 혼을 내면 눈물을 뚝뚝 흘리며 다음부터는 조심하겠다고 반성하는 모습을 보여 속상하고 안쓰럽다가도 얼마 안 돼 또 물건을 잃어버리고 오면 속이 부글부글 끓어 잔소리를 안 할 수가 없다.

• • •

사실 어른들 중에도 깜박하고 챙겨야 할 것을 챙기지 못하는 사람들이 많다. 특히 엄마들은 아이를 낳고 나서 급속도로 기억력이 나빠졌다는 소리를 많이 한다. 엄마들 사이에서 휴대전화가 없어져서 한참 찾았는데 냉장고에 있더라는 우스갯소리는 일반적일 정도다. 나이가 들면 기억력이 감퇴하기 때문에 건망증이 생기는 것은 당연하다고 생각되는데, 아직 어린 아이들이 그런 행동을 보이면 도대체 원인이 무엇일지 궁금해진다.

우선 일상생활에서 원인을 찾아봐야 한다. 평소에 부모가 아이의 모든 것을 챙겨주는 것이 일상화되어 있다면 당연히 물건을 자주 잃어버릴 수밖에 없다. 연필을 깎아주고, 책과 준비물을 챙겨주고, 옷에 우산에 신발까지 다 챙겨주니 아이는 신경 쓸 일이 없다. 그렇게 학교에 가면 아이는 자기 가방에 뭐가 들어 있는지도 잘 모르기 때문에 뭐를 빠뜨리고 왔는지도 알지 못하는 건 어찌 보면 당연한 일이다.

너무 풍요로운 환경도 문제가 생길 수 있다. 연필이나 지우개 같은 것이 집에 워낙 많으니 잃어버리지 않기 위해 꼼꼼히 챙길 필요성도 못 느끼고 잃어버려도 전혀 아깝지 않게 생각하는 것이다. 어차피 집에 가면 똑같은 것이 많이 있으니까 대수롭지 않게 넘기고, 부모도 그런 사소한 물건쯤은 다시 찾아오라는 말도 안 한다. 그런 일이 반복되다 보면 아이는 물건 아까운 줄 모르게 되고, 또 자신의 물건을 꼼꼼히 챙기지 않는 버릇이 생긴다.

기질에서도 그 원인을 찾을 수 있다. 아이들이 물건을 자주 잃어버리는 것은 주의력이 부족하기 때문이다. 기질적으로 산만한 아이들은 주의력이나 집중력이 부족해 물건을 잘 잃어버릴 수 있다. 무슨 일을 할 때도 여기저기 참견하고 다른 생각을 하기 때문에 물건을 잘 챙기기 어렵다.

뇌의 발달과도 연관이 있을 수 있다. 우리 뇌가 순간적으로 정보를 처리하는 능력을 작업 기억력이라고 한다. 단기 기억이나 장기 기억에 저장된 정보들을 꺼내서 잘 조합하고 처리해서 원하는 것을 판단하고 행동하게 하는 능력이다. 컴퓨터의 RAMRandom Access Memory과 같은 기능이라고 보면 된다.

이것은 전전두엽에서 가장 많은 역할을 담당하는데, 이것을 담당하는 부분의 발달이 제대로 이루어지지 않으면 주의력이 떨어질 수 있다. 또래 아이들에 비해 유난히 주의력이 떨어진다면 나중에 그 편차를 줄이기 쉽지 않아 어른이 돼서도 지속적으로 문제가 될 수 있다. 또 학습에도 지장을 줄 수 있기 때문에 되도록 빨리 고쳐주는 게 좋다.

물건을 자주 잃어버리는 아이의 습관을 고쳐주기 위해서는 평소에 자신의 물건을 스스로 준비하고 챙기도록 해야 한다. 물론 처음에는 부모의 도움이 필요하다. 그러나 그때도 대신해주는 것이 아니라 아이와 함께 하나씩 체크하며 챙겨야 한다. 예를 들어 책가방을 쌀 때는 연필 5자루, 지우개 2개, 공책 5권, 이런 식으로 아이가 가방 속에 담긴 물건을 기억할 수 있도록 하는 것이다. 그리고 어느 정도 지나면 아이가 혼자 챙기도록 해야 한다. 옷이나 신발도 자신이 골라서 입고 신게 하면 더 잘 기억할 수 있다.

기억력을 좀 더 효과적으로 발휘하게 하기 위해서는 말로만 하지 말고 눈으로도 보게 해주는 게 좋다. 청각적 주의력과 시각적 주의력을 동시에 사용하는 것이다. 가방을 쌀 때 무엇이 담겨 있는지 메모지나 수첩에 적어놓게 하면 시각적 주의력을 높일 수 있어 더욱 효과적이다. 또 우산을 가지고 나갈 때 "우산 꼭 챙겨와."라는 말과 함께 우산꽂이에 '우산 꼭 챙겨오기'라고 써놓으면 눈으로도 보게 되어 더 잘 기억할 수 있다. 필통이나 책에도 '필통 챙기기', '잃어버리지 않기'라고 써놓으면 한 번 더 보게 되므로 습관을 고치는 데 도움이 된다.

자신의 물건에 이름을 쓰게 하고 정해진 자리에 두는 것도 도움이 될 수 있다. 아이 스스로 자신의 물건에 이름을 쓰면 자기 것이라는 애착이 생긴다. 애착이 생기면 잃어버렸을 때 더 속상하기 때

문에 잃어버리지 않으려고 노력하게 된다. 또 주의력이 떨어지는 아이들은 대체적으로 정리를 잘하지 못하므로, 물건마다 자리를 정해 줘서 항상 제자리에 두는 습관을 들여야 한다.

주의력이 떨어지는 아이들은 떠오르는 대로 행동하는 경우가 많아서 이것 했다가 갑자기 저것으로 넘어가곤 한다. 집으로 돌아올 때는 신발주머니에서 신발을 꺼낸 다음 신고 있던 실내화를 벗고 신발로 갈아 신고는 실내화를 신발주머니에 담기까지 차례로 진행이 돼야 하는데, 실내화를 벗고 신발로 갈아 신은 다음 그냥 다른 친구들 따라 냅다 뛰어 나오느라 실내화를 챙기지 못하는 식이다. 그래서 주의력이 떨어지는 아이는 순서대로 차례차례 실행하는 연습을 습관이 될 때까지 해야 한다.

만약에 아이가 물건을 잃어버리고 왔다면 사소한 물건이라고 해서 그냥 넘어가지 말아야 한다. 그 물건을 다시 사주지 않거나, 가서 찾아오게 한다든지 해서 물건을 잃어버린 것에 대한 책임을 스스로 지게 한다. 그래야 잃어버리면 안 되겠다는 동기가 생긴다. 잃어버린 물건을 찾으러 갔다가 결국 찾지 못해도 잃어버리면 고생이구나 하는 것을 깨달을 수 있다.

또 물건을 잃어버리지 않을 방법을 스스로 생각하여 결정한 뒤 그것을 실천하게 하는 것도 책임감을 북돋아줄 수 있다. 자기가 스스로 선택한 방법이기 때문에 더 잘 기억하고 주의를 기울이려고 노력할 것이다.

만약 아이가 약속대로 물건을 잃어버리지 않고 잘 가지고 왔다면 "기억을 잘 해냈네.", "오늘은 아주 꼼꼼하게 잘했어."라고 아낌없이 칭찬해줘서 성취감을 느낄 수 있도록 한다. 또 칭찬 스티커를 붙여주는 등의 작은 보상을 해주면 습관으로 자리 잡는 데 도움이 될 수 있다. 스티커 판을 만들어 스티커를 다 모았을 때 원하는 것을 사준다든지 하면 아이는 스티커를 모으기 위해서라도 더 정신을 차리면서 어느 순간 습관으로 자리 잡을 것이다.

물건을 자주 잃어버리는 아이를 위한 훈육 Tip

① 자신의 물건을 스스로 준비하고 챙기는 습관을 들인다.

② 청각적 주의력과 시각적 주의력을 동시에 사용하게 한다.

③ 물건에 이름을 쓰게 하고 정해진 자리에 두는 습관을 들인다.

④ 순서대로 일을 처리하게 한다.

⑤ 물건을 잃어버린 것에 대한 책임을 지게 한다.

08

정리 안 하는 아이,
부모가 정리하는 것을 직접 보여준다

유빈이 엄마가 유빈이에게 제일 많이 하는 잔소리는 "좀 치워라!"다. 유빈이가 학교에 간 사이 싹 치워놓으면, 집에 들어오자마자 책가방 집어 던지고 옷 벗어 던지면서부터 다시 지저분해지기 시작한다. 공부 좀 하라고 하면 책상은 책에 연필에 노트로 뒤죽박죽이 되고, 장난감도 꼭 이것저것 다 꺼내 난장판을 만들어놓는다. 간식으로 먹은 과자 봉지나 아이스크림 막대 같은 것도 늘 먹은 자리에 그대로 둔다. 보다 못한 엄마가 화를 내면 겨우 치우기 시작하는데, 엉망진창으로 치운 탓에 결국은 또 엄마가 손을 대야 한다. 게다가 이렇게 정리 문제로 갈등을 겪다 보니 점점 사이가 안 좋아지는 것 같아 그게 더 큰 문제다.

• • •

사실 아이들은 부모만큼 정리를 중요하게 생각하지 않는다. 지금 당장 하고 있는 일, 당장 하고 싶은 일이 우선순위다. 또 정리는 엄마가 할 일이라고 치부하여, 자기 책상을 자기가 치우는 것을 당연하게 생각하지 않고 엄마가 시키니까 억지로 할 수밖에 없다고 생각하는 경우도 있다.

정리 습관을 잘못 들인 데는 사실 부모의 책임이 크다. 어렸을 때부터 아이를 따라다니며 치워주곤 하니 그게 당연한 일이 돼버린 것이다. 또한 정리는 체계적인 사고와 조직화하는 능력이 필요하고 공간을 잘 파악하여 분배하는 능력도 필요하다. 정리하는 것은 그리 만만한 일이 아니기 때문에 어렸을 때부터 체계적으로 훈련을 시켜야 했다.

엄마들은 제자리에 놓기만 하면 되는데 그게 뭐 어렵냐고 생각하겠지만 아직 사고 체계가 완벽히 갖춰지지 않고 실행 능력이 부족한 아이들에게는 어려울 수 있다. 그래서 더욱더 경험과 훈련이 필요한 것이다. 만약 어렸을 때부터 정리하는 방법을 제대로 배우지 못했다면 커서도 무엇을 어디에서부터 어떻게 정리해야 하는지 모를 수 있다.

사실 정리를 잘하는 아이들은 부모도 정리를 잘하는 경우가 많다. 평소에 부모가 어떻게 정리하는지 보고 배운 덕분이다. 부모들 중에도 늘어놓고 사는 것이 습관이 된 사람들도 많다. 집 안이 늘어수선하면 아이의 뇌에는 그 모습이 각인이 돼서 그것은 당연하고 낯익은 풍경이 되고 만다. 그러니 치울 이유가 없는 것이다.

그러므로 아이로 하여금 정리하는 것이 더 보기 좋고 편리한 선택이라는 사실을 일깨워주기 위해서는 일단 먼저 잘 정리된 주변 환경을 제공해야 한다. 부모가 직접 정리하는 모습을 보여주고, 깔끔하게 정리된 모습을 아이의 뇌에 각인시켜주면, 아이도 깔끔하게 정리된 상황을 익숙하게 여기면서 흐트러진 것을 치우는 행동을 자연스럽게 받아들인다.

그러나 모든 게 뒤죽박죽된 상황에서 정리하라고 하면 아이는 엄두가 안 난다. 그래서 아이가 스스로 정리할 수 있는 환경부터 만들어줘야 한다. 만약 너무 많은 물건이 있어서 정신이 없는 상태라면 비워내기부터 한다. 아이와 함께 필요 없는 것을 골라내고 꼭 필요한 것들만 재배치해서 환경의 변화를 느끼게 해주는 것이다. 그럼 아이도 오래된 습관을 버리고 새로 시작할 마음을 갖게 된다.

처음부터 아이를 참여시켜 어떻게 정리하는 게 좋을지 아이의 의견을 적극 반영해주면 정리에 더 관심을 가질 수 있다. 아이의 동선을 고려해 아이가 편리하게 이용하고 정리할 수 있게 하고, 정리

함을 만들어 이름표를 붙여주는 것도 좋다.

만약 정리하는 것을 처음 시도하거나 정리하는 것을 너무 힘들어 하는 아이라면, 아주 사소한 물건이라도 각각 있어야 할 위치를 정해주고 구체적으로 어떻게 정리해야 하는지 알려주는 것이 좋다. 직접 정리하는 모습을 시각적으로 보여주는 과정도 반드시 필요하다. 치우라는 잔소리는 청각적인 정보다. 그런데 사람은 청각 정보보다 시각 정보를 더 민감하게 받아들인다. 그러므로 책상에는 책을 어떻게 꽂아야 더 깔끔해 보이는지, 옷을 걸 때는 어떻게 걸어야 되는지, 이불 정리는 어떻게 하는지 일일이 보여주고 따라 하게 하는 것이 더 효과적이다.

정리는 온 가족이 함께 해야 하는 일이다. 아이도 그것을 인식해야 자기 물건과 자기 공간을 스스로 정리하는 것이 습관으로 자리 잡는다. 엄마가 계속 치워주다 어쩌다 한 번 아이에게 치우라고 하면 엄마를 위해 특별히 생색내는 것쯤으로 생각할 수 있다. 그러므로 하루에 한 번 일정한 시간에 정리하게 하는 식으로 해서 스스로 하는 것, 반드시 해야 하는 것이라는 인식을 심어줘야 한다. 저녁 먹기 전에 치우게 한다든지, 잠자기 바로 전에 깔끔하게 정리하고 자게 하면 된다. 반복되는 훈련만이 습관으로 자리 잡는다는 사실을 기억하고 지속적으로 하게 하는 것이 가장 중요하다.

처음에는 적은 시간, 작은 공간부터 정리하게 한다. 처음부터 너무 많은 시간, 너무 많은 양을 치우라고 하면 아이는 제 풀에 나가떨어진다. 일주일에 한 번 정리한다면 30분 안에 끝내는 게 좋다.

하루에 한 번 정리를 한다면 10분을 넘기지 말아야 한다.

또 처음에는 방 전체를 다 치우라고 하지 말고, 책상 정리나 장난감 정리부터 시작하게 한다. 이때도 아이가 시간이나 정리할 구역을 선택하게 하는 게 좋다. 그리고 잘했다는 칭찬을 듬뿍해주면 아이는 정리하는 데 즐거움을 느끼고 지속하려 할 것이다. 그렇게 조금씩 아이의 정리 능력을 키워주면 자기 방 하나쯤은 거뜬히 정리할 수 있고 정리하는 시간도 점점 빨라진다.

일주일에 한 번 시간을 정해 가족이 함께 정리하는 시간을 갖는 것도 좋다. 즐거운 음악과 함께 분위기를 띄우고 각자 구역을 맡아 치우는 것이다. 혼자 하라고 하면 짜증을 내는 아이도 가족이 함께 하는 일에는 기꺼이 참여하게 된다.

이런 노력에도 불구하고 정리하는 습관이 자리 잡지 않으면 정리를 하지 않아 생기는 불편함을 경험하게 내버려둬야 한다. 아침마다 내 물건 어디 있냐고 찾는 아이들이 있다. 물건을 제자리에 놓지 않았기 때문에 생기는 일이다.

이럴 때 많은 부모들은 아이가 지각할까, 준비물을 가져가지 않아 제대로 공부하지 못할까, 선생님께 혼날까 싶어 같이 찾아주느라 정신이 없다. 하지만 그런 불편함과 곤란함을 직접 겪어보고 그에 대한 책임을 스스로 져봐야 아이도 정리로 인해 발생하는 문제점을 해결해야겠다는 생각이 든다. 당장은 안타깝고 속상해도 아이의 자립심을 키워주는 일이라 생각하고 아이에게 깨달을 수 있는 시간을 줘야 한다.

사실 정리 정돈을 잘하는 것은 상당히 많은 능력을 향상시켜준다. 물건을 종류별로 분류하고 각각의 자리에 정확하게 배치하는 일은 정보를 처리하는 능력을 키워준다. 또 일을 계획하는 능력과 스스로 알아서 하는 자기 주도성을 발달시키고, 자립심과 책임감도 길러준다. 그리고 결과적으로 정리가 잘 되어 있는 방에서 공부하면 집중력이 높아져서 학습 능률이 높아진다. 그러므로 어렸을 때부터 아이에게 정리 정돈하는 습관을 들이는 것은 여러 면에서 매우 중요한 일이다.

정리 안 하는 아이를 위한 훈육 Tip

① 아이가 정리할 수 있는 환경을 만들어준다.

② 정리하는 것을 직접 보여준다.

③ 정리는 온 가족이 함께 해야 하는 일임을 가르친다.

④ 적은 시간, 작은 공간부터 정리하게 한다.

⑤ 정리하지 않아 생기는 불편함을 경험하게 한다.

09

지나치게 깔끔한 아이, 긴장을 완화하는 놀이를 한다

연수는 하루에도 수없이 손을 씻는다. 아침에 일어나자마자부터 시작해서 밥 먹기 전후는 물론이고, 자신이 생각하기에 좀 더럽다 싶은 것을 만지면 꼭 손을 씻어야 한다. 손에 묻는 게 싫어서 고무찰흙을 가지고 놀거나 크레파스로 그림 그리는 것도 좋아하지 않고, 외출할 때는 손세정제를 챙겨 나가 수시로 손을 닦는다. 손을 너무 자주 씻는 탓에 손이 거친 것은 물론이고 접촉성 피부염도 자주 걸린다. 이유를 물으면 손이 더러워 병에 걸릴 것 같아서 그런다는 대답이 돌아온다. 연수 엄마도 청결에 예민한 편이라 연수가 어렸을 때부터 손 씻으라는 말을 자주 했는데 혹시 그게 원인이 되었을까?

• • •

손을 깨끗이 씻는 것은 청결을 유지하는 아주 좋은 습관이다. 하지만 어린아이가 지나치게 자주 손을 씻는다면 소아 강박증을 의심해봐야 한다.

강박증이란 자신의 의지와 상관없이 특정한 생각이나 행동을 반복하는 병적인 상태를 말한다. 강박증은 강박 행동과 강박 사고로 나누어진다. 손을 계속 씻는 것 말고도 책을 꼭 자기가 정한 순서대로 꽂아놔야 한다든지 불을 끄고도 안 끈 것 같아 계속 점검한다든지 하는 것이 강박 행동이고, 자신이나 가족이 해를 입을 것 같은 생각이 계속 든다든지 공격적인 충동을 억제하지 못할 것 같다는 상상을 한다든지 하는 것이 강박 사고다. 강박 행동과 강박 사고는 따로 또는 동시에 나타날 수 있다.

누구에게나 어느 정도의 강박적인 사고와 행동은 있을 수 있다. 그러나 이러한 행동을 지나치게 반복한다거나, 못 하게 하면 불안해 어쩔 줄 몰라한다거나, 일상생활이나 학습이나 대인 관계에 지장을 준다면 강박증으로 진단할 수 있다. 소아 강박증은 주로 5~8세 무렵 또는 10~12세 무렵에 많이 나타난다고 알려져 있지만, 초등학교 시기에는 어느 때나 발생할 수 있다.

문제는 부모나 아이들이 이러한 행동을 병이라고 인식하지 못해 진단과 치료가 늦어지는 경우가 많다는 것이다. 또 아이의 행동이 강박증에 의한 것이라고 알려주면 부모들은 어린아이가 왜 그런 병에 걸리느냐고 되묻곤 한다. 그런데 소아 강박증은 유전적인 영향이 상당히 크다. 청결은 건강을 위해 매우 중요한 부분이지만 평소에 부모가 지나치게 청결을 강요하는 경우, 예를 들어 아이가 학교에 갔다 오면 옷을 싹 벗고 바로 화장실에 가서 샤워를 하라고 한다든가 손 씻었냐는 말을 수도 없이 하는 것도 모자라 집 안 손잡이에 수시로 소독제를 뿌린다든가 아이 옷에 뭐라도 조금 묻으면 바로 싹 갈아입힌다든가 하면, 아이는 더러워지는 것에 대한 극심한 공포를 느끼게 되고 더러워졌을까 봐 불안한 마음에 강박 증상을 갖게 될 수 있다.

기질적인 부분이 강박증으로 이어질 수도 있다. 까칠하고 예민한 아이, 완벽주의 성향을 가진 아이들은 불안한 상황을 견디지 못하기 때문에 통제하는 것을 굉장히 중요하게 생각한다. 스스로 허용할 수 있는 범주를 정해놓고, 그 범주 안에 있어야만 자신이 통제할 수 있다는 생각에 안정감을 얻는다. 그래서 그렇지 못한 상황이 벌어지면 견딜 수가 없게 되고 강박 증상이 나타나곤 한다.

환경적인 스트레스도 원인이 될 수 있다. 어떤 아이는 공부를 할 때 같은 문단을 한 번만 읽으면 불안한 마음이 들어 자꾸 다시 읽어야 하는 강박 증상이 있다. 또 어떤 아이는 과제물이나 준비물을 계속 확인하기도 한다. 원인은 평소 과도한 학업 스트레스를 받거나 꼼꼼하지 못하다는 지적을 많이 받았기 때문이다. 또 부모가 규칙을 정해주고 거기서 벗어나지 못하게 하면 아이들은 극심한 스트레스를 받아 강박 증상을 보일 수 있다.

아이의 강박 증상을 고치려면 먼저 원인부터 알아야 한다. 그러기 위해서는 아이를 잘 관찰해 강박 행동의 패턴을 찾아내는 게 중요하다. 하고 싶은 것을 못 하게 했을 때 그러는지, 과도한 스트레스를 받았을 때 그러는지, 또는 혼이 많이 났을 때 그러는지, 과연 어떤 상황에서 강박 행동을 하는지부터 알아내야 한다. 또 강박증은 어느 순간 아주 충격적인 일로 인해 시작됐을 가능성도 있으므로, 그러한 일이 있었는지 곱씹어봐야 한다.

원인을 알아내기 위해서는 아이와의 진지한 대화가 필요하다. 이때는 아이가 하는 행동을 비난하거나 혼내면 안 된다. 자신의 행동이 잘못된 것이라는 생각이 들면 더 숨기려고 하기 때문이다. 아이가 마음의 문을 열 수 있게 부모가 아이를 진심으로 이해하고 공감하고 있음을 느끼게 해주면서, 힘든 일이나 속상한 일이 있으면 언제든지 도와주겠다고 말해준다.

강박증을 고치는 것은 쉬운 일이 아니다. 빨리 고치려고 서두르면 오히려 강박을 더 강화하는 결과를 낳을 수도 있으므로, 부모와 아이가 시간을 갖고 노력을 많이 해야 한다. 또 자신이 강박을 갖고

있다는 것을 알게 되면 아이들은 상당히 의기소침해진다. 몹쓸 병에 걸렸다고 생각하는 아이들도 있다. 이때 중요한 것은 부모의 반응이다. "그런 사람들도 많아.", "누구나 조금씩은 그래."라고 말해줌으로써 아이가 자신의 문제를 너무 크게 받아들이지 않게 도와줘야 한다.

아이의 강박 행동이 걱정스럽더라도 너무 신경 쓰면서 걱정스럽다는 신호를 보내면 안 된다. 혼내거나 다그치면 안 좋다고 하니 꾹 참고 말은 안 하지만 아이만 보면 한숨을 쉬거나 어두운 표정을 짓기도 하는데, 그런 행동 하나하나가 아이에게 부담감으로 작용할 수 있다는 점을 기억해야 한다.

평소에 강박을 갖고 있는 부모라면, 부모도 아이와 함께 고치려는 노력을 해야 한다. 아이에게 부모는 가장 안전하고 든든한 버팀목이다. 아무리 어렵고 힘든 일이라도 부모가 괜찮다면 괜찮아지는 게 아이들이다. 부모가 먼저 노력하고 강박에서 벗어나려는 노력을 실천한다면 아이도 힘을 내어 도전할 수 있다.

아이와 함께 긴장을 완화하는 놀이를 하는 것도 좋다. 거실에 큰 비닐을 깔고, 물감놀이나 찰흙놀이, 밀가루놀이를 마음껏 하는 것이다. 옷이 더럽혀지는 것, 손이 더럽혀지는 것에 신경 쓰지 않고 신나게 논 다음 함께 깨끗하게 씻고 치우면 된다. 그럼 아이들은 더럽혀져도 씻으면 된다는 생각을 갖게 되어 더러워지는 것에 대한 두려움을 떨쳐버릴 수 있다. 또 부모와 함께하는 즐거움을 통해 관계를 개선할 수도 있다.

아이와 정서적인 대화를 많이 하는 것도 중요하다. 강박이 있는 아이들은 정서적으로 불안한 경우가 많다. 그러므로 평소에 아이에게 공부만을 강요하고 있는 것은 아닌지, 아이의 생각이나 마음을 잘 살펴주지 않았는지 되짚어봐야 한다. 그리고 아이가 진짜 원하는 것이 무엇인지, 부모에 대해 어떤 생각을 하고 있는지 대화를 통해 확인하고 아이의 불안한 마음을 어루만져줘야 한다. 아이가 자신감이 떨어진 상태일 수도 있으므로, 긍정적인 에너지를 불어넣어 주는 것도 필요하다.

부모와 아이가 함께 노력했음에도 불구하고 강박 행동이 계속되면 전문가의 진단과 치료가 필요하다. 소아 강박증은 제때 치료하지 않으면 만성화되어 성인이 되어서까지 지속될 수 있다. 약물 치료나 행동 치료 등을 통해 빨리 고쳐주는 것이 중요하다.

지나치게 깔끔한 아이를 위한 훈육 Tip

① 아이를 관찰해 강박 행동의 패턴을 찾는다.
② 아이에게 누구나 그럴 수 있다고 말해준다.
③ 강박을 갖고 있는 부모라면 함께 고치려고 노력한다.
④ 아이와 함께 긴장을 완화하는 놀이를 한다.
⑤ 정서적인 대화를 많이 한다.

10

끈기 없는 아이, 성공의 기쁨을 경험하게 한다

초등학교 3학년 민석이는 참 끈기가 없다. 숙제를 하려고 책상에 앉으면 5분도 채 안 돼 딴짓을 하고 있고, 배우고 싶다고 하는 건 많은데 막상 몇 번 배우고 나서는 하기 싫다고 싫증을 내는 경우가 다반사다. 태권도도 그랬고, 수영도 그랬다. 공부 좀 하라고 하면 계획만 거창하게 세우고는 다음 날이면 벌써 시들해진다. 또 조금만 어려운 일이 닥쳐도 바로 포기해버린다. 그러다 보니 민석이가 뭔가를 하고 싶다고 하더라도 엄마 입장에서는 믿음이 안 가고 이번에는 얼마나 가려나 의심부터 하게 된다.

• • •

끈기 있게 뭔가를 해낸다는 것은 사실 쉽지 않는 일이다. 일단 하는 일에 몰입하는 집중력을 발휘해야 하고, 어려운 문제도 포기하지 않고 해내는 도전 의식도 필요하다. 또 힘들어도 꾹 참고 견디는 인내심도 갖춰야 한다.

끈기가 없다면 그 어떤 것도 제대로 해내기 힘들다. 자신에게 맡겨진 일을 끝까지 책임지고 해내는 힘, 자신만의 목표를 달성하는 힘은 끈기에서 나온다. 어렸을 때 끈기 없던 아이가 커서도 끈기 없는 어른이 되는 경우가 많기 때문에 어렸을 때부터 끈기를 키워주는 것은 매우 중요하다.

아이들이 끈기가 없는 이유는 상당히 많고 복잡하다. 먼저 기질적으로 예민하고 겁이 많은 아이들은 불안 수준이 높기 때문에 어려움을 견뎌내는 힘이 약하다. 그래서 공부하고 있는데 밖에서 작은 소리만 나도 무슨 일이 벌어졌을까 걱정이 되어 뛰어나와 "뭐야?"라고 묻게 된다.

ADHD 장애를 갖고 있는 아이들은 집중을 잘 못하고 산만한 데다가 필요 이상으로 과잉 행동을 하는 경향이 있어서 끈기가 없다는 평가를 받는다. 만약 집중하는 시간이 너무 짧고, 무언가를 할 때 지나치게 산만한 행동을 하거나 과잉 행동을 보이면 ADHD 검사를 해보는 게 좋다.

욕구불만이 많은 것도 끈기 있게 행동하는 것을 방해한다. 공부하기 싫은 아이를 억지로 책상 앞에 앉혀놓으면 집중하기 힘들어한다. 마음속에 이미 하기 싫다는 불만이 가득 차 있어서 자신의 에너지를 공부에 쏟아부을 수 없는 것이다. 욕구불만이 많은 아이들은 공부뿐만 아니라 무슨 일을 하든지 금방 포기해버리는 경향이 크다.

그밖에 우울감이나 불안감 등으로 인해 정서적인 문제를 갖고 있는 아이들도 끈기 있게 행동하지 못한다. 내적 무기력 상태에 빠져 있기 때문이다. 또래보다 발달이 늦어 성공보다 실패의 경험을 더 많이 한 아이들도 학습된 무기력으로 인해 어떤 일을 해내려는 의지가 약하기 때문에 끈기가 없는 편이다.

이러한 원인이 아니라면, 부모의 너무 허용적이거나 과보호적인 양육 태도를 의심해봐야 한다. 아이가 하고 싶은 대로 하게 놔두는 허용적인 부모는 아이가 포기하는 것에도 관대하다. 그럼 아이들은 힘든 고비를 넘겨 무언가를 성취하고자 하는 의지가 약할 수밖에 없다. 아니 그럴 필요조차 느끼지 못할 수도 있다. 또 어려운 일은 부모가 대신해주는 과보호된 아이들은 스스로 도전하고 인내하는 경험을 많이 할 수 없기 때문에 조금만 힘든 일이 생겨도 금방 포기하게 된다.

아이가 끈기 있게 행동하지 않아 부모를 한숨짓게 만드는 경우는 주로 무언가를 배울 때다. 피아노를 배우고, 태권도를 배우고, 발레를 배우는 것도 끈기가 있어야 어느 정도의 수준에 도달할 수 있는데 어려운 과정에 진입하면 쉽게 포기해버려 부모의 애간장을 태운다. 공부를 할 때도 일정 시간 엉덩이를 붙이고 앉아 온전히 집중해야 하고 어려운 문제를 만나도 포기하지 않고 끝까지 풀어내야만 결실을 맺을 수 있는데, 끈기 없는 아이들은 그렇게 하지 않기 때문에 부모로부터 잔소리를 듣게 된다.

하지만 끈기가 없는 아이에게 "넌 왜 이렇게 끈기가 없어. 그래서 무슨 일을 하겠니."라는 말로 압박을 가하면 오히려 부작용만 생긴다. 이런 말을 계속 들으면 아이는 자신이 끈기 없는 아이라고 단정하게 되는데, 그렇게 자신을 인지해버리면 나는 끈기가 없어서 제대로 하는 일이 없다고 생각하면서 뭐든지 쉽게 포기할 수 있다. 그러므로 끈기 없다고 비난하지 말고 끈기 있게 행동할 수 있도록 방향을 잡아야 한다.

예를 들어 특정한 시기에 뭔가를 반드시 해야 한다는 생각 때문에 아이에게 억지로 배우기를 강요하는 경우가 있다. 피아노를 치기 싫어하는 아이에게 피아노를 배워야 초등학교 때 리코더나 실로폰을 연주할 때 악보 읽기가 가능해진다고 억지로 배우게 하는 것처럼 말이다. 하지만 이렇게 억지로 배우게 되면 당연히 흥미와 동기를 찾기 힘들기 때문에 금세 지치고 하기가 싫어진다. 아이가 먼저 배우고 싶다고 하고는 금방 싫증내는 경우도 있는데, 이는 처음에는 흥미를 느꼈지만 막상 해보니 생각보다 어렵고 재미없기 때문이다.

아이가 스스로 동기가 생겨나 배우는 것이라면 더할 나위 없이 좋겠지만, 그렇지 않다면 무조건 해야 한다고 강제하는 것이 아니라 흥미와 동기를 불러일으키는 방법을 택해야 한다. 피아노를 배우는 아이에게는 같이 피아노 연주회에 간다든지, 아이가 좋아하는 애니메이션 주제가를 배우고 연주하게 하면서 아낌없이 칭찬함으로써 자신감을 불어넣어준다. "거봐, 내가 너 오래 못 한다고 했지."라고 혼내지 말고 아이가 흥미를 지속시킬 수 있도록 도와줘야 한다.

계획을 세울 때도 아이 수준에 맞게 구체적으로 세우는 것이 좋다. 부모의 욕심에 과도한 계획을 세우면 아이는 당연히 해낼 수 없다. 자꾸만 좌절하고 실패하는 경험을 하게 되면 어쩔 수 없이 흥미가 떨어지고 도전 의식도 낮아질 수밖에 없다. 반면 작은 목표를 매일 달성하는 경험을 하다 보면 아이는 자신감도 기르고 끈기도 기를 수 있다.

아이가 충분히 해낼 수 있을 정도로 목표를 세워 성공의 기쁨을 맛보게 하는 것부터 시작해보자. 아이의 현재 능력보다 조금 높은 목표를 세우면 성공의 경험을 많이 할 수 있다. 목표를 달성하면 "끝까지 해냈구나. 애썼어.", "마음먹으니까 잘 해내네. 엄마는 그럴 줄 알았어."와 같이 아이를 인정하는 말을 해줘야 한다. 또 어린아이들의 경우는 스티커나 포인트로 보상을 해주는 것도 좋다.

매일 일정한 생활 패턴을 만드는 것도 방법이다. 끈기는 하루아침에 생기지 않는다. 오랜 시간 지속적으로 뭔가를 해낼 때 습득되는 능력이다. 그러므로 아이가 해야 할 일을 일정한 시간에 일정한 장소에서 하는 패턴을 만들어주는 게 좋다. '학교 갔다 오면 씻고 30분 숙제하고 30분 놀고 저녁을 먹는다'와 같이 시간을 작은 단위로 나눠 계획을 세우고 그것을 꾸준히 지키게 하는 것이다. 학습 계획을 세울 때도 '문제집 하루 2장 풀기' 혹은 '10분 동안 집중해서 하기'와 같이 시간과 분량을 구체적으로 정해 꾸준히 할 수 있도록 한다. 규칙적으로 생활하다 보면 처음엔 힘들었던 것들이 훨씬 수월하게 느껴지기 때문에 끈기를 기르기 좋다.

또 실패를 극복할 수 있는 회복 탄력성을 키워주는 것도 중요하다. 회복 탄력성은 역경을 극복하고 다시 일어설 수 있는 능력을 말한다. 성공의 경험만이 아이에게 끈기를 키워주는 것은 아니다. 때로는 실패의 경험이 아이에게 동기를 만들어주고 도전하고 싶은 의지를 만들어준다. 실패에 연연해하지 않고 다시 도전하는 경험을 많이 할수록 아이는 회복 탄력성이 커지고 끈기 있는 아이로 성장할 수 있다.

가장 중요한 것은 아이가 끈기 있게 해낼 수 있도록 기다려주는 것이다. 부모가 실패를 기다려주지 않고 바로 잘못을 지적하면 아이는 끈기를 갖기 힘들다. 부모도 아이가 스스로 이겨낼 수 있을 때까지 기다려주는 끈기를 발휘할 필요가 있다. 그래야 아이도 마음의 부담 없이 여유를 갖고 목표를 향해 나아갈 수 있다.

끈기 없는 아이를 위한 훈육 Tip

① 아이에게 끈기 없다고 말하지 않는다.
② 흥미와 동기를 가질 수 있도록 돕는다.
③ 성공의 기쁨을 경험하게 해준다.
④ 일정한 생활 패턴을 만든다.
⑤ 회복 탄력성을 키워준다.

아이의 마음속 진짜 원인을 찾아 문제 행동을 바로잡아주는
훈육 불변의 법칙

1판 1쇄 발행 2021년 2월 15일
1판 6쇄 발행 2024년 6월 30일

기획 김민태
지은이 고희정

펴낸이 김유열
디지털학교교육본부장 유규오 | **출판국장** 이상호 | **교재기획부장** 박혜숙
교재기획부 장효순 | **북매니저** 박성근

책임편집 김윤정 | **디자인** 명희경 | **일러스트** 미세스손
인쇄 우진코니티

펴낸곳 한국교육방송공사(EBS)
출판신고 2001년 1월 8일 제2017-000193호
주소 경기도 고양시 일산동구 한류월드로 281
대표전화 1588-1580 | **이메일** ebsbooks@ebs.co.kr
홈페이지 www.ebs.co.kr

ISBN 978-89-547-5762-1 04370
978-89-547-5520-7 (세트)